suhrkamp taschenbuch 2809

W0034779

Ea von Allesch, die »Königin des Café Central« in Wien, zu erobern war alles andere als einfach. Sie war von Verehrern umlagert, zu denen Robert Musil, Franz Blei, Peter Altenberg, Rainer Maria Rilke und Alfred Polgar gehörten. Vor dem Ersten Weltkrieg war sie als »femme fatale« gefürchtet und als »femme fragile« verwöhnt worden. 1920 bat die fünfundvierzigjährige Ea von Allesch ihren Freund Hermann Broch, damals Mitte Dreißig, für sie ein Tagebuch zu führen, und dies in Briefform. Broch ging auf den Wunsch ein. Er schrieb es während eines halben Jahres; es war die Zeit seiner heftigen Werbung um diese selbständige »femme emancipée«, die zu dieser Zeit das Modereferat bei der Wiener Kulturzeitschrift *Moderne Welt* und der tschechischen Tageszeitung *Prager Presse* leitete und als Feuilletonistin in ihren Beiträgen zum Thema Mode einen dezidiert feministischen Ton anschlug.

Das Tagebuch dokumentiert eine doppelte Krise: die Leidenschaft für Ea von Allesch, die zur Auflösung seiner Ehe führte, und den Wunsch, eine Existenz als Kulturkritiker und Dichter zu begründen, was die Aufgabe des Berufs eines Industriellen zur Folge haben mußte.

Hermann Broch, geboren am 1. November 1886 in Wien, ist am 30. Mai 1951 in New Haven gestorben. Auf Wunsch seines Vaters absolvierte er eine technische Ausbildung, die er 1907 mit der Qualifikation eines Textilingenieurs abschloß. Bis 1927 war er leitender Direktor der Firma seines Vaters; danach Verkauf der Fabriken und von 1925 bis 1930 Studium der Mathematik, Philosophie und Psychologie. 1938 Verhaftung durch die Nationalsozialisten und Emigration in die USA dank einer Intervention von James Joyce. Sein Werk im Suhrkamp Verlag ist auf Seite 251 dieses Bandes verzeichnet.

Hermann Broch
Das Teesdorfer Tagebuch
für Ea von Allesch

Herausgegeben von
Paul Michael Lützeler
Unter Mitarbeit von
H. F. Broch de Rothermann

Suhrkamp

suhrkamp taschenbuch 2809
Erste Auflage 1998
© Suhrkamp Verlag Frankfurt am Main 1995
Suhrkamp Taschenbuch Verlag
Alle Rechte vorbehalten, insbesondere das
des öffentlichen Vortrags, der Übertragung
durch Rundfunk und Fernsehen
sowie der Übersetzung, auch einzelner Teile.
Druck: Nomos Verlagsgesellschaft, Baden-Baden
Printed in Germany
Umschlag nach Entwürfen von
Willy Fleckhaus und Rolf Staudt

1 2 3 4 5 6 – 03 02 01 00 99 98

Übersicht

Das Teesdorfer Tagebuch
für Ea von Allesch

1. Samstag, 3. auf Sonntag, 4. Juli 1920

Samstag, 3. Juli 1 h Nacht. Liebling, also das Tagebuch. Da
ein Tagebuch etwas ganz Aufrichtiges sein muß, es sonst
sinnlos wäre, ist es mir recht, daß Du es bekommst – es ist
ein Teil des Dir-Gehörens. Allerdings noch immer kein strin-
genter Beweis, aber immerhin. Viel anderes als ich Dir sonst
geschrieben habe[1], wird ja auch nicht drin stehen; es wird
ein Tagebuch um Dich herum, aber auch das ist mir Recht.
Als zweiter Brennpunkt die Arbeit[2]; augenscheinlich bin ich
eine Ellipse oder sonst ein Kegelschnitt. – Tatsächliches: gestern Abend nach dem Nachtmahl bis 11 h im Büro[3], dann
gab es wieder eine Störung in der elektr. Zentrale infolge des
Gewitters, das dauerte bis $\frac{1}{2}$1 h. Irgendwie ist das Alles,
nämlich die Fabrik, unterhaltsam: es geschieht in einemfort
etwas, man muß immerfort aufpassen: wird von so viel äu-
ßerlicher Bewegung so »getragen«. Aber man wird eben
deswegen, auf der Oberfläche notwendig bleibend, so dumm
leicht davon. Von $\frac{1}{2}$1-$\frac{1}{2}$2 h noch irgendwie zum Ausgleich
gearbeitet. Einen Bogen. Heute Früh habe ich mich nach
einer elendigen Nacht (ich habe wieder Gräßliches von Dir
geträumt – diesmal, daß Du mir krank wirst, hoffentlich
bedeutet das das Gegenteil) elendig gefühlt. Krämpfe[4],
kurzum nichts Neues. Um 12 h Mittag niedergelegt, geschlafen bis 1 h, dann wieder von 2 h-4 h. Zur Arbeit war ich zu
dumm, folgl. beim Buben[5], dem es etwas besser geht, gesessen, dann zu Bülow[6], weil ich die Verwaltung seiner Landwirtschaft – notgedrungen – übernommen habe. Verstehen
tu ich nichts davon. Richtig!! Vorher sind Leipziger Bücher
gekommen – sie sind prachtvoll, ich freue mich so, finde es
nur viel zu viel, Süßes. Seit 10 h arbeite ich. 3 Bogen zerris-
sen, weil mir, eben in dieser elenden Nacht, doch Einiges
Gutes eingefallen ist. Augenblicklich stecke ich wieder: bin

9

mir nicht klar, ob das Interesse[7] nur auf »Zusammenhänge« (resp. deren Störungen) gerichtet ist, oder geradezu auf »Kausalitätszusammenhänge«. Letzteres wäre mir unsympathisch, da ich die »Kausalität« für die »Methode« beanspruche. Jetzt bin ich so müd, daß ich nicht mehr nachdenken will, oder bin zu faul. Sei gescheit, Süßes, Du bist es so sehr, u. denk Du nach. Bin sehr *verzweifelt* über den verlorenen Tag u. über meine Faulheit. Auch das ist aufrichtig.

Denkst Du noch gut? morgen ist ein stummer Tag[8]; ich fürchte mich eigentlich davor. Für das Tagebuch bekommst Du eine schöne Schachtel; irgendwie ist es mir so freundlich etwas mit Dir u. bei Dir zu haben, das auf viele Jahre später hinzielt. Nur berufen möchte ich nichts damit. – Morgen schicke ich dies über Baden; es ist sympathischer als der T.-Postmeister[9]. Montag Neustadt[10]. Um $1/_24$ h spätestens hoffe ich in Wien zu sein. Mir ist so bang danach. Lieblingchen, schlaf gut. –

Kritiken[11] bringe ich morgen.

Expreß-Nachricht:[12] *Montag, 5. 7. 1920[?]*

Kindi, Süßes, rührendes, Du bist so herzig, daß Du den Fehler des Dialekt-Sprechens auch auf Dich genommen hast, um mir die Scham zu erleichtern. Trotzdem schäm ich mich u. trau mich nicht, Dich lieb zu haben u. hab Dich trotzdem lieb u. gehör Dir.

1 Einige frühere, dem Tagebuch vorausgehende Briefe Brochs an Ea von Allesch finden sich in KW 13/1, 35-42 abgedruckt.
2 Vgl. Brochs Fragment gebliebene Studie »Theorie der Geschichtsschreibung und der Geschichtsphilosophie«, aus dem Nachlaß erstmals 1977 publiziert in KW 10/2, 94-155.
3 Brochs Büro befand sich auf dem Gelände der väterlichen Spinnfabrik Teesdorf in Teesdorf bei Wien. Brochs Vater, Josef Broch, hatte – mit finanzieller Hilfe von Verwandten – die Fabrik 1906 erworben, um seinen beiden Söhnen Hermann (geb. 1886) und Friedrich (geb. 1889) eine Einkommensquelle zu sichern. Die Baumwollspinnfabrik war

1802 von dem österreichischen Freiherrn Johann Baptist von Puthon gegründet worden und hatte im Laufe ihrer hundertjährigen Geschichte mehrfach den Besitzer gewechselt. 1907 hatte Hermann Broch an der Oberen Spinn- & Webeschule zu Mülhausen im Elsaß das Diplom eines Textilingenieurs erworben, und 1909 trat er als Verwaltungsrat in die Teesdorfer Firma ein. 1915, im ersten Kriegsjahr, erlebte die Firma ihre größte Expansion, nicht zuletzt wegen der Staatsaufträge (Garn für Uniformstoffe). Das Grundkapital der Spinnfabrik Teesdorf betrug damals 1 900 000 Kronen, und die Belegschaft zählte etwa 800 Personen. Seit 1915 lagen die Geschicke der Fabrik in Brochs Händen. Sein Titel war Leitender Verwaltungsrat. Auch das Verwaltungsbüro der Firma befand sich auf dem Teesdorfer Fabriksgelände. Die Brochs unterhielten zusätzlich ein Geschäftsbüro und eine Stadtwohnung im Ersten Bezirk Wiens, Gonzagagasse 7. Das Teesdorfer Wohnhaus der Brochs, das sich neben der Fabrik befand, war zweistöckig: im Parterre hielt sich das Dienstpersonal auf und im zweiten Stock wohnten Brochs Eltern. Hermann Broch und seine junge Frau Franziska, geb. von Rothermann, hatten das erste Stockwerk bezogen. Teesdorf selbst war ein kleiner Ort mit knapp tausend Einwohnern. Die Geschichte des Ortes geht bis in die Römer- und Keltenzeit zurück. Teesdorf liegt im niederösterreichischen Pottensteinertal an der Triesting, einem kleinen Nebenfluß der Schwechat. Die wirtschaftliche Kraft des Dorfes beruht seit nahezu zweihundert Jahren auf der Spinnfabrik Teesdorf, die zwei Jahrzehnte lang (1906 bis 1927) von der Familie Broch geleitet wurde. Das Direktionsgebäude der Spinnfabrik, das sog. Herrenhaus, geht in seinen Ursprüngen auf eine Feste aus dem 14. Jahrhundert zurück.

4 Broch litt sein Leben lang an Magenbeschwerden.

5 Brochs Sohn Hermann Friedrich (1910-1994), der damals neun Jahre alt war, hatte sich beim Spielen auf dem Fabrikshof an einem dort liegenden Schwungrad den linken Fuß verletzt.

6 Wilhelm Hermann Arthur Freiherr von Bülow-Wendhausen (1831-1921) war ein Nachbar der Brochs in Teesdorf. Bülow stammte aus Braunschweig im Herzogtum Braunschweig. Er war der Sohn eines protestantischen herzoglich braunschweigischen Kammerherrn und Hofmarschalls. Als Heranwachsender war er Frequentant der Erziehungsanstalt zu Schnepfenthal bei Gotha in Thüringen und der Ritterakademie zu Brandenburg in Preußen. Seine militärische Laufbahn machte er seit 1848 beim österreichischen Heer. Er begann als unobligater Regimentskadett im 5. Böhmischen Chevaux-Légers-Regiment, bei dem bereits ein Verwandter von ihm, ein Major Albert Freiherr von Bülow-Wendhausen, diente. 1848/49 machte er den Feldzug in Italien und 1849 den Feldzug in Ungarn mit. 1866 nahm er teil am Krieg gegen Preußen. Als Rittmeister I. Klasse heiratete er 1868 Paula Josefa

Schweiger von Dürnstein (1845-1918). 1870 wurde er zum Oberstleut-nant ernannt. Als er 1873 mit einundvierzig Jahren als realinvalid pensioniert wurde (damals diente er beim 9. Galizischen Ulanenregi-ment), zog er nach Teesdorf, wo er ein kleines Gut erwarb (Teesdorf Nr. 31) und 1875 das Heimatrecht erlangte. Seine Frau, Baronin Paula von Bülow-Wendhausen, stammte aus Bukarest. Zwischen der Jahr-hundertwende und dem Ersten Weltkrieg hatte sie eine Reihe von Romanen und Novellen geschrieben: *Adrienne, ein Klosterkind* (1900), *Das verkaufte Lachen* (1901), *Ohne Basis* (1904), *Bengalisches Feuer* (1907), *Ringe* (1913). Bülow verstand wenig von der Landwirtschaft, und sein kleines Gut warf nur geringen Gewinn ab. Broch war ihm bei der Verwaltung behilflich.

7 Vgl. die Abschnitte »Das empirische und das philosophische Inter-esse« und »Das historische Interesse« in der Studie »Theorie der Geschichtsschreibung und der Geschichtsphilosophie«, KW 10/2, 94-155.

8 Ea von Allesch besaß kein privates Telephon. Broch pflegte sie in der Redaktion der *Modernen Welt* anzurufen (vgl. Anmerkung 11). Sonn-tags war sie also telephonisch nicht zu erreichen.

9 Mit T. ist Tattendorf gemeint, der zwei Kilometer nördlich von Tees-dorf gelegene Nachbarort. Broch war damals im Begriff, die Spinnfa-brik des Nikolaus Dumba in Tattendorf zu kaufen, weswegen er dort öfters zu tun hatte. (Zu den Verhandlungen vgl. die Briefe vom 5. und 8. August 1920 in der 10. und der 11. Eintragung.) Teesdorf selbst hatte damals noch keine Poststelle. Dem Postmeister von Tattendorf war Broch gut bekannt, und so scheute er sich – um Dorfklatsch zu vermei-den –, bei ihm Briefe an seine Wiener Geliebte aufzugeben. Baden bei Wien, das etwa zehn Kilometer in nordwestlicher Richtung von Tees-dorf liegt, hatte dagegen als Badeort einen kosmopolitischen Charak-ter. Seine Post konnte Broch dort anonym aufgeben.

10 Wiener Neustadt liegt knapp zwanzig Kilometer südlich von Tees-dorf. Es war damals eine Industriestadt mit etwa dreißigtausend Ein-wohnern. Broch hatte dort in Firmenangelegenheiten öfter zu tun, besonders wenn es um den Kauf von Maschinen und deren Ersatzteile für die Spinnfabrik ging. Vgl. auch Anmerkung 8 zur 2. Eintragung.

11 Ea von Allesch war in der Redaktion der *Modernen Welt* beschäf-tigt, einer in Wien erscheinenden »Illustrierten Zeitschrift für Kunst, Literatur und Mode«, wie sie im Untertitel hieß. Die Zeitschrift, die sich als »künstlerisch gehaltene Revue großen Stils« und als »österrei-chisch und zugleich europäisch« verstand, war 1918 begründet wor-den, und das erste Heft (ein Doppelheft) trug das Datum »Oktober-November 1918«. Ea von Allesch war von Anfang an Mitarbeiterin der Modebeilage, für die der Verleger der Zeitschrift, Arnold Bachwitz,

selbst verantwortlich war. Ea von Allesch zeichnete ihre Artikel zuerst mit »E.v.A.«, dann mit »Eva«. Ihre Modebeiträge erschienen vom 1. Heft des 1. Jahrgangs bis zum 2. Heft des 3. Jahrgangs (1921/22). Ohne eigentlich eine Modezeitschrift zu sein (die literarischen, kultur- und kunsthistorischen Beiträge nahmen einen großen Raum ein), war doch die Modebeilage ein integraler Bestandteil der Revue. Herausgeber und Eigentümer war Arnold Bachwitz, und Chefredakteur war der damals achtunddreißigjährige Wiener Schriftsteller Ludwig Hirschfeld. Die Redaktion der Zeitschrift befand sich im Palais des Beaux Arts, einem sechsstöckigen, reich ornamentierten Jugendstilbau an der Ecke Löwengasse/Paracelsusgasse im Dritten Bezirk. Bis zum Frühjahr 1920 lautete die Anschrift der Redaktion Löwengasse 47, danach Paracelsusgasse 9. Die Redaktion war also innerhalb des Palais des Beaux Arts umgezogen. Der Fußweg von Eas Wohnung (Salesianergasse 8) bis zur Redaktion dauerte etwa 25 Minuten. Dabei ging man durch die Rasumovskygasse und kam auch an Robert Musils Wohnung (Rasumovskygasse 20) vorbei. Vermittelt durch Ea von Allesch verfaßte Broch für die *Moderne Welt* damals über dreißig Kurzbesprechungen, die er dort anonym publizierte. Es handelte sich vor allem um Rezensionen von Neuerscheinungen zu Romanen zeitgenössischer Autoren wie Rudolf Hans Bartsch, Gustav Sack, Paul Block, Paul Leppin, Felix Dörmann, Hugo Salus, Kasimir Edschmid, Hans Flesch, Karl Otten, Egon Erwin Kisch, Willi Handl, Hermann Meister, Alfons Petzold, Karin Michaëlis, Ernst Sommer, Martin Andersen Nexö, Leo Perutz, Moritz Scheyer und Frána Šrámek. Vgl. KW 9/1, 346-378.

12 Unabhängig von den Tagebuchaufzeichnungen, die Broch mit normaler Post verschickte, sandte er Ea von Allesch häufig Eilbotschaften mit einem kurzen Gruß. Die Umschläge zu diesen Notizen waren mit dem Vermerk »Expreß« versehen. Die Adresse auf den Umschlägen lautete »Frau Ea Allesch, Wien III. Salesianergasse 8«. (Nach dem Ende der Monarchie war die Benutzung von Adelstiteln in Österreich untersagt.) Die erhalten gebliebenen Expreß-Nachrichten werden hier jeweils im Anschluß an die Eintragungen abgedruckt.

Tagebuch 4. VII. 20. Tagebuch ist was schrecklich Langweiliges. Es ist heute, Dienstag, völlig gleichgültig, daß ich Sonntag nach einer schlechten Nacht zu spät aufgestanden bin. Wenn ich in der Arbeit zu dem log. u. theoret. Schluß komme: daß der Geschichtsschreiber nur das aufzuzeichnen hat, was dem zu beschreibenden Organismus (Staat, Kultur, Einzelperson) selber wertvoll war, so habe ich völlig Recht. Aber dann dürfte ich eben kein Tagebuch schreiben, sondern nur meine Arbeit u. dann, daß ich Dich lieb habe. Es ist mir so »wertvoll« Dich lieb zu haben, Süßes, und eben darum ist es vielleicht auch »schmerzlich«. Denn jede Wertverleihung an irgend etwas Empirisches – u. Du bist, Gottseidank, unberufen, empirisch vorhanden – muß notgedrungen Fiktion sein, weil es ja schließlich eben doch nicht »mein« Wert restlos sein kann. Deswegen wohl alle Traurigkeit aller landläufigen Liebe, aller Liebeslieder u.s.f. Der erkenntnistheoretische Grund: die idealistische Einsamkeit. Und deswegen auch immer die Forderung des Zurück-Gebens, des Mit-Helfens an der Durchbrechung der Einsamkeit. Und schließlich deswegen, aus dem Wertstandpunkt eben, die Eifersuchtskomplexe[1]. Mit denen ich unentwegt zu tun habe. – War froh, daß ich Sonntag die beiden Kritiken[2] schreiben konnte; irgendwie ist dies mit Dir zusammengehangen. Was Spengler[3] anlangt, so läßt sich eigentlich nichts gegen ihn sagen: er hält eben das für Geschichtsphilosophie, was alle dafür halten. Und diese Meinung zu widerlegen bedarf es eben meines Buches. Ansonsten ist nur seine ignorante Präpotenz widerlich. Gearbeitet habe ich übrigens wenig. Vormittags nach den Kritiken gleich die Fabrikspost. Mittags Vater u. Bruder. Nachmittags langmächtig geschlafen. Abends Dr. Adler als Gast.[4] Habe ihm mein Buch erzählen müssen u. war dann so erregt u. verzweifelt über das Nicht-fertig-werden, daß ich überhaupt nicht geschlafen habe. Außerdem habe ich Angst vor Indiskretionen.

Dieselbe Angst habe ich übrigens heute,

6. *VII.* 20 da ich durch die noch immer funktionierende E. G.-R.[5] eine Einladung zu einem »geschichtsphilosophischen Abend« bei Lukacz[6] bekommen habe. Da ich nun eben leider szt., wie ich schon erzählte, diesen Ungarn[7] einiges zu dem Thema gesagt habe – allerdings weniger aus Eitelkeit als aus Opposition – fürchte ich, daß das auf zu fruchtbaren Boden gefallen ist. Die bekannte fruchtbare ungarische schwarze Erde. Ich hätte Lust zur Kontrolle hinzugehen, allerdings besteht dann die Gefahr, daß ich gereizt werde, noch mehr zu sagen. Es ist zu dumm, wie jede geringfügige Un-Tugend, wie das bißchen Eitelkeit, das nicht einmal mehr Eitelkeit ist, höchstens Ungeduld, sich sofort an mir rächt. Was soll ich tun? Dagegen bin ich heute um entscheidenden Ruck vorwärts gekommen (jetzt um 12 h nachts). Die Kausalitätsfrage ist völlig klar; ebenso die Sache mit dem »Interesse«. Welcher Ausdruck ist übrigens besser: »Interesse« oder »Intention«?; Intention ist noch allgemeiner.

Im übrigen Vor- u. Nachmittag bis 9 h abends in der Fabrik, ohne eigentlich was Rechtes getan zu haben. Vormittag warst Du beim Telephon. Daß ich morgen gar nichts von Dir hören soll, ist im Voraus drohend stumm; auch der Sonntag war so. Zwischen heute u. Sonntag war gestern,

5. *VII.* 20, fast länger her schon als Sonntag (weil es der eine Eckpunkt der Pause ist). Vormittag im unglaublich kalten Gewitter nach Neustadt Einigungsamt[8]. Nachmittags Wohnung[9] u. dann Du. Von Rechtswegen, da dies doch für unsere alten Tage ist, sollte ich Dir jetzt von Dir erzählen. Ich habe übrigens Angst, daß Du dieses Stabil-Einrichten auf Lebenszeit sozusagen, kurzum das »ewig-lieb-haben«, auf das ich mich jetzt endgültig mit mir geeinigt habe, irgendwie doch mit einer, theoretisch sehr leicht begründbaren, Labilitäts-Opposition beantworten wirst. Du hast neulich schon etwas in dieser Richtung gesagt. Lieblingchen, es ist dies so beängstigend; was für Gegenmaßregeln ließen sich da ergrei-

fen? – Wollte Dir gestern Abend noch schreiben, d. h. auf der Bahn, aber ich bin zufällig in die selbe Elektrische[10] geraten, in der mein Vater[11] u. die Frau F.[12] u. außerdem ein Generaldirektor aus der Nachbarschaft hier gesessen sind. Konnte dann deswegen auch nichts in der Bahn lesen; schade um so viel Zeit. – Es ist jetzt 1 h u. ich muß noch in die Fabrik. Schlaf gut, Einzigstes.

7. VII. 20. Es ist erst der halbe Tag um. Halbtagebuch. Außerdem ist nichts vorgefallen. Seit 9 h Früh diktiere ich. Dazwischen 6 rauschende Telephongespräche. Eines warst Du. Was ist Bangigkeit? irgend etwas Schweres, Rundes, zum Herunterplumpsen bereites »in« einem. Irgendwie schmerzlich schwer; möchte mich zu Dir retten. – Gestern Nachts noch bis $^1/_{22}$ h in der Fabrik. Mein Bruder[13] ist nicht hier, daher viel Beschäftigung. Mit der Arbeit hoffe ich jetzt sehr ins Reine zu kommen, bin nur so faul. Außerdem möchte ich noch Freitag in Wien bleiben – der morgige Abend ist ja schon wieder vorüber. Liebsteslein, hab mich lieb; bin froh, daß Du da bist.

Expreß-Nachricht: Dienstag, 6. 7. 1920[?]

Liebsteslein, Interessantes, große Eile und nur, daß ich Dir gehöre – auch beim Einsteigen u. am Aspangbahnhof[14]. Ausgeliefert bin [ich] Dir u. lieb hab ich Dich.

1 Brochs Eifersucht war Teil seines »Komplexes«. Vgl. dazu das »Nachwort«.
2 Vgl. Anmerkung 11 zur 1. Eintragung. Es dürfte sich hier um die beiden Rezensionen handeln, die im achten Heft der *Modernen Welt* von 1920 erschienen, und zwar zu Willi Handl, *Die Flamme* und Leo Perutz, *Der Marques de Bolibar* (vgl. KW 9/1, 359-361).
3 Owald Spengler, *Der Untergang des Abendlandes*, Band 1 (1918). Der Band befand sich in Brochs Wiener Bibliothek (vgl. KA 242).
4 Der österreichische Tiefenpsychologe Alfred Adler (1870-1937) war öfter zu Gast bei den Brochs in Teesdorf.
5 Edit Rényi-Gyömröi (1896-1987), ungarische Schriftstellerin und

Psychologin. 1914 heiratete sie in Budapest den Ingenieur Erwin Rényi, von dem sie 1918 geschieden wurde. Erwin Rényi war 1915 in die aus Kriegsgründen expandierende K. u. K. Pulverfabrik Blumau in Blumau, einem Nachbarort von Teesdorf, eingetreten. Broch lernte Edit Rényi 1915 bei einer Eisenbahnfahrt kennen. 1918 übersetzte er zwei ihrer Gedichte und veröffentlichte sie in der *Aktion* (vgl. KW 8, 75-79). Nach dem Scheitern der räterepublikanischen Regierung in Ungarn floh sie, gemeinsam mit Freunden wie Georg Lukács, Karl Mannheim und Béla Balázs, aus Budapest nach Wien. In den zwanziger Jahren studierte sie Psychologie in Berlin, emigrierte 1940 nach Colombo/Ceylon, wo sie an der dortigen Universität einen Doktorgrad in Religionsgeschichte erwarb. 1943 heiratete sie E. F. C. Ludowyk. Unter dem Namen Edith Ludowyk-Gyömröi lebte sie seit 1953 in England und war bis zu ihrer Pensionierung an der Londoner Anna Freud Clinic in Hampstead tätig.

6 Georg Lukács (1885-1971), ungarischer Philosoph und Literatur-theoretiker. Broch las damals wahrscheinlich Lukács' gerade in Buchform erschienene *Theorie des Romans*.

7 Bei Edit Rényi-Gyömröi lernte Broch auch den ungarischen Soziologen Karl Mannheim (1893-1947) kennen.

8 Broch war von 1919 bis 1922 ehrenamtlicher Beisitzer der Schlichtungskommission des niederösterreichischen »Einigungsamtes« für die Beilegung von Streitfragen zwischen Arbeitgebern und Arbeitnehmern und zur Ausarbeitung der kollektiven Arbeitsverträge. Das Amt war eine Abteilung des Gewerbegerichts in Wiener Neustadt. Broch bewährte sich in dieser Funktion, und er spielte nach dieser Erfahrung eine Weile mit dem Gedanken, in der Politik aktiv zu werden. Für seine Beisitzertätigkeit erhielt er den Titel eines Kommerzialrates. Als Direktor der Spinnfabrik Teesdorfer war Broch auch Mitglied der Industriellen Bezirkskommission in Wiener Neustadt. Die Bekämpfung der Arbeitslosigkeit war eine der Hauptaufgaben dieser Kommission, Broch legte beide Ehrenämter 1922 aus gesundheitlichen Gründen nieder.

9 Mit »Wohnung« ist immer Brochs Wiener Stadtwohnung im ersten Bezirk, Gonzagagasse 7, gemeint.

10 Zwischen den Stadtzentren von Baden und Wien verkehrte eine elektrifizierte Schnellbahn (»die Elektrische«), die für das Zurücklegen dieser Strecke von etwa vierzig Kilometern eine Dreiviertelstunde benötigte. Sonderzüge wurden für Opern- und Burgtheaterbesuche eingesetzt. Die Badener Elektrische wurde von den Brochs durchweg der langsameren und seltener verkehrenden Aspangbahn vorgezogen. Der Vorteil der Aspangbahn bestand darin, daß sie Stationen in Teesdorf und Tattendorf unterhielt, während man sich von Teesdorf aus nach

Baden chauffieren lassen mußte. Als weitere Verkehrsverbindung zwischen Wien und Teesdorf benutzte man die Südbahnlinie (Wien–Triest), deren nächste Schnellzugstation sich – neben Baden – in Leobersdorf befand, das etwa fünf Kilometer südwestlich von Teesdorf liegt. Auch hier mußte für die Zurücklegung der restlichen Strecke nach Teesdorf der Chauffeur bemüht werden. Das Familienautomobil der Brochs war damals ein Mercedes. Broch selbst konnte nicht Autofahren und war auf den Chauffeur angewiesen. Sein Vater lehnte die Benutzung eines Autos ab und ließ sich zu den Bahnstationen in einem Zweispänner kutschieren.

11 Brochs Vater, Josef Broch (1852-1933), wurde im mährischen Prossnitz geboren, kam schon als Kind nach Wien und arbeitete sich während der Wiener Gründerjahre vom Botenjungen hoch zum erfolgreichen Textilhändler und Spinnfabrikanten.

12 Franziska Broch, geb. von Rothermann (1884-1974) war die Tochter eines aus Norddeutschland stammenden Zuckerfabrikanten im damals ungarischen Hirm/Burgenland. Broch hatte sie 1909 geheiratet, doch setzte die Entfremdung bald ein, nicht zuletzt, weil sie Brochs philosophische und literarische Interessen nicht teilte. Die offizielle Scheidung erfolgte am 13.4.1923.

13 Friedrich Broch (1889-1967), Brochs jüngerer Bruder und einziges Geschwister; damals leitender Ingenieur in der Spinnfabrik Teesdorf.

14 Ea von Allesch hatte Broch begleitet bis zum Aspangbahnhof, der im Dritten Bezirk Wiens lag, unweit der Ecke Kleistgasse/Rennweg. Ihr Appartement befand sich in der ebenfalls im Dritten Bezirk gelegenen Salesianergasse 8/6, und so war von ihrer Wohnung aus der Aspangbahnhof in etwa 20 Minuten zu Fuß zu erreichen. (Dieser Bahnhof wurde im Zweiten Weltkrieg zerstört und als Personenbahnhof nicht wieder aufgebaut. Der heutige Aspangbahnhof ist eine kleine Güterbahn-Station.) Die Aspangbahn fuhr die etwa hundert Kilometer lange Strecke von Wien nach Aspang, einem niederösterreichischen Marktflecken. Teesdorf hatte eine Station an dieser Bahnstrecke (vgl. Anmerkung 10).

Tagebuch 7. VII. 20. Mittags Zeitung u. vom bolschewisti-
schen Sieg gelesen[1]. Ich behalte Recht: der Bolschewismus u.
Kaus[2] werden kommen u. ich werde meine Bücher niemals
fertig schreiben. Nachmittags 1 St. geschlafen, dann bis 7 h
in der Fabrik, die Fabrikskalkulation für den Monat abgeschlossen (meine Spinnereiorganisation verdient in allen
Fachschulen gelehrt zu werden), die Fabriksbuchhaltung u.
die des Konsums[3] für Mai revidiert u. abgeschlossen,
schließlich 1 St. diktiert. Dann zu Bülow. Nach dem Nachtmahl so müd, daß ich in den Garten mich setzte. Meine
Mutter[4] dazu; hat die Moderne Welt gelesen u. fragte nach
Dir. Hätte so gerne gesagt, daß ich Dich so lieb habe. Später
Frau F.[5], turbulent u. lärmend u. immer mit meiner Mutter
streitend. Irgendwie ist sie komisch. Jetzt ist es 11 h; ich sitze
seit 10 h vor dem Schreibtisch u. bin nicht im Stande, was zu
schreiben, obwohl ich genau weiß, was ich will. Ich bin gren-
zenlos faul. Schließlich schrieb ich nachstehenden *Brief*:
Liebsteslein, ich hab Dich lieb u. möchte mit Dir weg u. hab
Dich lieb. Ich bin so sicher u. so absolut gewiß, Dir zu gehören, u. auch daß sich das nicht mehr u. nie mehr ändern
kann, sondern höchstens noch mehr werden und bin sehr
froh damit – trotz der Schmerzlichkeit[6], von der ich gestern
geschrieben habe u. die ja kaum wegzubringen ist (d. h. Du
könntest es wahrscheinlich doch wegbringen), bin ich froh,
will es nicht anders u. nur Dich. – Liebstestes was machst Du
jetzt? es ist $^{1}/_{2}$ 12 h u. ich werde versuchen, doch zu arbeiten.

Tagebuch 1 h Nacht. Es geht nicht mit der Arbeit. Schließlich habe ich das Eckstein-Buch[7] gelesen, damit ich es ihm
zurückgeben kann; den Dilthey-Aufsatz »Über die Einbildungskraft des Dichters«.[8] Er ist tot-langweilig – auch objektiv gemeint – vor lauter Feinsinnigkeit. Dann habe ich
beiliegende tiefgründige Kritik[9] angeregt durch Dilthey geschrieben – da ich ein Rezensionsexemplar bekommen habe.

Und schließlich habe ich – die schönste Beschäftigung der Welt – Bücher zum Binden vorbereitet.[10] Dabei habe ich in den Rahel-Briefwechsel[11] hineingeschaut u. war irgendwie betroffen u. gerührt, weil die Briefe (von ihr[12], Varnhagen[13] ist dagegen ein leerer Esel, also eher ich) in der Stil-Beweglichkeit u. Leichtigkeit so sehr an Dich erinnern. Trotzdem sie eine Jüdin war, was man übrigens merkt. Ich gebe das Buch nicht zum Binden (hoffentlich finde ich dazu noch die fehlenden 2 Bände) sondern bringe es Dir. Es ist sehr amüsant, weil so viel Alt-Wien u. Baden vorkommt. Manches übrigens, z. Bsp. Brief S. 171 über den Ausflug aufs Rauheneck[14] ist geradezu ausgezeichnet. Beleidigt bin ich, daß meine Tagebuch-Methode hier schon antizipiert ist. Soll man das Tagebuch deswegen aufgeben? Liebes, schlaf gut. Es ist schon spät u. ich habe *gar nichts* gemacht.

Expreß-Nachricht: Donnerstag, 8.7.1920[?]

Liebstes, Geliebtestes, werde Du nicht krank. Das wäre das Ärgste, – nicht nur deswegen, sondern für mich, weil ich, selber an der Schwelle, dann nicht hereinfahren könnte. Liebes, und hab mich lieb. Schon weil ich es so brauche. Mehr denn je. Und weil ich Dich so lieb habe. Obwohl das keine Gründe wären. Höchste Eile.

1 1920 war ein von polnischer Seite aus begonnener Krieg zwischen Polen und der Sowjetunion ausgebrochen. Ursache war ein Streit über die Grenzziehung zwischen den beiden Staaten. Broch bezieht sich auf die erfolgreiche Gegenoffensive der Roten Armee, die im Juni 1920 eingesetzt hatte. In Europa sah man damals bereits die Gefahr eines Untergangs Polens und eines Umsturzes der westlich-kapitalistischen Gesellschaftsordnung heraufziehen. Der russische Befehlshaber Michail Tuchatschewski hatte Mitte des Jahres auf dem Höhepunkt sowjetischer Kampferfolge dahingehende Drohungen ausgesprochen. Der polnische Marschall Josef Pilsudski führte jedoch zwischen dem 14. und 21. August 1920 die Wende des Krieges und den Sieg Polens herbei, der als »Wunder an der Weichsel« gefeiert wurde.

2 Otto Kaus (1891-1945), österreichischer Essayist und Psychologe; Schüler Alfred Adlers. Kaus war ein Bekannter Brochs und Ea von Alleschs. Broch hatte dessen Buch *Dostojewski. Zur Kritik der Persönlichkeit* 1916 gleich nach Erscheinen in der *Aktion* besprochen (vgl. KW 10/1, 250-251). Der Autor war verheiratet mit Gina Kaus, einer Schriftstellerin, die ebenfalls zu Brochs Bekanntenkreis gehörte (vgl. Anmerkung 27 zur 35. Eintragung). Kaus gehörte 1918 zu den Revolutionsenthusiasten, und »Bolschewismus und Kaus« ist ein ironisches Wortspiel mit »Bolschewismus und Chaos«.

3 In Teesdorf bestand seit 1856 ein gemeinnützig-genossenschaftlicher Konsumverein, der die Dorfbewohner mit preiswerten Lebensmitteln versorgte. Gegründet worden war er unter dem Namen »Konsumverein der Arbeiter der Spinnfabrik«. Die Abrechnung des Konsumvereins erledigte damals die Spinnfabrik Teesdorf.

4 Johanna Broch, geb. Schnabel (1863-1942). Sie war die Tochter eines jüdischen Wiener Fellhändlers und Lederfabrikanten. Broch hatte ein Leben lang ein gespanntes Verhältnis zu ihr, da er sich als Kind gegenüber dem jüngeren Bruder Friedrich zurückgesetzt fühlte. Johanna Broch weigerte sich 1938, aus Österreich zu emigrieren. Im Mai 1942 wurde sie nach Theresienstadt deportiert, wo sie im Oktober desselben Jahres starb.

5 Brochs Frau Franziska, geb. von Rothermann (vgl. Anmerkung 12 zur 2. Eintragung).

6 Anspielung auf Brochs Eifersucht. Vgl. Anmerkung 1 zur zweiten Eintragung.

7 Friedrich Eckstein (1861-1939). Von Hause aus Ingenieur und Chemiker (sein Vater war Papier- bzw. Pergamentfabrikant). Eckstein war ein Privatgelehrter; in der väterlichen Fabrik war er nur als Konsulent tätig. Seine Einkünfte bezog er primär aus dem Verkauf väterlicher Patente im Bereich der Pergamenterzeugung. Er schrieb vor allem Kritiken. Im Café Griensteidl hatte der Arthur Schnitzler und Hermann Bahr kennengelernt. Mit Sigmund Freud war er seit 1894 befreundet. Während der zwanziger Jahre war er in Wiener Literatur- und Kaffeehauszirkeln eine graue Eminenz und galt als eine Art ›lebendes Lexikon‹. Als Polyhistor führte er Fachgespräche mit Architekten, Mathematikern, Physikern, Komponisten, Juristen, Psychoanalytikern, Historikern und Schauspielern. Hofmannsthal, Werfel und Rilke pilgerten zu MacEck, wie sein Spitzname lautete. Zu seinen Verehrern gehörte auch Brochs Bekannter Jean de Bourgoing. Sein Stamm-Café war zur Zeit von Brochs Tagebuch das Café Imperial. Er wohnte in der Schlüsselgasse 5 im Vierten Bezirk. Eckstein war auch ein Musikkenner und war befreundet mit Anton Bruckner, Johann Strauß, Hugo Wolf und Eugen d'Albert. Über ein besonderes Spezialwissen verfügte er im Be-

reich der Theosophie und Mystik. Welches Eckstein-Buch Broch hier meint, ist nicht mit Bestimmtheit zu sagen. In Brochs Bibliothek findet sich: *Comenius und die Böhmischen Brüder*, ausgewählt und eingeleitet von Friedrich Eckstein (Leipzig: Insel, 1915). Vgl. KA 62. Ein Jahr später erschien im Insel Verlag in Leipzig – von Eckstein übersetzt und eingeleitet – der Band *Erzählungen und Essays von William Butler Yeats*. Ein Bild vom kulturellen Leben Wiens im späten 19. und frühen 20. Jahrhundert vermittelt Friedrich Ecksteins Memoirenband *Alte unnennbare Tage. Erinnerungen aus siebzig Lehr- und Wanderjahren*, der 1936 bei Herbert Reichner in Wien erschien. Eckstein war von 1898 bis 1909 verheiratet mit der österreichischen Erzählerin, Kulturschriftstellerin und Übersetzerin Bertha Helene Diener (1874-1948). Um sie zu heiraten, konvertierte er vom Judentum zum Protestantismus. Auch mit ihr war Broch bekannt. Damals hatte Broch gerade in der *Modernen Welt* eine Rezension veröffentlicht über ihre unter dem Pseudonym »Sir Galahad« erschienene Übersetzung des Buches *Das Ende des Unfugs* des amerikanischen Philosophen und Schriftstellers Prentice Mulford (vgl. KW 9/1, 353). Ferner kannte Broch auch Percy Eckstein (1899-1962), den Sohn von Friedrich und Bertha Eckstein. Percy Eckstein verfolgte ebenfalls eine Schriftstellerlaufbahn. Er verfaßte später Romane, Hörspiele, Novellen und Essays und übersetzte italienische Literatur ins Deutsche. Broch hatte in den dreißiger Jahren öfters mit ihm zu tun, da Percy Eckstein Mitbesitzer der in Wien ansässigen Internationalen Literarischen Agentur (ILA) war.

8 Wilhelm Dilthey, »Die Einbildungskraft des Dichters. Bausteine für eine Poetik« (1887), in: W. D., *Gesammelte Schriften*, Bd. VI (Stuttgart: Teubner, 1958), S. 103-228. Dilthey (1833-1911) war der Hauptvertreter einer hermeneutisch-historisch orientierten Lebensphilosophie.

9 Gemeint ist wahrscheinlich die Besprechung des Buches von Hermann Meister, *Die Freunde. Essais* (Heidelberg: Saturn, 1920). Brochs Besprechung erschien 1920 in Heft 10 der *Modernen Welt* (vgl. KW 9/1, 365-366). Das Wort »tiefgründig« ist offenbar ironisch gemeint, da ja die Anregung dazu »langweilig« war.

10 In der ersten Tagebucheintragung erwähnte Broch die Buchsendung, die er aus Leipzig erhalten hatte. Broch gab die broschierten und kartonierten Bücher an Buchbinder zum Binden in Leinen oder Leder. Die Einbände entwarf Broch gerne selbst. Die Buchbinder, die für Broch arbeiteten, waren G. Rautter im Ersten Bezirk, Bäckerstraße 30 (in der Nähe des Stephansdoms), Joh. Koch im Achten Bezirk, Lammgasse 6, und Johann Ehrenfeldner in Mödling.

11 *Briefwechsel zwischen Varnhagen und Rahel. Aus dem Nachlaß Varnhagen's von Ense*, vierter Band (Leipzig: Brockhaus, 1875), S. 171-172. Es handelt sich um den Brief Rahels an Varnhagen von

»Sonntag Vormittag 10 Uhr, den 2. Juli 1815«. Die Stelle lautet: »[...] von Rauneck, einem hohen Berg mit Ruinen, wo ein dreieckiger Turm steht, den ich noch obenein durch viele Treppen bestieg. Göttliches sah man oben. Ringsum in's Unabsehbare, Horizont hinter Horizont; das unglaublichste Lichterspiel von Dunkel und Hell, auf Kornfeldern, der Schwächat, die wie ein Thier das Thal bekroch, und sich wand, auf Dörfern und Besitzungen ohne Zahl, auf dunklen, eigensinnigen Bergen, Schafe weideten, Holz wurde gefällt in den Bergwäldern, und lag reinlich, todt und duftend da; auch einen Gewitterschlag hörten wir, aus einer zum Platzen verdrießlichen, dunklen, sich senkenden Wolke. In manchem Thalfleck im Gebirge war's so still, daß man nichts, und nur Vögel hörte; denn auch wir, all die Nationen, schwiegen auch. Es war ein Sonntag nach langem Regen. Nicht feucht; junges Wetter, herrlich! Ohne Dich. Ich empfand es, dacht' es immerwährend. [...] *Ein* Moment war, unbeschreiblich; als wir von unserer Ruine so ziemlich in's Thal hinabgestiegen waren, wo es nicht groß und nicht klein war, schien die Sonne nicht mehr; nur auf eine uns gegenüberragende andere Ruine, die durch Optik ganz im Kreise unseres nicht beschienenen Thales eingeringt war: es war der Abend *selbst*. Unschuldig, verhältnißlos, unpersönlich, ungekränkt, ohne Forderung, paradiesisch, ohne Unfall: ganz still athmete er selbst, Glück ein, Glück aus, ohne Zukunft, er war da, befreit, in Glück. Da war's, wo wir Alle ganz schwiegen. Könnt' ich Silbenmaß finden, wie ich einsehe, fühle und Worte finde, so machte ich hieraus ein bleibendes Gedicht.« Rahels Botschaften an Varnhagen aus dieser Zeit sind tagebuchartige Liebesbriefe, sind also formal mit Brochs Tagebuchbriefen verwandt.

12 Rahel Varnhagen von Ense, geb. Levin (1771-1833). Ihr Salon im Berlin der napoleonischen Epoche war Treffpunkt bekannter Schriftsteller, Künstler und Politiker.

13 Karl August Varnhagen von Ense (1785-1858), Publizist und Schriftsteller, Varnhagen und Rahel Levin heirateten 1814. Der mit seiner Frau gemeinsam geführte Salon im Berlin der Restaurationszeit war ein Mittelpunkt spätromantischer Autoren.

14 Die Burgruine Rauheneck in der Nähe von Baden bei Wien (im Helenental) war seit Brochs Jugend eines seiner beliebten Ausflugsziele. In Sichtweite dieser Ruine, in der am Eingang des Helenentales gelegenen Barockkapelle St. Helena in Baden-Weikersdorf, hatte Broch am 11. Dezember 1909 Franziska von Rothermann geheiratet.

Tagebuch 7. VII. 20 [statt richtig: 8. VII. 1920] Spät aufgestanden; herrlich heiß, Mittags nach Leobersdorf[1], Baden,
eine Schreibmaschine besichtigt, meine Schwägerin Mila[2]
getroffen, zum Notar, Elektrische nach Traiskirchen[3],
Schule[4], Pädagoge, dabei ist das das grüne Holz[5], 1 St. Verspätung, Konferenz zu Hause[6] mit den ungarischen Englän-
dern[7], Konferenz bei Neumann[8], spät zu Dir gekommen; ich
bin eigentlich im ersten Augenblick immer erstaunt, daß du
real vorhanden bist. Das nach-Dir-Sehnen ist irgendwie un-
begrenzt, m. e. W. maßlos geworden – es ist keine Linie u.
kein Strom sondern einfach mehr als das Meer. Du hättest
eigentlich mitwachsen müssen, denn irgendwie will Dich
dieser unbegrenzte Strom doch treffen – Lieblingchen, etwas
Wahres ist schon dran: mir ist maßlos bang, es geht über
alles Empirische hinaus. Das Ganze ist so verwunderlich. Ich
bin aber so froh dieses Tatbestandes. – Du sagtest, daß das
Tagebuch weniger langweilig wäre, wenn ich »Erlebtes« hin-
einschreiben würde. »Erlebt« habe ich aber nie etwas. Du
bist mein erstes »Erleben« u. das ist eben so erstaunlich, daß
es überhaupt das gibt.

8. VII. [statt richtig: 9. VII. 1920] Büro, Friseur[9], Zahnarzt, Halm u. Goldmann[10], Schrecker[11], Elektrizität[12],
Buchhandlung Schönfeld[13], Gonzaga[14], Zentral[15], mit Fischer[16] zu Kuppitsch[17], Spinnerverein[18], mit einem Direktor
Schwankhöffer[19] weg über den Ring[20] gefahren, zu Dir, 2
kurze Stunden, Dir ist es nicht gut gegangen u. ich habe
seither wieder schreckliche Angst um Dich. Es muß etwas
geschehen, Liebling, Süßes. Wohnung etc.[21] Irgendwie wird
es bestimmt gehen, wenn nur nicht die Zeit so drängen
würde. – Allein heraus gefahren. Gedanklich geht die Arbeit
vorwärts. Zum Niederschreiben war ich gestern zu müde.

9. VII. [statt richtig: 10. VII. 1920] Die Zeit fliegt. Vormittags Fabrik, Nachmittags, bis 5 h. Seitdem sitze ich beim
Schreibtisch. Es geht langsam. Hab Dich zu lieb. Ich sitze

halbstundenlang u. tu nichts als Dich lieb haben, als ob das eine Beschäftigung wäre. Ich denke nicht vorstellungsmäßig an Dich – das wäre zu wenig. *Du* bist und ist *viel mehr*. Vorstellungen sind etwas Rationales u. das Rationale ist immer nur Objekt der Kritik, wie auch jede Ablehnung und jede Feindschaft vom punktuell Rationalen ausgeht. Ich denke »morgen« u. fürchte mich, mich zu freuen, obwohl ich in einem fort auf dem Weg dazu bin. – Es [ist] 1 h Nacht u. leider kalt.

Expreß-Nachricht: Samstag, 10.7.1920 [?]

TEESDORF. Geliebtes, Süßes, gestern Abend 1 Briefi heute 2.[22] Bin so froh damit Kindi.[23] Tagebuch noch nicht geschrieben. Gearbeitet aber wenig. Wegen morgen noch unschlüssig – ich werde noch anrufen oder telegraphieren. Kindi so entsetzlich bang ist mir nach Dir; überhaupt es ist nicht mehr zum aushalten. Wenn ich morgen *nicht* anrufe, bin ich um 7 h bei Dir, Lieblingchen, da ich dann Mittags direkt mit dem Buben[24] in die Stadt fahre.

Muß mich jetzt eilen, da die Post um 10 h sperrt.

Süßes, hab mich lieb. *Bitte.*

1 Vgl. Anmerkung 10 zur 2. Eintragung.
2 Mila von Rothermann, geb. Laur (1888-1975). Sie war die Frau Daniel von Rothermanns, eines Bruders von Brochs Frau Franziska. Daniel von Rothermann diente während des Ersten Weltkriegs als österreichischer Offizier und fiel 1915 in Galizien. Die Witwe heiratete sieben Jahre später den elf Jahre älteren Baron Jean de Bourgoing, einen österreichischen Ministerialbeamten (Verwaltungsrat) und Schriftsteller. Bourgoing war Sohn des ehemaligen französischen Gesandten in Wien, Othon de Bourgoing, und dessen Frau Therese, geb. Reichsgräfin Kinsky. Er wohnte im Dritten Bezirk, Jacquingasse 51. Jean de Bourgoing verfaßte populäre Darstellungen über Figuren und Ereignisse der neueren österreichischen Geschichte und schrieb – selbst im Besitz einer ansehnlichen Kunstsammlung – in den zwanziger Jahren Monographien zur österreichischen, englischen und französischen Bildnisminia-

tur. Mila von Rothermann galt als Schönheit. Broch war mit seiner Schwägerin befreundet.

3 Der Martkflecken Traiskirchen liegt etwa zehn Kilometer nördlich von Teesdorf. Traiskirchen hatte sowohl eine Station an der Aspangbahn wie an der elektrifizierten Schnellbahnlinie Wien–Baden.

4 Zur Zeit der Monarchie hatte es in Traiskirchen eine 1903 gegründete Artillerie-Kadettenschule gegeben. Die Anstalt bestand aus einem großen dreigeschossigen Neubau mit zahlreichen Nebengebäuden in einem neunzehn Hektar großen Areal. Im November 1918 war die Kadettenanstalt aufgelöst worden. Am 1. Januar 1919 wurde sie in eine Staatsstiftungsrealschule umgewandelt, um den ehemaligen Zöglingen der Kadettenanstalt das zivile Weiterstudium zu ermöglichen. Am 1. Oktober desselben Jahres wurde sie in Staatserziehungsanstalt umbenannt und wiederum ein Jahr später erhielt sie die Bezeichnung Bundeserziehungsanstalt. Es handelte sich um ein Internat für begabte Schüler. Die Leitung des Internatsbetriebs und der Aufsichtsdienst wurden den bisherigen Kommandanten und Offizieren der Kadettenanstalt überlassen, der Unterricht selbst jedoch von staatlichen, zumeist promovierten, Mittelschullehrern erteilt. Broch informierte sich über die Schule, weil er seinen Sohn anmelden wollte. Von den dort tätigen Pädagogen, bei denen – wie H. F. Broch de Rothermann berichtet – die Ideologie des Wandervogels nachwirkte und großdeutsche Vorstellungen dominierten, war Broch nicht begeistert. Die Anlagen der Kadettenschule waren zudem für einen zivilen Schul- und Internatsbetrieb ungeeignet. Die Gebäude waren verwahrlost und teilweise geplündert, und in der Notzeit der Nachkriegsjahre fehlten die Mittel für eine völlige Renovierung. Zur Zeit dieser Tagebucheintragung besuchte Brochs Sohn keine Schule, vielmehr wurde er zu Hause privat von dem Hauslehrer Fred Wesely unterrichtet. Von 1918 bis 1919 hatte Hermann Friedrich Broch die Volksschule in Teesdorf besucht, gemeinsam mit Bruno Seitz, der in den sechziger Jahren das Hermann-Broch-Museum in Teesdorf aufbaute. In den beiden vorhergehenden Jahren, von 1916 bis 1918, besuchte er die an der Schottenkirche im Ersten Bezirk Wiens gelegene Gemeinde-Volksschule im Schottenhof.

5 Siehe das Lukas-Evangelium (23, 31): »Denn wenn man dies am grünen Holze tut, was wird am dürren geschehen?«

6 Gonzagagasse 7 im Ersten Bezirk Wiens.

7 Broch führte damals Verhandlungen über den Ankauf einer Spinnerei in Ungarn mit einem englisch-ungarischen Konsortium. Die Gespräche verliefen ergebnislos.

8 Friedrich Neumann, Dr. jur., Sonnenfelsgasse 11 im Ersten Bezirk, war der Rechtsanwalt von Brochs Frau Franziska. Das Ehepaar betrieb damals die Scheidung.

9 Josef Broch, seine beiden Söhne Hermann und Friedrich sowie sein Enkel Hermann Friedrich besuchten den gleichen Friseur August Mohr, dessen Laden im Ersten Bezirk (Ecke Graben/Seilergasse) in der Nähe des Stephansdoms lag. (Diesen 1898 als Herren-Salon gegründeten Friseurladen gibt es heute noch.) Die Besuche dort hatten einen zeremoniellen Anstrich: August Mohr – damals etwa sechzig Jahre alt – überwachte als Meister den Haarschnitt und die Maniküre, die Gesellen und Lehrlinge machten die eigentliche Arbeit, und der Diener bügelte den Überrock aus. Der Mohrsche Herren-Salon war damals mit Möbeln im Rokokostil ausgestattet.

10 Die 1848 in Würzburg gegründete Buch-, Kunst- und Musikalienhandlung Halm und Goldmann hatte sich 1863 im Ersten Bezirk Wiens, Opernring 17, etabliert. Inhaber der Firma, die gleichzeitig als Antiquariat geführt wurde, war zur Zeit von Brochs Tagebuch Hermann Gall.

11 Paul Schrecker (1889-1963), österreichischer Philosophiehistoriker. Der junge Schrecker hatte vor dem Ersten Weltkrieg eine Schrift veröffentlicht: *Henri Bergsons Philosophie der Persönlichkeit. Ein Essay über analytische und intuitive Psychologie* (München: Reinhardt, 1912). Angeregt durch Schreckers Schrift *Für ein Ständehaus. Ein Vorschlag zu friedlicher Aufhebung der Klassengegensätze* (Wien 1919) hatte Broch 1919 in der Wiener Zeitschrift *Der Friede* seinen ersten politischen Essay mit dem Titel »Konstitutionelle Diktatur als demokratisches Rätesystem« veröffentlicht (vgl. KW 11, 11-23). Einen Namen machte Schrecker sich als Leibnizforscher, nicht zuletzt mit seinem Buch *Leibniz. Ses idées sur l'organisation des relations internationales* (London: Milford, 1937). Er war einer der ältesten Freunde Brochs. 1913 hatte er an der Universität Wien zum Doktor der Rechte promoviert. Er arbeitete seitdem in der kaufmännischen Verwaltung der väterlichen Möbelfabrik, fand aber an dieser Tätigkeit wenig Gefallen. Die Biographien Brochs und Schreckers weisen eine Reihe von Parallelen auf: beide stammten aus jüdischen Unternehmerfamilien in Wien, beide betrieben in ihrer Freizeit intensiv mathematische und philosophische Studien, beide befreiten sich Mitte der zwanziger Jahre aus den Zwängen der ihnen vorgeschriebenen Berufe (Schrecker war von 1929 bis 1933 als wissenschaftlicher Mitarbeiter tätig bei der Leibniz-Ausgabe der Preußischen Akademie der Wissenschaften, Berlin), und beide emigrierten 1938 bzw. 1940 in die USA. Broch stand mit Schrecker bis zur Emigration in regem geistigen Austausch und kannte dessen Schriften gut. Schrecker lehrte in den USA an verschiedenen Colleges und Universitäten. Als er starb, war er Professor Emeritus für Philosophie an der University of Pennsylvania in Philadelphia. Auch im Exil blieben sie in lockerem Kontakt.

12 Gemeint ist das Österreichische Wasserkraft- und Elektrizitätswirt-schaftsamt (Wewa) im Dritten Bezirk, Henslerstraße 3. Energiemäßig war die Spinnfabrik Teesdorf relativ autonom. Zwischen 1802 und 1842 hatten zwei Dampfmaschinen die in der Fabrik erforderliche Energie erzeugt. 1840-42 war ein zwei Kilometer langer Kanal gebaut worden, der Wasser von der Triesting abzweigte und auf der Höhe der Fabrik ein Gefälle von dreizehn Metern hatte. (Eine Zeichnung aus dem 19. Jahrhundert, die den Kanal mit dem alten Fabriksgebäude zeigt, nahm Broch in sein Ex-Libris auf.) Mit der Kraft des herabstürzenden Wassers wurden seit 1842 zwei Wasserräder angetrieben, deren Kraft für den Antrieb der Baumwollspinnmaschinen genutzt wurden. Um die Jahrhundertwende wurden die Wasserräder durch zwei Turbinen er-setzt, die die Elektrizität für die Spinnfabrik (und ab 1918 auch für das Dorf) erzeugten. Gleichzeitig waren Fabrik und Dorf an das Wiener Überlandnetz für elektrischen Strom angeschlossen. Durch die Koope-ration des Ortsnetzes mit dem Überlandnetz ergaben sich ständig Verhandlungen zwischen dem durch Broch vertretenen Ortsnetz Tees-dorf und der Wewa. Das Teesdorfer Elektrizitäts-Ortsnetz funktionierte bis 1943 eigenständig; erst damals wurde es an die Wiener Elektrizi-tätswerke verkauft. Broch selbst hatte zum Thema der Energieversor-gung 1919 einen Artikel publiziert: »Wasserkräfte und Abfallenergien im Wiener Überlandnetz«, *Der Neue Tag* (Wien), Nr. 159 (31. 8. 1919), S. 11.

13 Die Buchhandlung Anton Schönfeld befand sich bei der Universität Wien (Universitätsstraße 8, Erster Bezirk) und hatte eine weitere Zweigstelle im Neunten Bezirk, Lazarettgasse 86. Broch besuchte die Buchhandlung in der Universitätsstraße.

14 Vgl. Anmerkung 6.

15 Gemeint ist das Café Central, Erster Bezirk, Herrengasse 14.

16 Wahrscheinlich ist der Maler Johannes Fischer (1888-1955) ge-meint, der Mitte der zwanziger Jahre Mitglied des Hagenbundes wurde. Fischer, aus Feldbach/Mähren gebürtig, hatte die Wiener Mal-schule Kohn besucht und war, abgesehen davon, Autodidakt.

17 Gemeint ist M. Kuppitsch Wwe., Akadem. Antiquariat und Buch-handlung, Erster Bezirk, Schottenring 8. Ihr Inhaber war damals Ar-nold Schlesinger.

18 Broch war Mitglied im Vorstand des Vereins der Baumwollspinner und Weber Österreichs, dessen Sitz sich im Neunten Bezirk, Maria The-resien-Straße 32-34, befand. Wenn er für diesen Berufsverband das Kürzel »Spinnerverein« benutzte, tat er es auch in leicht ironisierender Absicht, da »spinnen« auch die Nebenbedeutung spintisieren hat.

19 Schwankhöffer war wahrscheinlich ebenfalls Mitglied des sog. Spinnervereins.

20 Die Ringstraße Wiens wurde in den sechziger und siebziger Jahren des vorigen Jahrhunderts, in der Ära des österreichischen Liberalismus, als Prachtstraße gebaut. Sie umgibt die Altstadt bzw. den Ersten Bezirk Wiens.

21 Ea von Alleschs kleine Souterrain-Wohnung in der Salesianergasse 8/6, wo sie seit 1916 wohnte, behagte ihr nicht. Broch wollte für sie eine größere Wohnung finden, was bei der Wohnungsnot in den Nachkriegsjahren ein schwieriges Unterfangen war. Das Problem löste sich anderthalb Jahre später dadurch, daß Ea von Alleschs Schwester Antonie Holzknecht starb. So fiel ihr 1922 als Erbin deren Wohnung im fünften Stock (Südostseite) des Hauses Peregringasse 1/16 (Ecke Maria Theresien-Straße) im Neunten Bezirk zu. Der Umzug von der Salesianer- zur Peregringasse erfolgte am 7. 3. 1922. In der Peregringasse 1/16 wohnte Ea von Allesch bis zu ihrem Tod im Jahre 1953. Broch möblierte die Wohnung 1922 weitgehend und hatte selbst dort ein Zimmer. 1934 schaffte er seine etwa zweitausend Bände zählende Bibliothek dorthin. Als er 1938 emigrierte, richtete er es so ein, daß seine Mutter Johanna Broch, die in Wien bleiben wollte, dieses Zimmer übernehmen konnte.

22 Briefe Ea von Alleschs; sie sind nicht erhalten geblieben.

23 Broch benutzt von nun ab meistens Diminutive wie »Kindi« oder »Kindchen« in der Anrede für Ea von Allesch.

24 Brochs Sohn Hermann Friedrich.

Tagebuch Heute ist der 14. u. ich erinnere mich kaum des Restanten.[1] Weiß nur, daß ich mir Samstag Abend nichts anderes gedacht habe als »Du« u. daß ich eigentlich seitdem auch nichts anderes tue, daß ich Sonntag

11. VII. spät aufgestanden bin, mittags nach Wien, Du hast ein, ein wenig rührendes Kopftüchel, eine Tante u. ich Dich lieb gehabt.[2] Bin so ungern weg, obwohl ich mich auf Nachmittag gefreut hatte, weil ich mit Schrecker u. Schmid[3], die zu mir hätten kommen sollen, die Geschichte mit dem »Interesse«[4] besprechen wollte. Soll das Übrige ins Tagebuch aufgenommen werden? der Abend? bin spät zu Dir gekommen, weil ich den Buben[5] erwartet habe. Dann war der Schatten eines Absteigens: aber: zueinander-halten ist der *Wille*, daß nichts dazwischen kommen *kann*. Daß dies eine Antinomie ist, ist offenkundig. Aber augenscheinlich besteht das, was ich die Fiktionalität dieses Komplexes nenne, in der merkwürdigen »Ermöglichung antinomischer Wirklichkeiten«. Krank warst Du schon, Süßeslein, und kalt war Dir. Ich sorge mich um Dich, aber viel zu wenig für Dich.

12. VII. In der Früh zur Aufnahmsprüfung[6]. Bis $^{1}/_{2}$10 h herumgestanden. Dann zu Dir u. mit Dir bis in die Ungargasse[7]. Nochmals in die Schule. Zu Ehrenfest[8], mit Deinen Klimt-Bildern[9] zu Molitor[10], Zanzi[11], dann in die Kolingasse[12] ein Geschäftsweg, zu Politzer[13] mit den Bildern, Kuppitsch; Nachmittags Schule, dann zu Dir, war sehr müde, aber Du warst wieder da u. es war sehr süß, den Buben abgeholt, mit ihm zum Arzt, dann zu Polgar[14]. Es war irgendwie licht. Nicht nur weil es ein Atelier ist. Irgendwie ist es beglückend, sozusagen, daß Du ein »Ich« u. trotzdem Du bist. Obwohl aus diesem Faktum auch mein ganzer großer Leidenskomplex stammt. Aber es ist süß u. gut, diesem Ich hantieren, bsplsw. photographieren zuzusehen.[15] Was eben nur aus der Prämisse des anderen Ichs zu folgern ist. Das hat mit »gefallen« gar nichts zu tun – sondern geht

allem »gefallen« voraus als log. Apriori. – Abends mit Dir
entwickelt. Dir war noch immer fiebrig u. kalt.

13. VII. Früh in die Schule. Dann zu Dir. Zur 2er Linie[16].
Von dort in die Schule. Mit Direktor B.[17] gesprochen; es ist
zu hoffen, daß der Bub aufgenommen wird. Kommt dann
nicht der Bolschewismus, so ist zu hoffen, daß mit dem
Augenblick, da das Kind aus dem Hause ist, diese Un-Ehe
automatisch auseinanderfällt.[18] Gut wäre es, wenn mein
Buch bis dahin fertig wäre, aber es wird nie fertig.[19] – Von
der Schule in die Stadt, zum Advokaten.[20] Nachmittags eine
Besprechung, dann mit dem Knaben[21] zum Zahnarzt, zu
Dir, in den Stadtpark, Gewitter, zu Dir, Aspangbahn. Es war
sehr kalt u. ich habe auf der Bahn ziemlich gefiebert, wahrscheinlich. Abends ins Büro, Post von 3 Tagen durchgelesen.
Nichts mehr gearbeitet.

14. VII. Vormittag 10 Telephongespräche, 30 Briefe oder
mehr. Kein Augenblick Ruhe. Nachmittags 1 St. geschlafen;
es ging nicht anders. Büro, Betriebsrat[22]. Als ich Dir dann
schreiben wollte, begann die Tattendorfer Eisengießerei[23] zu
brennen, worauf ich mit unserer Feuerwehr[24] »ausgerückt«
bin. Blasend wie eine richtige Feuerwehr, mit galoppieren-
den Pferden vor der Spritze; es war ein kühner Anblick
sicherlich. Leider nicht zuträglich, da es am Brandplatz
grauslich heiß war. Ich bin, nachdem wir des Elementes Herr
geworden sind, zum Arzt, welcher angegriffene Lungenspitzen konstatierte, wahrscheinlich aber nur wegen des bereits
vergangenen Fiebers. Zeigt der Thermometer falsch, so hätte
ich auch keine Lungenspitzen. Hierauf zu Bülow u. ins Dorf.
Nach dem Nachtmahl noch in die Fabrik. Jetzt ist es 12 h.
Ich habe nichts gearbeitet u. bin wahnsinnig müde. Zum
Umfallen. Für morgen ein Riesenprogramm; ich weiß nicht,
wie ich nach Wien kommen soll, wenn Du nicht im Büro
bist. Habe solche Angst um Dich – aus purem Egoismus,
weil ich Dich nicht verlieren kann. Kindchen, Liebes, Gutes,
schone Dich. Nimm Dir bald Urlaub oder gib diese Redaktion[25] auf u. wir fahren dann *sofort* weg. D. h. wenn Du mit

mir weg willst. Aber jetzt könnte ich mich bald frei machen. Kindi, Liebsteslein, ich sehne mich so danach u. nach Dir.

15. VII. 20. Liebstestes, ich will es nicht berufen, aber es ist mir etwas sehr Beruhigendes, wenn ich im Tagebuch die Jahreszahl einsetze: zum Unterschied von dem, was ich Dir am 15. VII. 1950 schreiben werde. Die Aufrechthaltung der Rechtskontinuität.[26] Allerdings habe ich solche Angst um Dich, richtiger um mich, weil ich wirklich »verloren« wäre, wenn Du mir verloren gingest. Kindi, Süßes, paß auf auf Dich, sei kein Held, trag Dein Fieber nicht spazieren, am allerwenigsten in diese Redaktion, die wirklich sinnlos ist. Nimm Dir ein Beispiel an meiner Feigheit. Außerdem trägt doch *mein* Heldentum wenigstens irgendwas oder verspricht es wenigstens. – Heute ist es mir nicht gut gegangen; so u. so nicht: spät aufgestanden deswegen, dann kam der englische Agent P.[27], bis Mittag unterhandelt, sodann der Ob.Ingenieur der Bleistifte[28] inklusive unserem Prokuristen. Um 3 h der Notar, mit dem ich Formalitäten bei Bülow zu erledigen hatte. Dies alles dauerte bis 6 h. Dazwischen unausgesetzt Telephonage u. laufender Fabrikskram. Die Post konnte ich erst zwischen 6 h und 8 h erledigen. Dann gegessen. Um 9 h Betriebsrat. Um 10 h endlich zum Schreibtisch.[29] Jetzt ist es 11 h und ich habe noch nichts gearbeitet; nur während des Nachtmahls ein bißchen gelesen um das Gehirn auszuspülen, was eine unangenehme Vorstellung ist. – Morgen bleibt die Frau F. in Wien; außerdem habe ich auf Samstag eine Elektrizitätssitzung,[30] die heute Abend hätte stattfinden sollen, verlegt, weil ich ja damit gerechnet habe, heute zu Dir zu fahren. So werden es morgen wieder nur ein paar Stunden sein. Es ist merkwürdig: jetzt war ich doch fast 3 Tage in Wien, habe Dich Vormittag, Nachmittag, Abends gesehen u. es ist so viel wie nichts: wir müssen endlich wegfahren – immer habe ich die Angst, daß Du es dann nicht mehr wollen wirst – aber es wäre so süß u. notwendig diese Zeitsparerei, die eben das Arge ist, endlich aufzuheben. Hab mich lieb, Kindchen, brauche es u. Dich so sehr.

16. VII. 20 Selbstverständlich ist es überflüssig niederzuschreiben, daß ich heute mit Lechner[31] bei Dr. M.[32] etc.
war u. all die Nebensächlichkeiten. »Eindrücke« habe ich
aber keine. Ich weiß nicht, ob ich es Dir schon gesagt habe,
d. h. ich habe es sicher getan, aber Du wirst Dich nicht mehr
erinnern: jede Geschichtsschreibung schreibt das auf, was
ihrem Objekt selber wertvoll sein müßte[33]. (Leider habe ich
diese sehr wichtige These den Ungarn[34] u. Dr. Adler[35] gesagt!); eine Staatengeschichte das für den betreffenden Staat
– positiv oder negativ – Wertvolle, eine Biographie, das für
die betreffende Person: immer so gesehen, als ob der betreffende historische Organismus diese Geschichte selber
schriebe; d. h. es ist *seine* »Erinnerung« an *seine* Eindrücke.
(Bei Staaten sehr handgreiflich in Grenzverschiebungen.)
Nun habe ich entweder mein schlechtes Gedächtnis oder
aber eben keine anderen Eindrücke als »Du« u. die Arbeit.
Letzteres wird ohnehin niedergeschrieben u. so würde sich
das Tagebuch in Briefe an Dich, über Dich, richtiger über
mein Lieb-haben, kurzum in Liebesbriefe auflösen. Da es
aber dennoch programmgemäß ein Tagebuch zu sein hat, so
kann dies nur durch Beifügung der Nichtigkeiten geschehen.
Allerdings: ich *möchte* mehr geben, denn hinter allen Nebensächlichkeiten steht ja doch ein Erlebensrest, den ich
eben gerne heben möchte. Ich möchte Dir wirklich dieses
eigentliche Leben von mir irgendwie zur Verfügung stellen:
es ist hier dieselbe Wurzel wie in dem Wunsche, mich vor Dir
nicht zu schämen. Irgendein Hingebungswille: wenn man
schon die Unwahrscheinlichkeit der Zweisamkeit akzeptiert,
dann augenscheinlich folgerichtig bis ans Ende, d. h. Hebung
jenes letzten Irrationalen des »Erlebens«, das dies immer
sonst isolierte Ich konstituiert. Daß dies erkenntnismäßig, ja
nicht einmal lyrisch möglich ist, daß diese Abolierung des
Schämens wie alle Lyrik irgendwie unstatthaft ist, ist ja klar
– dennoch ist etwas von jener Süßigkeit, die da ist, wenn ich
Dein Handi auf mich gelegt spüre. Sicherlich auch der
Wunsch nach etwas Verzeihendem: denn man schämt sich, –

zwar nicht empirisch, aber erkenntnistheoretisch! – nicht umsonst. Alle Dunkelheit ist erkenntnistheoretisch beschämend u. fast alles Empirische ist dunkel. Ob ich bei meiner Unbeholfenheit je dazu komme, dieses Irrationale zu heben, ist die Frage. *Du* kannst es u. ich weiß jetzt auch warum: weil Du fast keine Dunkelheiten hast. Oder? Eifersucht[36] ist in ihrer Korrelation zum Lieb-haben (u. in dem Wissen um die eigene Isoliertheit) auch als Ankämpfung gegen jene Dunkelheiten zu verstehen. Das ist Schelerisch.[37] Noch etwas: »Gesinnung«, d.h. in diesem Fall »Gesinnung zum Zusammen-halten« ist sicherlich auch ein Apriori-Wegräumen u. sagen wir selbst Verzeihen alles Irrationalen: »daß nichts mehr passieren kann«. Alle Definitionen sind übrigens Gewäsch: ich möchte, daß du mir verzeihst u. daß damit der Weg offen ist, daß Du mich lieb hast – *immer, stets u. auf jeden Fall.* Außerdem ist es so schön, daß ich in der Sicherheit Dich absolut u. definitiv lieb zu haben, daß ich in der klaren Einstellung auf Dich ohnehin schon in eine sozusagen lichte Sphäre gekommen bin. Liebstestes, Nächstes, Rührendstes (ich glaube allerdings, daß das Rührendste für mich mein Dich-lieb-haben ist, aber auch alles an Dir) aber jedenfalls Einzig-Nahes, möchte Dir in einemfort sagen, daß ich Dich lieb, lieb, lieb habe. – Das sind die Eindrücke vom 16. VII. 20.

17. VII. 20 Mittag. Noch lieber habe ich Dich heute. Obwohl Dein Konto belastet ist. Ich hab Dich lieb, Kindi, tu mir nicht weh. Bis jetzt im Büro, Nachmittag Elektrizitätssitzung. Alles ist gehetzt; mit der Arbeit sieht es miserabel aus. Bang ist es, Liebstes. Du hast heute was Böses gesagt, trotzdem freue ich mich auf Montag, (Unberufen!), Lieblingchen.

18. VII. 20. $^1/_2$9 h abends. Es ist eine herrliche Hitze und riecht nach Italien. Vormittags Kanzlei, Nachmittags geschlafen, mein Bruder[38] ist mit dem Buben zum Rennen nach Baden.[39] Es ist irgendwie ferial ruhig u. ich bin zu faul. D. h. ich denke unausgesetzt an Dich, was auch eine Faulheit ist, weil an-Dich-denken, ja auch auf-Dich-eifersüchtig-sein, also negativ-Denken, ein viel leichter zu befahrendes Geleise ist als Arbeiten. Die ethische Konsequenz ist leicht zu ziehen u. schon langweilig. Möchte gerne niederschreiben, was ich denke – das gehört zu dem, was ich gestern über Hebung des Irrationalen gesagt habe (habe wieder mit meinem Komplex[40] etc. zu tun) aber »so intim sind wir noch nicht«. Möchte aber es werden. Das Resultat: immer das gleiche: ich will nur Dich. Ich wüßte nicht, was anfangen, wenn ich Dich verlieren würde. Es ist so ernst dieses lieb-haben, so »schmerzlich« eigentlich, daß es geradezu komisch ist. Das ist alles Gerede: ich hab Dich lieb u. jetzt muß ich ernsthaft arbeiten. Ich komme übrigens langsam vorwärts u. vor allem *tiefer*, wenn man so geschwollen reden darf. – Denk gut, Süßestes.

Expreß-Nachricht

16. VII. 20. 11 h Vormittag, fahre jetzt weg: Vormittag Post – hoffe, daß keine Verspätung. Solltest Du nicht zu Hause sein, so warte ich nicht, damit ich bis $^1/_{24}$ h wieder zurück sein kann. Die Bilder haben Zeit.[41] Kindi, wie geht es Dir?

1 Des noch Schuldigen (im Sinne des noch zu Berichtenden).
2 Die grammatischen Fehler dieses Satzes sind wohl auf die Eile zurückzuführen, mit der Broch diese Aufzeichnung verfaßte.
3 Anton Schmid war ein Nachbar von Ea von Allesch in der Salesianergasse 8. Er war literarisch und philosophisch interessiert und verdiente sich seinen Lebensunterhalt als Inspektor beim Wiener Postsparkassenamt.
4 Vgl. Anmerkung 7 zur 1. Eintragung.
5 Brochs Sohn Hermann Friedrich.
6 Vgl. Anmerkung 4 zur 4. Eintragung. Brochs Sohn bestand die Aufnahmeprüfung für die Traiskirchener Bundeserziehungsanstalt und besuchte sie anschließend zwei Jahre lang. Die Prüfung selbst fand in der Bundeserziehungsanstalt Wien-Breitensee, Hütteldorfer Straße 126 (damals Dreizehnter, heute Vierzehnter Bezirk) statt.

7 Eine Straße im Dritten Bezirk Wiens.

8 Alfred Ehrenfest, Gold- und Silberwarenhandel, Rögergasse 16 im Neunten Bezirk.

9 Nach der Erinnerung von H. F. Broch de Rothermann handelte es sich um ein Dutzend Kohlezeichnungen von Gustav Klimt (1862-1918), die den Akt eines jungen Mädchens variierten. Die Ähnlichkeit mit Ea von Allesch sei verblüffend gewesen. Broch habe die Zeichnungen nicht veräußert, sondern behalten. Als er 1938 emigrierte, habe er sie – bei Gelegenheit der Bibliotheksübergabe – gemeinsam mit drei Bildern des Malers Anton Faistauer an Ea von Allesch zurückgegeben. Diese habe sie dann während des Krieges aus Geldmangel verkauft.

10 Oskar Molitor, Musikalienhandel und Musikalienverlag im Ersten Bezirk, Weihburggasse 18. Molitor sammelte Bilder.

11 Nicht ermittelt.

12 Eine Straße im Neunten Bezirk, unweit der Universität gelegen.

13 Siegfried Politzer, Antiquitätenhändler, Erster Bezirk, Himmelpfortgasse 4.

14 Alfred Polgar (1873-1955), österreichischer Essayist und Theaterkritiker. Brochs Bekanntschaft mit ihm reicht wahrscheinlich in die Jahre 1913/14 zurück, und Broch blieb auch in der amerikanischen Emigration mit ihm in Verbindung. 1917 lernte Broch durch Polgar, der seit Jahren mit ihr befreundet war, Ea von Allesch kennen. Polgar wohnte damals in einer Atelierwohnung in der Stallburggasse 2 im Ersten Bezirk.

15 Aus dem grammatisch unrichtigen Satz ist nicht zu erkennen, ob Broch Ea von Allesch zusah, wie sie photographierte, oder ob er ihr zusah, während er sie photographierte. Broch nahm 1920 eine Reihe von Aktphotos von Ea von Allesch auf.

16 Die Linie 2 der Wiener Straßenbahn hatte 1920 folgenden Verlauf: Sie begann am Praterstern (Nähe Nordbahnhof), fuhr über die Franzensbrücke über die Donau, dann in südöstlicher Richtung von der Radetzkystraße bis zum Karlsplatz; von dort in nordwestlicher Richtung vom Getreidemarkt bis zur Schwarzspanierstraße. Die Linie 2 benutzte Broch nicht, wenn er Ea von Allesch in der Salesianergasse traf, wohl aber, wenn er sie in der Redaktion der *Modernen Welt* (Paracelsusgasse 9 im Dritten Bezirk) besuchte. In relativer Nähe zur Paracelsusgasse befanden sich die Stationen Vordere Zollamtsstraße und Radetzkystraße.

17 Emil Bausenwein (Lehrer für Mathematik und Physik) war im Schuljahr 1919/20 Direktor der Traiskirchener Bundeserziehungsanstalt (vgl. Anmerkung 6).

18 Gemeint ist Brochs eigene Ehe.

19 Vgl. Anmerkung 2 zur 1. Eintragung.

20 Vgl. Anmerkung 8 zur 4. Eintragung.

21 Brochs Sohn Hermann Friedrich.

22 Nach Gründung der Republik Österreich wurde in Brochs Firma 1919 ein Betriebsrat eingerichtet, um zu garantieren, daß die Interessen der Arbeitnehmer wahrgenommen wurden. Dem Betriebsrat gehörten Vertreter der Arbeiterschaft, die verschiedenen Abteilungsleiter sowie die Firmendirektion an. Broch selbst leitete die Sitzungen des Betriebsrates, die regelmäßig (mindestens einmal im Monat) stattfanden. Broch hatte zwar persönlich ein distanziertes Verhältnis zu den Arbeitern seiner Fabrik, doch bemühte er sich um eine gute Kooperation zwischen der Fabriksleitung und den Arbeitnehmern. So stellte er dem 1919 gegründeten Arbeiter-Turn- und Sportverein Teesdorf 1921 eine Turnhalle und einen Turnplatz zur Verfügung.

23 Der Tattendorfer Spinnfabrik des Nikolaus Dumba, die Broch im Begriff war zu erwerben, war eine kleine, veraltete Eisengießerei angeschlossen, die damals ausbrannte.

24 Es handelte sich um die Fabriksfeuerwehr der Spinnfabrik Teesdorf. Bezeichnenderweise wurde die 1922 für diese Betriebsfeuerwehr erworbene neue Spritze nach Brochs Mutter »Johanna« genannt.

25 Vgl. Anmerkung 11 zur 1. Eintragung.

26 Broch korrespondierte 1950 – aus dem amerikanischen Exil – tatsächlich noch mit Ea von Allesch. Es ging dabei um eine etwas anders als hier gemeinte »Rechtskontinuität«, nämlich um die Frage, wie Brochs Bibliothek, die sich noch in Ea von Alleschs Wohnung befand, nach Amerika zu schaffen sei.

27 Vgl. Anmerkung 7 zur 4. Eintragung.

28 Am 27. Mai 1920 war die Firma Vienna Bleistiftwerke G.m.b.H. gegründet worden, an der die Broch-Familie beteiligt war. Als Fabrikgebäude diente ein ehemaliges Magazingebäude der Spinnfabrik Teesdorf in Teesdorf. Die Verwaltung der Firma befand sich in Wien, zuerst im Ersten Bezirk, Johannesgasse 3, dann im Zwanzigsten Bezirk, Treustraße 94. Geschäftsführer war Richard Wassermann. Nach einem Brand in der Bleistiftfabrik im Herbst 1923 wurde die Firma am 6. November 1923 verkauft an Aninger, Hellmann, Lampl & Co. Bleistiftfabriks-G.m.b.H., die sie am 2. April 1924 liquidierte. In dem neuen Gebäude wurde nun eine Weberei eingerichtet.

29 Für Brochs philosophische Studien verblieben ihm an den Wochentagen nur die Nachtstunden. In zahlreichen Briefen hat Broch später über den aufreibenden »Doppelberuf« (Fabriksleitung und Studium) gesprochen.

30 Es handelt sich um Sitzungen in der Spinnfabrik Teesdorf, in denen der Energieverbrauch der Fabrik und des Dorfes (also des Ortsnetzes) besprochen wurde, im Gegensatz zu den Verhandlungen, die Broch für

das Ortsnetz Teesdorf in Wien mit der Wewa führte (vgl. Anmerkung 12 zur 4. Eintragung).

31 Zwischen 1900 und 1904 war August Lechner (1872-1937), Lehrer und später Schuldirektor, der gemeinsame Hauslehrer von Hermann Broch und seinem Bruder Friedrich. Die Instruktionen waren mehr auf die außerschulischen Interessen der beiden Jungen abgestellt. Er unternahm mit ihnen Reisen und unterwies sie im Photographieren. Mit Lechner blieb Broch bis in die Mitte der zwanziger Jahre in Verbindung. Er wohnte im Zweiten Bezirk, Vorgartenstraße 192/3/17.

32 Emil Mulatier, Dr. med. (1866-1941) stammte aus der französischsprachigen Schweiz und war seit der Jahrhundertwende der Teesdorfer Gemeindearzt, was er bis zu seiner Pensionierung im Jahre 1937 blieb. Er war auch der Hausarzt der Familie Broch. Nach Mulatier, der in den zwanziger und dreißiger Jahren Mitglied des Teesdorfer Gemeinderates war, ist seit 1956 in Teesdorf eine Gasse benannt.

33 Vgl. dazu den Abschnitt »Das historische Interesse« (KW 10/2, 139-154) in Brochs damals entstehender Studie »Theorie der Geschichtsschreibung und der Geschichtsphilosophie«.

34 Georg Lukács und Karl Mannheim. Vgl. die Anmerkungen 6 und 7 in der 2. Eintragung.

35 Alfred Adler. Vgl. Anmerkung 4 zur 2. Eintragung.

36 Vgl. dazu Anmerkung 1 zur 2. Eintragung.

37 Max Scheler (1874-1928), deutscher Philosoph. Er schloß sich der Phänomenologie Husserls an, distanzierte sich jedoch von der Methode der Reduktion zugunsten einer unmittelbaren Wesensschau. In Abhebung von der formalen Ethik Kants entwickelte er eine materiale Wertethik sowie eine Metaphysik der Person. Person ist derjenige Mensch, der in Freiheit die (objektiven) Werte ergreift. Im Gegensatz zu Scheler versuchte Broch sich damals an der Entwicklung einer formalen Werttheorie. Brochs Bibliothek enthielt Hauptwerke Schelers wie *Über Ressentiment und moralisches Werturteil* und *Der Formalismus in der Ethik und die materielle Wertethik* (vgl. KA 218).

38 Friedrich Broch.

39 Sowohl Brochs Vater wie Brochs Bruder besuchten sonntags gerne die Pferderennen in Baden bei Wien oder die Trabrennen im benachbarten Kottingbrunn bei Bad Vöslau und schlossen dabei Wetten ab. Brochs Sohn wurde zu den Rennen häufig mitgenommen.

40 Vgl. Anmerkung 36.

41 Vgl. Anmerkung 15.

Tagebuch, es ist eigentlich lächerlich, das Tagebuch – es sind doch nur Briefe an Dich, aber die Briefe an Dich sind eben Tagebuch. Irgendwie bin ich immer noch u. wieder erstaunt, wie absolut ausfüllend dieses Dich-lieb-haben ist, daß man wirklich so »übermächtigt« sein kann. Allerdings bin ich dabei komplett egoistisch: ich habe solche Angst um Dich, daß Dein Körperle (etwas dumm ist ein niedergeschriebener Diminutiv) dieses fortgesetzte Fieber nicht aushalten wird u. kümmere mich eigentlich nur darum, daß *ich* es nicht aushalten würde, Dich zu verlieren. Es ist – der Richtung nach – die gleiche hypochondrische Angst wie die um meine Manuskripte. Aber es ist mehr. Möchte mit Dir *so* zärtlich sein können, was ich mit meinen Manuskripten sicherlich nicht bin, und überhaupt. Aber daß dies in dieser Form aufhören muß, ist evident: ich *muß* Ruhe für die Arbeit haben, die jetzt wirklich noch was wert ist, aber mit jeder Verschleppung minderwertiger wird und da ich es Gott sei Dank nicht aufgeben kann, Dich jeden Tag mehr lieb zu haben, noch mehr zu lieben, und dies absolut will, Dir noch mehr gehören möchte (allerdings, wie tut man das?), so muß ich eben mein »Leben«, pathetisch gesprochen, anders einrichten. Wir *müssen* weg, Kindchen, irgendwohin, wo uns niemand kennt – ich halte diese Familie, die Fabrik u. alles was drum u. dran hängt einfach nicht mehr aus. Vielleicht wird es auch in Wien gehen, aber besser wäre es schon anderwärts. Und dann möchte ich wirklich endlich für Dich, Süßes, Nahes, etwas tun können, Dir das Äußerliche irgendwie leichter machen, schon auch darum, damit auch das Äußerliche etwas Gemeinsames wird. Das ist auch wegen meines sehr pflegebedürftigen Komplexes[1] notwendig. Was Du heute ob Dirsztay[2] angedeutet hast, ist mir buchstäblich (mir wird dann immer sofort etwas würgend schlecht) in die Glieder gefahren – ich frage mich, ob ich das *Recht* habe Dir von so was abzureden (sicherlich nicht), aber andererseits würde ich es trotzdem nicht aushalten – eben wegen der Zerreißung von irgendwas Gemeinsamem. Oder ich müßte Dich weniger lieb haben u. da ich das eben nicht kann, so würde ich es eben nicht aushalten. Das ist natürlich alles nicht tief, sondern sicherlich eher banal, aber schließlich doch eine vérité de fait. Und fast fürchte ich, daß sogar schon meine Arbeit von Dir abhängt – vielleicht nur, weil ich die Ruhe, die Du, Nahes, gibst, brauche – deswegen lege ich ja solchen Wert auf die Versicherung, daß Du mich *immer* lieb hast u. haben wirst – aber schließlich ist darum nicht herumzukommen. Im Grunde stört dieses von-Dir-abhängig-sein die Arbeit; nachdem es aber *unberufen!* vorhanden ist, muß man die Störung auf ein Minimum beschränken, d. h. das Leben danach einrichten. Die Frage ist jetzt nur, wie die Sache mit dem Fabriksverkauf[3] zu machen ist, ob man mit dem Bolschewismus[4] rechnen soll, *wie* man dann leben wird können. Kindi, sei gescheit, hab mich lieb u. denk darüber scharf nach. Ich hoffe nur, daß sich der Bolschewismus erst nach Karlsbad[5] einsetzt. Ob die Kandidatur[6] mit Rücksicht auf den Bolschewismus – allerdings nur unter gewissen Vorbedingungen – nicht doch ratsam wäre, wäre zu erwägen. Da aber einerseits diese Vorbedingungen nicht zu erfüllen sind, weil ich nicht die persönliche Kraft habe, meine Meinung durchzusetzen, sondern nur hinterher beweise, daß ich Recht gehabt habe, – andererseits dadurch Karlsbad unmöglich gemacht wäre, so werden wir die Sache wohl bleiben lassen. Ich bin so glücklich mit dem Gedanken an Karlsbad – glücklich ist doch der richtige Ausdruck – habe nur eine schreckliche Angst, mich zu freuen, etc. Bin so müde zum Umfallen, daß ich nicht mehr weiter kann, also noch

Tagebuch *19. VII. 20.* Neustadt, herrlicher Morgen 6 h, Einigungsamt[7], mit der Südbahn Mittags nach Wien, zu Dir, Du warst krank, (Armes!), Krischke[8], mit Dir in die Stadt, Eier gekauft, bis zum hohen Markt[9], dann bist Du verschwunden. Nach Hause, Lechner, Sitzung Spinnerverein, nach Hause, Gewitter, Schrecker am Kohlmarkt[10] getroffen, zu Dir, Erdäpfelpüree u. Eierspeis, Sachertorte, ein bißchen sitzen geblieben – aber gut – Dir ist es nicht gut gegangen.

20. VII. 20 Büro, Dr. Neumann, Kautzky[11] telephoniert, Wohnungsannoncen[12], zu Dir, um $^{1}/_{4}$ 1 h bis zur Elektrischen, Du bist auf der hinteren Plattform gestanden, hab Dich so lieb gehabt, Bleistiftfabrik[13], Wohnungsbüro, Friseur, Ittner[14], nach Haus, Wohnungsbüro, Ameseder[15], zu Dir, um 7 h weg, in einemfort an Karlsbad gedacht. Kindi, bleib mir erhalten, werde gesund, weiß, daß ich Dir gehöre (»wisse« kann man nicht sagen), daß ich absolut zu Dir halten muß, eben weil ich Dir gehöre, daß ich anständig bin u. daß nichts passieren kann. Dann wird auch nichts passieren. Hab Dich lieb, Süßes, Einzigstes, Nächstes, so unsagbar lieb – es tut mir wirklich alles weh davon. Schlaf gut, Liebes, es ist 1 h, bin auch sehr hin.

21. VII. 20. Es ist 11 h Nacht und ich sitze noch genau so in der Kanzlei wie ich um 9 h Früh gesessen bin. Mit einer Pause von $^{1}/_{4}$ St. zu Mittag u. vor dem Nachtmahl war ich auf 10 Minuten bei Bülow. Ansonsten die 13 Stunden ununterbrochen hier gewesen u. die Aussicht bis 1 h Nacht zu bleiben, da ich für morgen alles erledigt haben möchte um eventuell – falls Du nicht im Büro bist, was ich fürchte u. hoffe – um 12 h nach Wien fahren zu können. Das ist das Tagebuch. Warum man sich so ins Leere plagt, wenn der Bolschewismus kommt. Daß ich mein Buch nicht fertig machen werde, ist *entsetzlich*. Heute Nacht nicht schlafen können und Cohen Logik[16] gelesen: ich bin *unendlich* über all das hinaus, wobei diese Unendlichkeit doch nur ein *ganz kleiner* Schritt ist, aber, das weiß ich, doch etwas ganz Neues. Wahrscheinlich ist es trotzdem unwichtig. Objektiv ist es jetzt sicherlich weniger wichtig, als daß Du gesund wirst. Kindi, Liebes, Zartes, Krankes, bleib mir erhalten. Du bist so viel u. bist mir so viel. Ich bin übrigens überzeugt, daß ich mit meiner Arbeit nicht so weit gekommen wäre (trotzdem ich ja äußerlich nicht vorwärts gelangt bin), aber es wäre mir nicht so viel klar geworden, wenn Du nicht gewe-

sen wärest. Ich verdank Dir so viel, denn irgendwie scheint ja diese Klarheit mit jener anderen, die durch das Dich-restlos-lieb-haben gekommen ist, doch zusammenzuhängen. Obwohl eine solche Klarheitshilfe eigentlich nicht statthaft wäre. Aber irgend eine Konzession muß man meiner hilfsbedürftigen Schwachheit schon machen. Außerdem bist Du dem Werte nach auch ein Objektivum sowie die Arbeit, denn sonst könntest Du eben der Arbeit nicht helfen. Was natürlich alles nichts hilft: sie wird trotzdem nicht – oder wenigstens nicht rechtzeitig – fertig werden. Das Arge wenn der Bolschewismus kommt: daß ich für diese ganze, dann zusammengepferchte Familie u. außerdem für Bülow zu sorgen haben werde, *anstatt für Dich*. So besteht ja doch die Hoffnung, daß durch den Verkauf[17] etc. die Frau F. selbständig zu stellen sein wird u. daß sich in ein paar Monaten die Sache radikal ändert. Voraussetzung allerdings: daß Du mir erhalten bleibst. Irgendwie erscheint mir das fast unwahrscheinlich, unwahrscheinlich, weil mir diese ganze Intensität, zu der sich das Dich-lieb-haben accelerierend gesteigert hat u. die irgendwie über mich zusammenschlägt unwahrscheinlich vorkommt. Kindchen, ich bitte Dich, bleib mir erhalten; es ist das Einzige u. Wichtigste, was Du für mich tun kannst. Habe solche Angst um Dich. Um Dich, um mich, oder daß so oder so »etwas passieren könnte«. Obwohl ich im Wohnungsbüro ausdrücklich sagte, daß man Dich zwischen 10-12 h anrufen kann, was ich Dir zu sagen vergaß u. hiemit nachhole, sodaß ich also eigentlich genau weiß, wer heute Vormittag angerufen hat, konstruierte ich sofort Intriguen, die gegen uns gerichtet sein könnten – allerdings ohne zu wissen von wem u. womit. Ich bin leider ein Narr u. begreife Geisteskrankheiten; auch mit meinem Komplex ist es so. Lieblingchen, hier *kannst Du mir wirklich helfen* u. ich brauche es auch, *eben für die Arbeit.* – Richtig: heute wurde wieder aus Neustadt[18] telephoniert; Samstag oder Montag soll eine Besprechung stattfinden. – Ich habe rasende Kopfschmerzen u. noch für eine Stunde zu tun. Hab mich lieb,

Süßes, Einziges u. werde gesund und behalt mich lieb. *Immer.* Weil ich so absolut, d. i. eben unzeitlich Dir gehöre; d. h. daß ich Dir ewige Liebe schwöre. Weils wahr ist. Hab Dich lieb u. streichle Dein Handi, Süßes.

22. VII. 20. Zur Komplettierung: gestern Abend war zu allem anderen Betriebsratsitzung. Jetzt ist es Mittag u. ich habe soeben mit Dir gesprochen. Es ist immer eine ungeheuere Erregung u. Spannung: ob Du da bist, ob Du noch auf der Welt bist, ob Du für mich da bist. Hab Dich so lieb, lieb, Du. Nur mußt Du mir erhalten bleiben u. mir helfen – schon, so verwerflich das ist, der Arbeit wegen. Allerdings: Bolschewismus. Lustig ist, daß *ich* unseren Betriebsrat von dessen Kommen überzeugen muß.

Nachmittag 4 h. Hab geschlafen, bin todmüd u. mir geht es nicht gut. Hab Dich lieb, Süßes, u. Sorge. Es *ist zu viel.* Daher Schluß jetzt; denk nichts anderes, kann nichts anderes denken. Das muß aufhören, geht so nicht weiter. Aber hab mich lieb.

Expreß-Nachricht: Dienstag, 20. 7. 1920[?]

TEESDORF. Dienstag Abend 2 h, ich hab bis jetzt gearbeitet, hoffe daß es morgen weiter gehen kann u. habe deswegen die Fahrt auf Donnerstag verschoben. Aber ich fürchte, daß [das] eine Dummheit ist. Schon aus äußerlichen Gründen wäre es praktischer gewesen morgen nach Wien zu fahren. Kindchen, Liebes u. mir ist *wirklich* so unsagbar bang nach Dir, es ist so absurd, daß Du weg u. nicht bei mir bist. Ich werde nachgerade zu alt zum »Schreien« – es ist so unrichtig, daß man sich es nicht anders einteilt. Laß Deine Hände küssen, Süßes, und schlaf gut.

1 Vgl. Anmerkung 1 zur 2. Eintragung.
2 Baron Victor von Dirsztay (1882-1935), Schriftsteller, war ein Stammgast im Café Central und 1920 ein Verehrer Eas von Alleschs.

Sein Vater, Ladislaus Dirsztay, war Präsident der Lemberger-Czernowitzer Eisenbahn und österreichischer Generalkonsul in der Türkei gewesen; 1905 war ihm der erbliche Adelstitel verliehen worden. Victor von Dirsztays Mutter war eine Gräfin Zichy. Er war vermögend und unterstützte einige Künstler, die im Café Central verkehrten, z. B. Franz Blei, Peter Altenberg und Oskar Kokoschka. Er selbst veröffentlichte zwei Bücher: *Lob des hohen Verstandes. Ein Umriß zur Morphologie des Menschen nebst Anmerkungen und einer Einführung. Mit 6 Lithographien und einer Titelvignette von Oskar Kokoschka* (Leipzig, München: Kurt Wolff, 1917) und *Der Unentrinnbare. Roman. Mit Zeichnungen von Oskar Kokoschka* (München: Kurt Wolff, 1923). Er wohnte damals im Neunten Bezirk, Porzellangasse 12, anschließend von Oktober 1920 bis April 1921 im selben Bezirk, Währinger Straße 33/I/12. 1924 heiratete er die fünf Jahre jüngere Klara Unreich, die aus Lemberg stammte. 1935 wählte er den Freitod. Dirsztay dürfte (neben Werfel selbst) für die Figur des Alfred Engländer in Franz Werfels Roman *Barbara oder die Frömmigkeit* Modell gestanden haben.

3 Erst sieben Jahre später kann Broch sich – nach langen Verhandlungen mit den übrigen Familienmitgliedern – den Wunsch erfüllen, die Spinnfabrik Teesdorf zu verkaufen. Käufer wird 1927 sein Jugendfreund Felix Wolf sein.

4 Vgl. Anmerkung 1 zur 3. Eintragung.

5 Broch plante einen gemeinsamen Kuraufenthalt im westböhmischen Karlsbad (Karlovy Vary). Zur Zeit der Monarchie war die Familie Broch öfters zur Kur nach Karlsbad gefahren, das über dreihundert Kilometer von Wien entfernt ist. Zu der Reise mit Ea von Allesch kam es nicht. Als Broch zwei Jahre später wegen seines Magenleidens in Karlsbad Kur machte, hatte er dort eine Affäre mit der Nackttänzerin Claire Bauroff. Broch schrieb damals für sie das Gedicht »Die Tänzerin« (KW 8, 21) mit der Widmung »für Claire Bauroff nach Maß gearbeitet. H. B. Karlsbad, 8. September 1922«.

6 Broch überlegte, ob er sich als Kandidat der österreichischen Sozialdemokratie für den Niederösterreichischen Landtag aufstellen lassen sollte, doch entschied er sich dagegen.

7 Vgl. Anmerkung 8 zur 2. Eintragung.

8 Emil Krischke (1888-1967), Schriftsteller, gebürtig aus Botenwald/Mähren. Er war Hauptschullehrer in Liesing bei Wien und schrieb vornehmlich Jugendbücher.

9 Markt in der Wiener Altstadt, unweit des Stephansdomes.

10 Markt in der Wiener Altstadt, unweit der Hofburg.

11 Wahrscheinlich handelte es sich um Benedikt Kautsky (1894-1960), den jüngsten Sohn von Karl Kautsky. Karl Kautsky selbst kehrte erst 1924 aus Berlin nach Wien zurück. Benedikt Kautsky war damals

Sekretär des Austromarxisten Otto Bauer. Das Telefongespräch dürfte mit Brochs Erwägung der politischen Kandidatur zu tun gehabt haben (vgl. Anmerkung 6).

12 Broch suchte eine Wohnung für Ea von Allesch. Vgl. Anmerkung 21 zur 4. Eintragung.

13 Vgl. Anmerkung 28 zur 5. Eintragung.

14 Raimund Ittner, Geschäft für Modewaren und Sportartikel. Spiegelgasse 2 und Kärntnerstraße 45 im Ersten Bezirk.

15 Eduard Ameseder, Landschaftsmaler, Weißgärber Lände 52 im Dritten Bezirk.

16 Hermann Cohen (1842-1918). Philosoph, mit Paul Natorp Begründer der Marburger Schule des Neukantianismus. Viele Bücher Cohens befanden sich in Brochs Bibliothek; auch der hier genannte Band *Logik des reinen Erkennens*, der erste Teil von Cohens *System der Philosophie* (Berlin: Cassirer, 2. Aufl. 1914) (vgl. KA 42).

17 Gemeint ist der Verkauf der Spinnfabrik Teesdorf (vgl. Anmerkung 3).

18 Es handelte sich um eine Sitzung des »Einigungsamtes« in Wiener Neustadt (vgl. Anmerkung 7).

Tagebuch Eigentlich sollte ich mit vorgestern anfangen, aber augenblicklich interessiert es mich vielmehr, daß Du keinen Schirm hast und, wenigstens hier, ein riesiger Gewitterguß ist; habe Angst, daß Du Dich zu alldem noch verkühlst. Kindi, Süßes, paß auf auf Dich, für mich. Wegen des anziehenden Gewitters, wurde ich belehrt, hat auch das Telephon so gerauscht. Ich hab mich so nach Deinem Stimmerl (wenn nur nicht diese fürchterlichen Diminutive wären, die man aber doch wirklich als solche erlebt), also nach Deinem Stimmi gesehnt. Überhaupt – aber ich bin so froh über dieses Dir-gehören, dieses restlose an-Dich-denken, wenn ich auch wegen der Arbeit eigentlich darob erschreckt bin; allerdings hilfst Du mir ja, wie festgestellt, andererseits bei der Arbeit u. in dieser Kompensation ist alles in Ordnung. Das einzig wirklich Negative, »der« Komplex gehört schon ins Tagebuch von vorgestern:

22. *VII.* 20 war bei Dir u. hab mich geradezu unausgesetzt auf den Abend gefreut. Soll man eigentlich niederschreiben, was wahrscheinlich eine Inferiorität ist? jedenfalls eine Dunkelheit, die *weg muß*. Daß sie gerade jetzt so aufdringlich vorhanden ist, mag vielleicht daran liegen, daß ich Dir, mehr denn je, u. es wird unberufen immer noch mehr u. noch mehr, sagen wir empirisch, denn »körperlich« ist nicht das Richtige, gehöre. Ich bin, roh gesprochen, absolut in Dich »verliebt«, allerdings sicherlich nicht ganz banal: Du gibst mir so viel, wenn ich Dich als Lebendiges fühle. *Was* dieses »viel« ist, ist schwer auszudrücken; wahrscheinlich das Bewußtsein Deines Ichs, das ich lieb habe u. dem ich gehöre. Aber eben, weil man es nicht ausdrücken kann, zumindest ich nicht, ist es [eine] gewisse Dunkelheit. Und da Dunkles nur aus Dunklem derivieren kann, so ist möglicherweise hier eine Wurzel zu sehen. Dabei ist dieses Dich-Fühlen-wollen u. Dich-fühlen keineswegs dunkel, vielmehr eine »lichte Ruhe«, etwas sehr Gelöstes, weil es so süß vertraut u. nahe

ist. Also clair-obscure. Vielleicht die Bestätigung, daß man »zusammenpaßt« u. das ist innerhalb der empirischen Zufälligkeit alles Seienden eine so merkwürdige Entdeckung, daß man immer wieder aufs Neue überrascht wird. Es ist wie ein Geschenk, eine Draufgabe zu dem Dich-lieb-haben; Zuwaag[1]. Deswegen ist auch, wenigstens von mir aus, die Sentimentalität, die – auch in gewissem Sinne eine lichte Dunkelheit – mit alldem zusammenhängt, zu akzeptieren. Überhaupt akzeptiere ich alles, was von Dir kommt, was an Dir ist; das andere, sozusagen Negative, ist meine Privatangelegenheit – da ich aber keine solche vor Dir haben will, wirst Du mir bei deren Vernichtung doch helfen. Es folgt

23. VII. Du bist bei der Haltestelle gestanden u. hast geschaut. Lieblingchen, es war so süß, daß Dein Dasein in der Früh schon da war. Hierauf im 3.ten Stock der Elektrischen zu den republikanischen Hofmöbeln, zu denen mir gar nichts einfällt, außer, daß man mit ihnen wieder Schlösser einrichten u. von Herrschern bewohnen lassen sollte.[2] Jede »öffentliche Sammlung« ist eigentlich ein Ärgernis; sie setzt eine Kunstgenuß-Fähigkeit u. noch überdies der Masse voraus. Alles, was mit »Genuß« zusammenhängt – u. bezeichnenderweise auch der sozialistische »Genosse« – ist ethisch absolut verwerflich.[3] Der ästhetisierende Mensch verdient erschlagen zu werden. Für die mod. Welt dürfte das nicht passen. Hingegen darfst Du nicht vergessen an Schmutzer[4] das Angeli-Heft[5] samt Brief zu schicken. Möchte geine eigentlich mit Dir hin[6] – nicht wegen des »Erlebnisses«, aber, das sagte ich schon, weil bei meinem spärlichen Innenleben ich Dir auch mein Außenleben ausbreiten möchte, damit es gleichfalls Dir gehört. Und um überhaupt einen Vorwand zu haben, mit Dir beisammen zu sein u. irgendwo anders. Gestern Abend also bei Schmutzer, Thorsch[7], Sanatorium – vorher ein stummer Tag (Eisengasse, Sanatorium, Schrecker, Allg. Krankenhaus Dr. Adler gesucht), trotzdem auch Du in Wien warst, nichts von Dir gehört – dann mit dem Wagen $^1\!/_2$10 h zu Dir. Du warst beim Fenster u. ich hab Dein ernstes

Gesicht¹ trotz der Dunkelheit deutlich gesehen, d. h. erraten. Um ¹/₂1 nach Haus. Dann war mir bang bis 9 h Früh am 24. *VII.* war aber so kurz. Rührend, wie Du den Natorp⁸ aufgestellt gehabt hast. Mit Dir bis zum Kohlenhändler. Bist dann noch dort gestanden u. das zu-Dir-Hinschauen u. Hinsehen war ein bißchen dumm; deswegen bist Du auch schließlich hinein – aber ich bin total sentimental u. werde nächstens mit dem Taschentuch winken. – Auf der Bahn habe ich einen Baurat getroffen, der auf Kommission heraus gefahren ist, also die ganze Zeit zu reden gehabt, wäre aber zum Lesen ohnehin zu müde gewesen. Bin auch jetzt sehr müde, hin u. keineswegs wohl. Nach der Ankunft sofort Telephon (s. oben) u. jetzt ist mir bang. Ob ich arbeiten werde können, ist die Frage. Nicht ich: alles denkt mich an Dich. Anders wird es nie mehr werden, vielleicht ruhiger. Aber nur wenn Du gesund wirst u. ich, das ist doch das wenigste was man verlangen kann, mindestens diese eine u. partielle Sicherheit habe, daß Du mir erhalten bleibst. Einzigstes, lieb hab ich Dich u. Du sollst gut an mich denken. Lang ist bis Montag u. bis Dienstag gar. Liebes, Süßes, Nahes – jetzt mach ich Schluß, sonst schreibe [ich] in continuum weiter.

Soeben habe ich mit Dir gesprochen, Liebstes, u. bin mir nicht ganz im Reinen, ob Du nicht geschwindelt hast: jedenfalls sagtest Du etwas von »schlecht«, vielleicht, daß man schlecht hört, aber ich fürchte, daß es schlecht geht. Wenn Du nicht in solcher Eile augenscheinlich gewesen wärest, würde ich nochmals anrufen. Denke *konstant* an Dich, Süßes – es ist wirklich schon die gradlinige Leidenschaft, allerdings mit der Entschuldigung, daß Du einem solche Sorge machst. Irgendwie muß das zur Ruhe kommen u. da ich über das Faktum des Dich-lieb-habens so froh bin, so geht es eben – oft genug wurde es gesagt – nur damit, daß ich das sogenannte Leben äußerlich auf Dich auch einstelle. Es ist auch das einzig Natürliche: ich bin alt genug, um zu wissen – mit Sicherheit –, daß es Niemanden mehr geben kann, der mir so nah vertraut, so »ich« sein kann, wie Du: es ist trotz der Phantastik so viel absolute Objektivität darin, daß es lächerlich ist, diesen inadäquaten Trott noch weiter zu ziehen. Umsomehr als ich vor lauter bang-denken glattwegs nicht arbeiten kann, worunter ich – zu meinen übrigen seelischen Leiden – noch extra leide. Kindchen, Süßes, bleib mir – in jeder Beziehung – erhalten. – Die 3 Tage Tagebuch seit vorgestern haben auch keinen anderen Inhalt:

24. VII. 20 Nachmittags Fabrik, Post erledigt, telephoniert, etc. Abends mit dem Buben, der bei mir in der Bibliothek war, gesessen, dann – weil ich nicht arbeiten konnte – Kant exerpiert.

25. VII. 20 Obwohl Sonntag bis Mittag in der Fabrik, ein Geschäftsbesuch, Post u.s.f. Dann mein Vater. Nachmittags (mir geht es nicht gut u. bin daher leider immer schläfrig) 2 Stunden geschlafen. Sodann, gezwungener Maßen acte de présence beim Volks- u. Wiesenfest. Nachdem mir, wie gewohnt, daselbst vom Comité die Honneurs gemacht wurden, mußte ich diese an die mit ihren Kindern einlangende Windischgrätz[9] weitergeben, indem ich ihr meinerseits die Honneurs zu machen hatte. Leider dauerte das über 2 Stunden – Kasperltheater, Ringkämpfer, Glücksrad, Tanzboden, Buschenschenken – kam erst gegen $^1/_2$8 h nach Hause. Komisch ist, wie unsere klassenbewußten Republikaner staunend um die Enkelin des Kaisers herum stehen. Nach dem Nachtmahl bettelte der Bub, daß ich nochmals mit ihm zum Fest wegen des Feuerwerkes gehe – weil es mit mir schöner sei – geschmeichelt bin ich bis 10 h geblieben. – Dann noch exerpiert bis 1 h.

26. VII. 20 Seit 9 h früh diktiert. Mein Bruder ist krank. Anruf aus Neustadt. Politisch hätte es einen Reiz irgendwas zu machen, wenn man gegen jede »Vergewaltigung« des Menschen etwas ausrichten könnte, u. dabei trotzdem die empirische Bagage in Zaum halten könnte. Das ist natürlich noch kein Programm u. außerdem sogenannter Idealismus. – Dann habe ich mit Dir telephoniert, womit sich der Kreis wieder schließt u. jetzt ist mir bang. Nachmittags erwarte ich

einen Ingenieur und weitere Bangigkeit. Kindchen, es gibt keinen einzigen unbangen Augenblick – es »wühlt« unausgesetzt. So gerne möchte ich Dich einmal jetzt hier haben. Irgendetwas Süßes ist in diesem Bangsein trotzalledem, wenn nicht einerseits der Komplex irgendwo damit mit lebendig u. wenn es nicht so zeitraubend wäre. Hab Dich so lieb.

26. VII. 20 12 h Nachts. – Mittags zuletzt an Dich Tagebuch geschrieben u. jetzt Fortsetzung. Es ist langweilig für Dich, aber ich muß es eintragen, da ich sonst einen Tag vom anderen nicht unterscheiden kann: der Betriebsleiter der Bleistiftfabrik[10] eingetroffen; mit ihm von 2 h-4 h in der Fabrik. Von 4 h-7 h mit Ing. Lange[11] von Tattendorf Vertrag durchbesprochen. Von 7 h-9 h letzte Post erledigt. Genachtmahlt. Bei meinem Bruder gewesen, dem Buben gute Nacht gesagt. Um $^{1}/_{2}$11 h erst zum Schreibtisch – bis jetzt mit Müh u. Not exzerpiert, um etwas zu tun. Bin zu hin für wirkliche Arbeit. Fortlaufend an Dich gedacht – auch darüber, *was* das Besondere an dem-Dich-lieb-haben geworden ist. Augenscheinlich paßt es doch in meine Werttheorie: ein Wert wird erst wirklich zum Wert u. damit »wirklich«, wenn er bewußt gewollt wird, weil er zum Bewußtsein gekommen ist. Ich habe *immer* Dir gehört, das Dir-gehören-wollen, aus dem Bewußtsein heraus es zu tun, aber ist offenkundig das, was das Jetzige vom früheren Subjektiven ins Objektive u. damit ins Absolute gehoben hat. Mit einem Wort: ich »*bekenne*« mich zu Dir. Süßestes, das ist nicht pathetisch, es klingt nur so, ist aber so überaus ernst, daß ich möchte, daß Du es *niemals* vergessen sollst. Selbst dann, wenn Du mich nicht lieb haben solltest, aber: hab mich lieb.

27. VII. 20 Bahnhof Tattendorf, da ich die Füllfeder mithabe. Um 1 h schlafen gegangen, um 3 h aufgestanden. Gewitter mit Störungen in der Zentrale, hat bis $^{1}/_{2}$5 h gedauert u. war unheimlich. Habe Kopfweh u. bin, wie immer, müde. Vormittags Fabrik – in einer Stunde sehe ich Dich, Liebes. Hab Dich gesehen. Zuerst beim Fenster, dann im Vorzimmer –

Kindchen, bin eben in Wien angekommen u. sehr froh, Dich doch noch zu sehen. Die Korrelation von »Liebe« u. »Zusammensein« ist übrigens auch ein Faktum, das man so hinnimmt u. doch eigentlich nicht selbstverständlich ist. Kindi, sag Dir guten Morgen u. hab mich lieb bis Montag u. schau, daß wir bald fortkommen. Es ist allerernstlichst dringend nötig. – Lieblingchen, hab Dein Brieferl auf der Fahrt gelesen.

1 »Zuwaage« ist in Bayern und Österreich der Ausdruck für die Knochenzugabe zum Fleisch beim Metzger.

2 Die Verwaltung der Wiener Straßenbahn befindet sich seit 1898 im Haus Favoritenstraße 9 im Vierten Bezirk Wiens. 1917 wurde das Nebenhaus mit der Nummer 11 hinzuerworben. Offenbar befand sich 1920 im dritten Stock des Verwaltungsgebäudes eine Ausstellung mit Hofmöbeln. Brochs hier zum Ausdruck kommender Konservativismus war schlecht mit einem Mandat für die sozialdemokratische Partei zu vereinbaren.

3 Broch hatte sich definitiv gegen eine Kandidatur bei den österreichischen Sozialisten entschieden. Er wiederholt hier eine These, wie er sie vergleichbar bereits in seinem offenen Brief an Franz Blei mit dem Titel »Die Straße« vom Dezember 1918 geäußert hatte (vgl. KW 13/1, 30-34).

4 Ferdinand Schmutzer (1870-1928), österreichischer Radierer. Er war verheiratet mit Alice Schmutzer, geb. Schnabel (1887-1949). Sie war eine Cousine Brochs mütterlicherseits. Seit ihrer gemeinsamen Kindheit blieben Alice Schmutzer und Broch ein Leben lang befreundet. Sie schrieb verschiedentlich Besprechungen für das Feuilleton der *Neuen Freien Presse* in Wien und unterhielt in ihrer Wiener Villa, Sternwartestraße 62 im Achtzehnten Bezirk, in den zwanziger und dreißiger Jahren einen Künstlersalon.

5 Eine Sondernummer der *Modernen Welt* (2. Jg., Heft 4, 1919/20), die aus Anlaß des achtzigsten Geburtstages des österreichischen Malers Heinrich von Angeli (1840-1925) erschien. Berühmt waren Angelis Porträts von Mitgliedern des europäischen Hochadels.

6 Gemeint ist wohl eine Soirée im Schmutzerschen Salon.

7 Alois Thorsch (1853-1934) war Mitglied des Verwaltungsrates und Teilhaber der Spinnfabrik Teesdorf. Er war verheiratet mit Ida Thorsch, geb. Schnabel (1867-1935), einer Schwester von Brochs Mutter. Alois und Ida Thorsch wohnten in Wien.

8 Paul Natorp (1854-1924), einer der Hauptvertreter der Marburger Schule des Neukantianismus. Viele der bis 1920 von Natorp erschienenen wissenschaftlichen Werke befanden sich in Brochs Bibliothek. Die folgenden drei Bücher Natorps enthalten Brochsche handschriftliche Randbemerkungen, An- bzw. Unterstreichungen: *Die logischen Grundlagen der exakten Wissenschaften* (Leipzig, Berlin: Teubner, 1910); *Logik in Leitsätzen zu akademischen Vorlesungen* (Marburg: Elwert, 1910, 2. umgearb. Auflage); *Allgemeine Psychologie nach kritischer Methode*, Bd. 1 (Tübingen: Mohr, 1912). Vgl. KA 178-180. Die *Logik in Leitsätzen* hatte Broch bereits in seiner Studie »Zum Begriff der Geisteswissenschaften« von 1917 erwähnt (vgl. KW 10/1, 123). Es ist wahrscheinlich, daß Broch damals Natorps *Die Logischen Grundlagen* durcharbeitete.

9 Fürstin Elisabeth Maria Windisch-Graetz (1883-1963). Sie stammte aus dem österreichischen Hochadel, war die Tochter des Kronprinzen Rudolf und Enkelin Kaiser Franz Josefs I., der nach dem Selbstmord Rudolfs ihr Vormund wurde. Seit dem Frühjahr 1920 lebte die Fürstin getrennt von ihrem Mann, dem Oberstleutnant a. D. Otto Windisch-Graetz. 1911 hatte sie das Schloß Schönau erworben, ein herrschaftliches Gut, dessen Geschichte bis ins 12. Jahrhundert zurückreicht. Einer der vielen Besitzer des Schlosses war auch Jérome, der König von Westphalen (Napoleons jüngster Bruder). Die Fürstin hatte im Zuge der Trennung von ihrem Mann am 15. Juli 1920 die beiden jüngeren ihrer vier Kinder – Rudolf und Stephanie – an Otto Windisch-Graetz übergeben müssen. Bei dem von Broch erwähnten Volksfest erschien die Fürstin mit ihren beiden älteren Kindern, den Söhnen Franz Joseph und Ernst Weriand. Ihr neuer Lebensgefährte war Leopold Petznek, damals Lehrer in Mödling, den sie erst 1948 heiratete. Petznek war bei den Sozialdemokraten aktiv und wurde 1921 als Abgeordneter seiner Partei in den Niederösterreichischen Landtag gewählt. Es ist möglich, daß Broch 1920 seine politischen Pläne mit Petznek diskutierte.

10 Vgl. Anmerkung 28 zur 5. Eintragung.

11 Oberingenieur Otto Lange war der Betriebsleiter der Spinnfabrik des Nikolaus Dumba in Tattendorf (vgl. Anmerkung 9 zur 1. Eintragung).

Seit vorgestern kein Tagebuch. Abgebrochen mit dem Augenblick, wo ich Dich beim Fenster gesehen hab – Dein liebes, süßes, nahes Gesichti; das war schon vorgestern den

27. VII. 20 u. es ist schrecklich, wie die Zeit vergeht. Dann war ich bei Dir u. Du sehr müde. Kaffee geholt. Nach Hause. Sitzung Spinnerverein (Beamtenvertrag). Nach Haus. Zu Schrecker. Zu Dir; zu viel gekocht, zu viel aufgeräumt, zu krank. Was haben wir gesprochen? ich weiß es nicht mehr. Ein Geständnis bist Du mir noch schuldig. Spät nach Hause; war sehr kalt.

28. VII. Dr. Neumann. Mit meinem Bruder in der Stadt. Zahnarzt, Füllfeder – man kann wirklich nicht jeden Weg aufschreiben; es ist *zu* langweilig. Summa 5 Buchhändler – Rokoko-Viennensia gesucht. Elektrizitätsstreik, müd vom Herumlaufen. Nachmittags zu Dir: es war so kurz, trotzdem es fast 3 Stunden waren, daß es nur ein Weggehen war. Bis zur Ungargasse hast Du mich begleitet; es war sehr süß – irgendwie eine Ouverture zu Karlsbad. Vielleicht weil Du bei der Stadtbahn von der fremden Stadt gesprochen hast. Zum Buchbinder. Dir ein paar Worte geschrieben – werde es aber nicht mehr tun, irgendwie werden diese Dinge – so sehr sie aus dem Zu-Dir-denken selbstverständlich u. ungewollt gewollt werden – zum Formalismus oder könnten Dir als solcher erscheinen. – Zu Hause so müde, daß ich weder gearbeitet, noch sonst etwas getan habe. Dagegen heute

29. VII. bis 9 h geschlafen, worüber ich mich geschämt habe. Schon deswegen, weil Du Armes so viel früher aufstehst. Hierauf Fabrik, Post erledigt, Besuche *unausgesetzt.* Dazwischen ein paar Zeilen an Dich. Um 6 h Betriebsrat bis *9 h.* Manches Unangenehme; eine Art »Fall Mandl«[1]; man muß so schlau sein, das ist so dumm – schließlich bin ich es dann nicht u. das ist wiederum dumm. Um 10 h noch Abendpost diktiert. Dann das neue Heft der Kantstudien gelesen.

Es ist erschreckend: sie haben eine eigene Rubrik »Geschichtsphilosophie« eingelegt.[2] Ich komme bestimmt zu spät: dann erschieße ich mich auch bestimmt. Jetzt ist 12 h u. ich bin vollkommen hin. Wenn ich schon irgendwo in Ruhe mit Dir u. bei Dir wäre, aber es wird zu spät sein. Lieblingchen, geh Du mir nur nicht verloren – daß ich Dir heute nicht telephoniert habe ist ein schwerer Fehler; es ist ein vollkommenes Tages-Débâcle. Außerdem habe ich die Bücher vergessen u. kann nicht einmal für Dich die Kritiken machen. Der einzige Lichtpunkt: Deine zwei Schlüssel am Spagat[3]. Allerdings denke ich heute so dunkelgrau, daß ich mir vorstelle, sie würden trotzdem nichts nützen: Du würdest krank sein u. von innen verriegelt haben. Süßes, werde mir nicht krank. Hab Dich lieb, Süßes – nimm es nicht als Formel, aber präge sie Dir ein u. vergiß sie nicht.

Nachtrag in großer Eile, weil ich so schläfrig bin.

30. VII. 20 Vormittag Fabrik, ich erinnere mich kaum mehr. Viel diktiert, viel telephoniert. Werkmeister Benzak mit schönen Worten eingekleidet, Elektriker Mateglei entlassen. Um 1/23 h in die Blumau[4], Polizeikommissariat, Zelluloidfabrik wegen Schneidmaschine. Böhlerwerke[5], nach Sollenau zur Südbahn. Mit Verwalter M. von Böhler 3. Klasse nach Wien. Eine schreckliche alte Jüdin, die alle Pogrome verständlich macht, im Coupé.[6] Durchs Belvedere[7] – schön wie immer – zu Dir. Bis 1/212 h. Mit dem Vater bis 1 h aufgeblieben.[8]

31. VII. 20 Kabasta[9], hat nichts 18tes Jahrhundert, dann zu Dir. So oft ich zu Deinem Fenster komme, die nämliche Spannung. Mit Dir zur Elektrischen. Bleistiftwerk, Wohnungsbüro, Friseur, Advokat, Bayer[10] (Mathematika gekauft), Rosner[11], Schönfeld, mein Jugendgespiel Marta[12] ist eine dicke alte Jüdin geworden, (die ich getroffen habe), Rathaus (Boubick)[13], Elektrische, Schelle[14], 1 h bei Dir gegessen – war – man kann keinen anderen Ausdruck dafür finden – so »nett«, irgendwie befriedigend. Aber um 1/23 h schon weg, da Ernst Sch.[15] nach T. hätte kommen sollen. Kam aber nicht. Mit meiner Mutter gefahren; Fabrik, dann exzerpiert u. Bücher geordnet, weil ich so müde war.

1. VIII. 20 Sonntag. Auf einen guten Arbeitstag gehofft. Statt dessen um 9 h Früh Reparaturen u. Besprechung mit dem Elektrizitätswerk, um 10 h [zu] Dir. Mann u. Ob.-Ing. Lange[16] wegen Vertrag bis 12 h Mittag, Abmontage des Motors, Post. Um 1 h zu Bülow. Nachmittag geschlafen, dann zur Abmontage gerufen worden u. wegen der Heikligkeit der Arbeit nahezu bis 10 h dort gestanden. Mit dem Abendzug mein Bruder – bis 11 h in der Kanzlei. Dann trotzdem bis 2 h gearbeitet.

2. VIII. 20 Vormittags diktiert u. telephoniert. Auch Dir; wenn es nur nicht immer so aufregend wäre. Mittags kamen Bücher aus Leipzig; Beschäftigung bis 3 h. Dann diktiert. Um $1/_25$ h Ing. Reischer[17], ist bis 8 h geblieben. Dann Spinnplan[18] mit dem Obermeister für die nächsten Monate gemacht bis $1/_210$ h. Nach dem Nachtmahl wieder vollkommen müd u. arbeitsunfähig. Etwas exzerpiert, aber auch zu wenig. Jetzt ist es 12 h u. ich kann einfach nicht mehr weiter.

Habe nichts von Dir geschrieben, aber ich brauche Dich jeden, mehr noch jedweden Augenblick. Bin so froh, morgen nach Wien zu fahren, aber auch unglücklich.

3. VIII. 20 Um 8 h wurde ich in die Fabrik geholt, weil ein Mann Maschinen anschauen wollte. Ich ließ mir Zeit u. badete. Um $1/_29$ h wurde gemeldet, daß 3 Herren aus der Blumau gekommen seien, sodann ein Monteur, dann das Auto um den Motor abzuholen, schließlich 2 Bauern weil die Dreschmaschine nicht geht. Wie ich um 9 h heruntergekommen bin, war ein ganzes Parlament versammelt. Dazu Post diktiert bis jetzt 11 h.

Dieses Tagebuch mußt Du nicht lesen, sondern in die Schachtel stecken!

Café Raimund Karl $^1/_23$ h.^{19}
Süßes, ich finde morgen keinen Brief – es ist absolut un-
glückliche Liebe. Kindi, denk morgen an mich – überhaupt
immer. Hab Dich so lieb.

1 Alexander Mandl war der Generaldirektor der bei Leobersdorf gelegenen Hirtenberger Patronenfabrik und wurde 1920 wegen angebli-
cher Vergehen gegen die Devisenbestimmungen angeklagt. Es könnte
sein, daß der Betriebsrat der Spinnfabrik Teesdorf die Gefahr ähnlicher
Beschuldigungen auf die Firma zukommen sah, da die Spinnfabrik
Teesdorf Baumwollieferungen in den USA und in Holland beließ, um
dort ein devisensicheres Kapital zur Verfügung zu haben.
2 Die *Kantstudien* hatten seit Heft 23 (1918) ihren Teil »Besprechungen« nach Gebieten gegliedert, wovon eines »Geschichtsphilosophie«
überschrieben war. Unter dieser Sparte publizierte Broch im Band 27
(1922) eine Rezension über zwei Bücher von Max Adler (vgl. KW 10/1,
264-267).
3 Österreichisch für Bindfaden.
4 Ortschaft sechs Kilometer östlich von Teesdorf. Dort gab es Chemie-
und Pulverfabriken.
5 Gebrüder Böhler & Cie. A.G. war eine Berliner Firma, die 1904 in
Sollenau, am Steinfeld, eine Munitionsfabrik als Zweigunternehmen
gründete. Nach dem Ende des Ersten Weltkriegs wurde die Fabrikation
von Munition eingestellt und das Werk in eine Maschinenfabrik umgewandelt, die vor allem Druckluftwerkzeuge (Preßlufthämmer) er-
zeugte. Sollenau ist eine Ortschaft, die 15 Kilometer südlich von
Teesdorf gelegen ist.
6 Von jüdischem Selbsthaß, wie Broch ihn von Karl Kraus und Otto
Weininger übernommen hatte, hat er sich bald danach befreit, wie es
auch bei Kraus, dem Vorbild seiner Jugend, der Fall war.
7 Das für den Prinzen Eugen Anfang des 18. Jahrhunderts erbaute
Gartenschloß in Wien. Überquert man vom Belvedere kommend den
Rennweg, befindet man sich bereits in der Salesianergasse, in der sich
Ea von Alleschs Wohnung befand.
8 Broch war in Wien geblieben und hatte in der Wohnung Gonzagagasse 7 übernachtet.
9 Oswald Kabasta (1896-1946) war der Gesangslehrer von Brochs
Sohn in der Traiskirchener Bundeserziehungsanstalt. Privat erteilte er
dem Jungen Klavierunterricht. Gleichzeitig war er im Stadttheater Baden als Kapellmeister tätig. 1927 übernahm er die Stelle des städtischen

Musikdirektors in Graz, und 1938 wurde er Leiter der Münchner Philharmoniker. Auch bei ihm hatte Broch sich – wohl auf Bitten Ea von Alleschs hin – nach Rokoko-Viennensia erkundigt.

10 Rudolf Bayer war Geschäftsführer der Buchhandlung Wilhelm Frick, Graben 27 im Ersten Bezirk.

11 L. Rosner & Carl Wilhelm Stern, Verlagsbuchhandlung G.m.b.H., Franzensring 22 im Ersten Bezirk.

12 Möglicherweise Marta Pollak-Parnegg, geb. Edelmann.

13 Nicht ermittelt.

14 August Johannes Schelle. Seine Antiquitätenhandlung war in der Habsburgergasse 14; seine Kunsthandlung hatte die Adresse Petersplatz 7, und die Verwaltung der Firma befand sich in Tuchlauben 4 (sämtlich im Ersten Bezirk).

15 Nicht ermittelt.

16 Direktor Ernst Mann war in der Spinnfabrik Teesdorf beschäftigt. Zu Lange vgl. Anmerkung 11 zur 7. Eintragung.

17 Nicht ermittelt.

18 Ein betrieblicher Produktionsplan, der für ein Quartal im voraus vorsah, welche Baumwollsorten auf welche Garnstärken nach Lage der Aufträge und der Bestände zu verarbeiten waren.

19 Café Raimund Karl, Dritter Bezirk, Am Heumarkt 15 (heute Café am Heumarkt). Dieses Kaffeehaus lag an der Ecke am Heumarkt/Salesianergasse, nur zwei Minuten von Ea von Alleschs Wohnung entfernt.

4. *VIII. 20*   Irgendwie ist [es] literarisch oder nur pedantisch, heute Tagebuch zu schreiben. Allerdings ist es, was ich zu schreiben habe, doch wieder nur Kommentar zu gestern u. heute. Überdies: ich habe seit Mittag so viel zu tun gehabt, hab mit so viel Menschen gesprochen, in der Fabrik u. im Dorf herumgerannt, (jetzt um $^1/_2$12 h nachts waren noch die Bauern bei mir; zur Illustration), daß ich doch irgendwie Distanz zu den gestrigen Dingen gewonnen habe: es sind seidene Zores[1] u. es ist eine Art Versündigung sich damit abzugeben oder nur eine Stunde damit zu verderben. Ich habe Dich so ernsthaft lieb, so objektiv u. absolut gehöre ich Dir u. glaube auch – unberufen – daß Du mich lieb hast. Und das ist so verwunderlich u. phantastisch viel, daß es wirklich nur eines gibt: zusammenhalten und – augenscheinlich ist das das Wesen des Zusammenhaltens – »es« festhalten; seinen Besitz beieinandhalten. Wenn es wirklich im Lebendigen irgendwo etwas »Lichtes« gibt, so ist es, das hab ich ja oft genug gesagt, hier: denn »licht« ist immer das Objektive u. Absolute u. das ist eben das Dich-lieb-haben. Das kann sich, in seiner Objektivität, niemals ändern – es ist ausgeschlossen, ganz unpathetisch konstatiert, daß das je anders wird. Deswegen ist alles Andere, u. auch der Komplex, wenn ich auch mit ihm zu tun habe, vollkommen nebensächlich. Ernst nehme ich [ihn] ja ohnehin nicht – wenn ich Dich bitte, ihn wegschaffen zu helfen, so ist dies nur des beschleunigten Verfahrens halber. Im übrigen wird auch er, wie alle Dunkelheit es bis jetzt getan hat, schließlich von selbst verenden. Jedenfalls werden wir nicht mehr davon reden, es sei denn, daß Dir was Gescheites, Erledigendes einfällt – wenn ich auch prinzipiell gegen die Zweiteilung des Gedanklichen bin; ich mag nicht, wenn in Deinem geliebten Kopfi Dinge sind, die ich nicht kenne oder die Du, wie so oft, privat behältst. Das ist nicht Indiskretion sondern irgendwie Sehnsucht nach dem Ich, das Du bist, vielleicht Besitzessehnsucht.

5.VIII. Ich bin gestern Abend so müde geworden, daß ich einfach nicht mehr weiter konnte. Nichts gearbeitet. Heute habe ich Dein Brieferl erwartet. Nichts ist gekommen. Jetzt fahre ich nach Tattendorf, gebe dies auf u. dann zur Maschinenfabrik, wo ich anrufen werde. Süßes, so lieb hab ich Dich u. so sehr u. sicher gehöre ich Dir. Bin froh, daß morgen morgen ist; bleib mir nur erhalten, Einziges.

1 »Zores«: Jiddisch für »Ärger«, also hier so viel wie »Luxussorgen«.

5. VII. 20 [statt richtig: 5. VIII. 1920] Ein schrecklicher Tag wieder. Bis 11 h Fabrik. Dann nach Tattendorf, unterhandelt wegen Vertrag bis 1 h. Nachmittags trotz Müdigkeit nicht geschlafen, diktiert, Telephongespräche, in der Fabrik herumgelaufen. Um $^1/_2 8$ h abends kam nochmals Direktor Mann und morgen um 8 h Früh muß ich zu ihm. Dabei habe ich einen Fehler im Vertrag gemacht, den ich morgen auszuwetzen habe. Jetzt ist es 1 h u. ich bin so angefüllt mit all den Dingen, daß ich nicht dran denken kann schlafen zu gehen. Irgendwie ist diese ganze Geschäftemacherei eine Geisteskrankheit – umsomehr als sie mit Rücksicht auf den Bolschewismus wie jede Geisteskrankheit illusionistisch ist. Um noch ein letztes Mal davon zu sprechen: auch der Komplex ist entschieden auf dem Wege zum Wahnsinn gelegen. In seinem ganzen Fiktionalismus u. weil einer seiner Hauptelemente meine maßlose u. eben schon krankhafte, Verachtung des empirisch-Menschlichen ist. Auch soweit es meine eigene Empirie betrifft. Ganz so ausgefallen sind übrigens diese Dinge nicht: sie finden sich wunderschön ausgebaut in der christlichen Ethik, dem Begriff der Erbsünde u. in dem ganzen komplizierten System, mit dem die Dogmatik dem Problem des Körperlichen beizukommen sucht – im übrigen auch alles ein bißchen wahnsinnig. Dagegen ist nun zu halten, daß ich Dich – eben auch nicht mehr sehr normal – immer mehr nur als das »Nahe schlechthin«, irgendwie als noumenales Ich an sich sehe u. daß mir schon der Gedanke, daß Du mit irgendjemanden nur sprichst – ganz gleichgültig wer – irgendwie als eine empirische Vergewaltigung erscheint, genau so wie ich jedes Wort aus einem atmenden Mund in irgend einem Hintergrund als Angriff empfinde, so kannst Du Dir die darauf basierte Konstruktion ausdenken. Wie gesagt, ich nehme mich selbst hiebei nicht aus – allerdings setz ich mich darüber hinweg – u. finde, daß meine empirische Existenz ebenso aufdringlich ist wie die jedes anderen Geschöpfes. Ich wundere mich daher immer, daß Du mich lieb hast, u. würde mich nicht wundern, wenn Du es nicht mehr tätest. Nur *entsetzliche* Angst habe ich davor – Kindchen, ich möchte Dir auch nicht mißfallen, weil ich so ein Narr bin. Aber in *letzter* Wurzel ist diese Narrheit eben keine, oder sie scheint mir eben keine zu sein, denn sonst hätte ich sie eben schon radikal eliminieren können u. müßte nicht, pathetisch gesprochen, dran leiden. Allerdings ist Leiden noch die berechtigste Beschäftigung für den empirischen Menschen: es ist die einzige Entschuldigung für sein »Sein« und daß es nicht ganz »Erkennen« ist. Allzuviel möchte ich zwar nicht leiden – wenn es auch zu allem anderen eine gewisse ausgleichende Gerechtigkeit dafür ist, daß ich soviel Frohes unverdient von Dir geschenkt bekomme.

Expreß-Nachricht: Freitag, 6. 8. 1920[?]

$^{1}/_{2}$3 h eben angekommen. Bin so schlecht aufgelegt, Kindi, wegen Tattendorf, d. h. meinethalben u. daß hiedurch das Wegfahren sich verzögert. Hab es sehr notwendig Dich zu sehen u. bin so froh in 10 Minuten bei Dir zu sein. Allerdings denk ich schon an 7 h.[1] Süßes, Liebes, Du sollst das morgen Früh haben, aber ich weiß nicht, was ich Dir sagen soll, möchte Dir alles mögliche sagen für Sonntag u. bring nichts heraus.

1 Gegen sieben Uhr abends trat Broch meistens die Heimfahrt aus Wien nach Teesdorf an.

Sonntag Abend – ich weiß nicht mehr, was Freitag
    6. VIII. 20 war. Nur daß ich Nachmittags in Traiskir-
chen[1] gewesen bin u. dann mit einem Schnupfen zu Dir fuhr.
Vorher: mein Bruder war auf einen Tag hier. Richtig – Vormittags war ich in Tattendorf, weil man mich mit dem
Vertrag hineingelegt hat: Irgendwie ist mir das auch *Deinet-*
halben nicht Recht. Denn erstens muß ich Geschäfte machen
können, weil ich die oft genug besprochene Unabhängigkeit
brauche u. wenn ich schon Geschäfte mache, so bin ich auf
eine gewisse Vollkommenheit ehrgeizig: ich will etwas *kön-*
nen, das muß, wie in der Arbeit, überall vorhanden sein,
sonst verdiene ich auch nicht, daß Du mich lieb hast. Kann
ich aber etwas, dann verlange ich es rücksichtslos, daß Du
mich lieb hast. – Abend war ich bei Dir; paniertes Schnitzel,
ausgedünsteter Reis, Schnupfen u. früh weggegangen. Zu
Hause versammelten sich Vater u. Bruder um mein Bett u.
ärgerten mich mit dem Tattendorfer Vertrag.
    7. VIII. Büro, Advokat, Schottenring Reiner[2] (für meine
Mutter) Baden, Friseur, um 11 h zu Dir. Bis 7 h. Zuerst
Komplexbeschwert, dann löste es sich – bist mit auf die
Bahn u. Dein Gesicht beim Fenster ist geblieben. Gestern
Vormittag stellte ich meine Uhr: automatisch richtete ich sie
auf 7:18; so sehr war dieses Wegfahren angenagelt. Soll man
aus tagebücherlicher Gewissenhaftigkeit vom Komplex
schreiben. Ich habe auch gestern Abend, an dem ich zu früh
schlafen ging, u. heute
    8. VIII. mit ihm zu raufen gehabt, obwohl er keinerlei
Problem beinhaltet. Erkenntnismäßig ist es ja geklärt: Du
wolltest gestern, daß ich meine erkenntniskritische Überzeugung revidiere – das gibt es natürlich nicht; u. sie bewegt sich
doch[3] u. lieber der Scheiterhaufen. Aber Süßes, Du sollst
eben keine Bedingungen aufstellen, um mir zu helfen. Irgendwo u. irgendwie ist alles Lieb-haben Fiktion, Symbol,
Unwahrscheinlichkeit, Unwirklichkeit, *trotz aller Realität,*

die in ihm innewohnt. So süß licht Dein Dasein mir also ist, so ist, wie oft wurde es gesagt, eine erkenntnismäßige Dunkelheit drinnen. Und alle Problematik, die sich daraus ergibt, ist irgendwie schwimmend, beiläufig und dunkel. Man gehört sich real – sehr real gehöre ich Dir – u. gehört sich raum-zeitlich nicht. Trotzdem u. ebendeswegen kannst Du mir helfen – u. wenn es auch u. weil es ein »dunkles« Mittel ist – indem Du mir gehörst. Wozu zu betonen ist, daß dies durchaus nicht verworren ist – vielleicht höchstens balancierend. Aber das tut man immer, wenn man etwas erkennen will: auch alles philosophische Erkennen – u. selbst das Mathematische[4] – ist irgendwie vorsichtiges Mosaik u. Auf-Kanten-setzen. Würde man nicht so balancieren, man würde vor all der erlebten Dunkelheit schlechterdings wahnsinnig werden. Irgendwie liegt hier die eine Wurzel alles Wahnsinns: die andere in der Wirklichkeitsgeltung, die sooft der Balance zugedacht wird. Habe jetzt gearbeitet, tagsüber geschlafen. Ich huste, fiebere etwas, kurzum Dame aux camélias[5]. Bin ich Dir nicht zu grauslich? Lieb hab ich Dich, Einzigstes; Schlaf gut.

9. *VIII.* Nachmittag. Vormittag mit Dir gesprochen. Wenn morgen kein Telephon geht und ich halbwegs beisammen bin – leider habe ich schon Neustadt versprochen u. werde mich dort erst verkühlen – fahre ich nach Wien. Wenn ich Dich aber nicht zu Hause treffe! äußerst aufregend ist das alles. Ich bin übrigens wirklich in einem *konstanten* Spannungszustand u. so notwendig brauchete ich Ruhe zur Arbeit. Liebling, Einziges, ich wollte wir wären schon weg; allerdings sollte man dann auch schon wegbleiben.

Hab mich lieb, Süßes, u. hilf mir.

Expreß-Nachricht: Samstag, 7. 8. 1920[?]

Kindilein, ganz unpathetisch u. solid hab ich Dich lieb u. gehör Dir, aber in der Eile kann ich nur schreien, daß ich

Dich absolut u. ewig liebe. Kindilein bleib mir erhalten – leb nur bei Dir. Und hab mich lieb.

1 Vgl. Anmerkung 4 zur 4. Eintragung.

2 Marion Reiner, Damenkleidersalon, Kohlmarkt 18 im Ersten Bezirk.

3 Anspielung auf das geflügelte Wort »Eppure si muove!«, das Galileo Galilei zugeschrieben wird. Daß Galilei die Abschwörung seiner Lehre von der Bewegung der Erde mit diesen Worten begleitet habe, ist allerdings eine Erfindung, die durch den *Dictionnaire historique* (Caen 1789) verbreitet wurde.

4 Im Wintersemester 1919/20 hatte Broch sich als ordentlicher Hörer an der Technischen Hochschule Wien eingeschrieben und belegte u. a. eine Mathematik-Vorlesung bei Karl Zsigmondy.

5 Anspielung auf Alexandre Dumas' Roman *La dame aux camélias* (1848). Die Heldin verkörpert den schon von der Romantik her bekannten Typ der schrankenlos liebenden, hochherzigen Sünderin. Mit ihrem Geliebten, der sie verkennt, versöhnt sie sich, als sie lungenkrank bereits im Sterben liegt.

10. VIII. 20 1 h Nacht. Es ist kein Tagebuch sondern ein Kettenbrief. Denn das Tagebücherliche: daß ich nachmittags in der Fabrik war, daß mein Bruder um 5 h weg ist, daß ich huste u. zum Teil deswegen nicht mit bin, daß ich schließlich Betriebsrat bis 9 h gehabt habe, ist ein absolutes Null an Beschäftigung. Schon daran sieht man die Gemeinheit dieses Lebens – obwohl das des Fachwissenschaftlers schließlich auch nicht anders aussieht. Ärger ist es, daß ich überall, da u. dort Anklänge meiner Ideen finde. Allerdings sieht Helenen[1] – aber es ist doch so. Die Sachen liegen in der Luft. Und ich *werde nicht fertig*. Nach 9 h war ich zu müd – dann habe ich an der Novelle[2] herumgetan, denn schließlich will auch der Komplex zu seinem Recht u. dann habe ich, eben sehr entsetzt, Klages' »Mensch u. Erde«[3] gelesen. Was dran ist, ist aus der warmen Empfehlung Bleis[4] zu entnehmen. Trotzdem sind Ähnlichkeiten. Schließlich habe ich Natorp[5] exzerpiert, um wenigstens etwas Ernsthaftes im Tag getan zu haben. Jetzt habe ich Dein Briefi als Gipfel der Ernsthaftigkeit nochmals gelesen u. bin neuerdings über meine eigene Unbeholfenheit erschrocken. Ich bin pathetisch über mein Pathos erschreckt.[6] Kindi, Geliebtestes, hab mich aber trotzdem lieb, trotz dieses eindeutigen Stiles u. dieser handfesten Sentimentalität – in Wirklichkeit bin ich doch irgendwie differenzierter, jedenfalls weiß ich es; es sind doch nur die Schwimmhäute.[7] Im übrigen bin ich entsetzt, daß Du wegen des Samstags, den Du mir geschenkt hast Unannehmlichkeit hast, obwohl ich dafür bin, die ganze Moderne u. die ganze Welt u. mithin gar die Moderne Welt an den Nagel zu hängen.[8] Zumindest nach der Schmutzer-Nummer.[9] Über den Klages schreibe ich eine Kritik.[10]

Es ist $^{1}/_{2}2$ h, ich belle u. muß ins Bett. Süßes, schlaf gut. Weißt Du, daß ich Dich jetzt jeden Abend vor dem Einschlafen wieder höre! es ist sehr süß. Gute Nacht, Lieblingchen, Einziges.

10. VIII. 20 Gestern Abend, über Neustadt gekommen, fand ich Dein Brieferl. Kindi, so süß ist es, wenn Du nur nicht auch die Angst hättest, daß unser Wegfahren gefährdet werden könnte. Denn diese Angst deckt sich ja mit meiner: u. wenn ich immer wieder nach »Ruhe« mich sehne, so ist es zum großen Teil Sehnen nach einer un-ängstlichen Gewißheit, daß Du mir erhalten bleibst. Irgendwie erstarr ich immer, wenn die oder die Art einer Bestätigung meiner Angst auftaucht. Dabei weiß ich, daß eigentlich – unberufen – wenigstens von mir aus, überhaupt nichts mehr passieren kann: ich gehöre definitiv und absolut sicher Dir, will es so u. will nur Dich. – Möchte nur, daß ich Dir eine Freude machen könnte u. für Dich sorgen könnte. Ich bin so ungeschickt; auch meine Briefe sind es, das habe ich gestern in Neustadt sehr deutlich gespürt u. erst recht, wie ich Dein süßes, zartes, liebes Briefi gefunden u. vergleichen konnte. Du gibst mir *so viel*. – Heute beim Telephon; ich überlege mir, ob ich um 5 h hinein, um 7 h heraus fahren soll. Früher, d. h. mittags konnte ich nicht, da einerseits mein Bruder hier war, (mit dem ich dieses Blatt hineinschicke – deswegen versiegelt) andererseits Elektrizitätsmenschen. Schließlich bin ich, allerdings noch nicht definitiv, zu dem Resultat gekommen, daß es heute sinnlos ist, *daß ich hingegen, soferne das Telephon morgen Vormittag nicht funktioniert, morgen Mittag fahre u. um 2 h bei Dir bin*. Es ist so sinnlos, dieses Nicht-Wissen von Dir, bin so besorgt u. halte es wirklich nicht aus – u. irgendwie unwürdig ist es für einen erwachsenen Menschen: ich lebe nur zu Dir hin u. soll nicht im Stande sein, diese absurde jetzige Form meines Lebens abzustellen. Süß-Liebes (bin froh über mein neues Wort), ich weiß nichts von Dir; sei mir nicht krank, bleib zu Hause u. hab mich lieb. Ich streichle Deine Handis, streichle Dein süßes, geliebtes Ich.

Neustadt, während der Verhandlung: hab ich Dich lieb. Hab jetzt angerufen, vielleicht erreiche ich Dich. Ob Dich der Brief erreicht, ist fraglich. Gestern u. vorgestern habe ich, glaube ich, etwas verwirrt geschrieben. Ich hatte die vollkommene Arbeitspanik – aber es ist auch gräßlich. Liebes, denk gut; ich habe Angst mich auf morgen zu freuen, freue mich aber doch.

Liebes, eben telephoniert – Du mußt jetzt aufs Land. Dazu hast Du ja den Anzug-Stoff. Ich fahre mit Dir, wenn Du mich mitnimmst.

1 Anspielung auf einen Witz, nach dem eine gewisse Helene einerseits ihrer Mutter, andererseits ihrem Vater, ferner auch ihrem Onkel etc. ähnelt. Die Pointe besteht darin, daß jene Helene eigentlich anders heißt und mit den betreffenden Personen auch nicht verwandt ist.

2 Es handelt sich um Brochs Novelle »Ophelia« (KW 6, 24-36).

3 Ludwig Klages (1872-1956), deutscher Philosoph und Psychologe. Sein philosophisches Weltbild ist biozentrisch, stellt die seelischen und lebendigen Kräfte in den Mittelpunkt und lehnt die Vorherrschaft begrifflichen Denkens ab. Brochs damalige Wert- und Erkenntnistheorie hatte in ihrem Logozentrismus wenig zu tun mit Klages' irrationalistischer Philosophie, wie sie aus dem Buch *Mensch und Erde* sprach. Klages dürfte für die Graphologin Ea von Allesch insofern von Interesse gewesen sein, als der Autor der Graphologie zu wissenschaftlicher Anerkennung verhalf (vgl. Klages' Studie *Handschrift und Charakter* von 1917).

4 Franz Blei (1871–1942), österreichischer Schriftsteller. Broch gehörte seit 1917 einem von Franz Blei geleiteten literarischen Zirkel an, der sich vor allem im Café Herrenhof (Erster Bezirk Wiens, Herrengasse 10) traf. Zu diesem Kreis zählten auch Gina und Otto Kaus, Alfred Polgar, Sibylla Blei (Franz Bleis Tochter), Paul Schrecker, Albert Paris Gütersloh, Robert Musil, Friedrich Eckstein und Willy Haas. Blei hatte 1917 die Kulturzeitschrift *Summa* gegründet, in der Broch 1917 und 1918 verschiedentlich publizierte (vgl KW 9/1; 34–47; KW 10/1, 115–120; KW 10/2, 23–45; KW 6, 11–23; KW 9/1; 337–341). Broch schätzte Blei als Feuilletonisten und Zeitschriftenherausgeber, nicht jedoch als Philosophen. Seine Bemerkung über Bleis empfehlende Worte

zu Klages' neuem Buch ist, wie dem Kontext zu entnehmen ist, abschätzig gemeint. Vgl. auch Anmerkung 10.

5 Vgl Anmerkung 9 zur 7. Eintragung.

6 Wahrscheinlich hatte Ea von Allesch Stellen aus Brochs Brief vom 6. August 1920 beanstandet, der z. B. eine Aussage enthielt wie diese: »Kann ich aber etwas, dann verlange ich es rücksichtslos, daß Du mich lieb hast.«

7 Wie nach der Darwinschen Entwicklungslehre Schwimmhäute als atavistische körperliche Merkmale beim Menschen auftauchen können, so existieren – will Broch hier sagen – auch in der menschlichen Psyche Rudimente von Anlagen, die man glaubte, im Kulturprozeß der Menschheit überwunden zu haben, und die doch von Zeit zu Zeit wieder zum Vorschein kommen.

8 Vgl. Anmerkung 11 zur ersten Eintragung.

9 Sondernummer der *Modernen Welt* (2. Jg., Heft 8, 1919/20) dem Radierer Ferdinand Schmutzer zu Ehren anläßlich seines 50. Geburtstags (vgl. auch Anmerkung 4 zur 7. Eintragung).

10 Brochs Rezension erschien im Heft 7 (1920), S. 24 der *Modernen Welt*. Da diese anonym erschienene Besprechung seit ihrer Publikation nicht wieder veröffentlicht wurde, sei sie hier ganz abgedruckt: »Ludwig Klages, Mensch und Erde. (München 1920, Georg Müller.) Fünf Aufsätze geschichts- und naturphilosophischen Inhaltes. Liegen in einer zarten und sanften Gegend am Fuße Bergsons und Nietzsches. Etwa wie das Stephen-Heller-Tal vor Beethoven. Man heißt nicht ungestraft Klages. Aber immerhin: auch Stephen Heller war ein vielfach feinerer und jedenfalls reinerer Musiker als jene vielen, die sich titanenhaft gebärden. Ludwig Klages ist sicherlich kein Philosoph – ist es doch im strengeren Sinne sogar zu fragen, ob es Bergson sei – und ich möchte sein großes wissenschaftliches Werk über Charakterologie nicht gerade gern lesen. Was er theoretisch, beispielsweise über das Verhältnis zwischen ›Leben‹ und ›Denken‹, zu sagen hat, ist in seinen Resultaten von einer gewissen sinnigen Überflüssigkeit; Biedermeierhandarbeit. Nichtsdestoweniger sind die aufgeworfenen Probleme echte Probleme der Philosophie, denn um diese zu erfassen, braucht man nicht Philosoph oder zumindest nicht einer vom Fach zu sein, sondern man muß wissen, worauf es dem Menschen ankommt, muß selber ›erleben‹ können. Und daß Klages solch erlebender Mensch ist, bezeugt der schöne Goethe-Aufsatz, bezeugt vielleicht noch mehr das Entsetzen, mit welchem er schon im Jahre 1913 der devastierenden Zivilisation inne wurde, ihn zu der prophetischen Klage erhebend: es werde ›ein unerhörter Kampf zwischen Altem und Neuem beginnen, die Leidenschaften, die jetzt verkappt schleichen, werden die Larven wegwerfen, und flammender Wahnsinn sich in die Verwirrung stürzen, als wäre die

Hölle losgelassen. Recht und Unrecht, beide Parteien, in blinder Wut einander verwechseln – Wunder werden zuletzt geschehen um der Gerechten willen.‹ Kein philosophisches Buch, aber besseren, zarteren Sinnes Einleitung in die Philosophie als manches, was sich so nennt.«

13. VIII. 20 Nur der Ordnung halber:

Vorgestern wegen der Telephonstörung zu Dir. Wohnung, Füllfeder, etc. Abends mit meinem Bruder heraus. Wegen Husten früh ins Bett.

Gestern den ganzen Tag Fabrik, Mittags Bülow, Abends bei Koller bis ¹/²9 h.[1] Herrliche Bücher. Das Haus immer wieder überraschend gut. Die Kollers selber nicht das Schlechteste; jedenfalls besser als diese Familie.[2] Eine Menge Leute wie immer – der kleine Eckstein[3], die kleine Mahler.[4] Abends ab 10 h exzerpiert – ich lerne viel; war dann zu müd Dir noch zu schreiben; außerdem will ich nichts mehr von dem Komplex schreiben. Aber: augenscheinlich bin ich vom Stamme u. ein Asra.[5] Das Ganze ist eine Radikalisierung des Lieb-habens zur letzten Wurzel u. da muß man eben sterben. Ungern sterbe ich, aber so ist es wirklich schwer auszuhalten; ich »leide« einfach u. habe mit diesem Leiden an der Liebe fortwährend irgendwie zu tun – umsomehr als mir konstant bang ist. Ich gehöre Dir so restlos, Liebsteslein, u. finde, daß »Liebesleid« so stupid u. banal ist, u. finde noch immer keine Basis mich durchzuwursteln. Besser ist es allerdings wenn ich bei Dir bin u. Deine süße Lebendigkeit spüre – vielleicht wird es wirklich zu erledigen sein, wenn wir jetzt wegfahren. Kindi, Gutes, Süßes, hab mich lieb. Das gilt auch für

heute, wo ich bis jetzt in der Kanzlei sitze – es ist 1 h Mittag – u. Dich, unberufen, heute noch sehen werde. Möchte Dir irgendwas mitbringen, was Dir Freude macht.

Expreß-Nachricht: Montag, 16. 8. 1920[?]

Montag, Mittag, hab Dir gestern nicht geschrieben, Kindi, weil der Brief ohnehin nicht früher weggegangen wäre u. weil ich nur Krankenbericht geben kann. Erstens bin ich gemütskrank u. zweitens hab ich gestern als Reaktion gegen den Husten mir eine Codeinvergiftung[6] wieder einmal zugezogen, sodaß mir ganz elendig schlecht beisammen war. Es ist so verwunderlich, daß Du mich lieb haben kannst – außerdem arbeite ich schlecht u. kann nichts. Bin so zerlegt, daß ich nicht weiß, ob ich morgen fahren kann; irgendwie würde ich Dich schon benachrichtigen, Kindchen, aber es wäre schon sehr arg; weiß *so* nichts von Dir u. bin so verloren. Heute habe ich an Ghittoni[7] in Lucca[8] geschrieben, daß wir hinkommen: Höchste Zeit.

Hab mich lieb, Kindi.

1 Gemeint ist das Ehepaar Hugo und Broncia Koller. Hugo Koller (1868-1948) war Arzt und Physiker. 1896 heiratete er Broncia Pineles (1863-1934), die – Schülerin von Franz von Lenbach und Franz von Stuck – unter dem Namen Broncia Pinell Koller als Malerin von Genreszenen, Stilleben und Porträts bekannt wurde. Sie war die Tochter von Saul Pineles, Inhaber einer Textilfabrik in Oberwaltersdorf/Niederösterreich. Oberwaltersdorf ist einer von Teesdorfs Nachbarorten. Hugo Koller baute in die Fabrik seines Schwiegervaters ein Elektrizitätswerk ein. 1913 ließ Koller nach den Plänen seines Freundes Josef Hoffmann der Fabrik einen Bau angliedern, in der ein Laboratorium für Hugo Koller, ein Bibliothekssaal für die Familie und ein Atelier für Broncia Koller untergebracht war. Der Bibliothekssaal diente als Salon. Im Oberwaltersdorfer Salon der Kollers verkehrten prominente Künstler und Wissenschaftler wie Josef Hoffmann, Anton Faistauer, Friedrich Eckstein (den Broncia Koller malte), Hugo Wolf, Lou Andreas-Salomé, Sigmund Freud, Paul Hindemith, Pablo Casals, Albert Paris Gütersloh, Koloman Moser, Carl Moll (Stiefvater von Alma Mahler), Alma Mahler, Gustav Klimt, Emil Orlik, Egon Schiele (der Hugo Koller malte und der sich von Broncia Koller porträtieren ließ) und Carl Hofer (der Broncia Koller porträtierte).
2 Broch meint die eigene Familie.
3 Percy Eckstein. Vgl. Anmerkung 7 zur dritten Eintragung. Friedrich Eckstein hatte seinen Sohn Percy in den Kollerschen Salon eingeführt.
4 Anna Justina Mahler (1904-1988), die Tochter des Komponisten Gustav Mahler und seiner Frau Alma, geb. Schindler. Anna Mahler, damals siebzehn Jahre alt, war mit dem späteren Dirigenten Rupert Koller (1896-1976), dem dritten Kind des Ehepaares Koller, befreundet. Sie heirateten bald darauf, doch wurde die Ehe nach kurzer Zeit

wieder geschieden. Anna Mahler war in den frühen dreißiger Jahren, als sie sich bereits einen Namen als Bildhauerin gemacht hatte, mit Broch eng befreundet.

5 Beni Asra, südarabischer Volksstamm, dessen Angehörigen man die heftigste und zugleich keuscheste Liebe nachsagte. Broch spielt an auf die Zeilen »Und mein Stamm sind jene Asra,/ Welche sterben wenn sie lieben« aus dem Gedicht »Der Asra« (entstanden 1845/46) von Heinrich Heine. Quelle dieses Gedichts ist eine Episode aus Stendhals Essay *De l'amour* (1822). Das Heine-Gedicht lautet: »Täglich ging die wunderschöne/ Sultanstochter auf und nieder / Um die Abendzeit am Springbrunn,/ Wo die weißen Wasser plätschern.// Täglich stand der junge Sklave/ Um die Abendzeit am Springbrunn,/ Wo die weißen Wasser plätschern;/ Täglich ward er bleich und bleicher.// Eines Abends trat die Fürstin/ Auf ihn zu mit raschen Worten:/ Deinen Namen will ich wissen,/ Deine Heimat, deine Sippschaft!// Und der Sklave sprach: ich heiße/ Mohamet, ich bin aus Yemmen,/ Und mein Stamm sind jene Asra,/ Welche sterben wenn sie lieben.«

6 Brochs Körper reagierte auf Kodein allergisch.

7 Nicht ermittelt.

8 Lucca ist die Hauptstadt der gleichnamigen Provinz in der Toskana. Wahrscheinlich plante Broch, in dem 24 Kilometer nordöstlich von Lucca gelegenen Bagni di Lucca mit Ea von Allesch einen Urlaub zu verbringen. Vielleicht fühlte er sich zu dem Aufenthalt durch die Abschnitte »Die Bäder von Lucca« und »Die Stadt Lucca« in Heinrich Heines *Reisebildern* inspiriert. Das Vorhaben wurde bald aufgegeben. Statt dessen faßte Broch näher gelegene Erholungsorte wie das kroatische Opatija (vgl. Anmerkung 1 zur 25. Eintragung) und Meran in Südtirol ins Auge (vgl. Anmerkung 2 zur 28. Eintragung).

16. VIII. 20 Eigentlich sollte ich noch arbeiten, bin aber zu sehr im Rückstand u. schlafe sonst ein. Seit 3 Tagen kein Tagebuch, zuletzt bevor ich zu Dir gefahren bin; Freitag; heute ist Montag. Im übrigen war gerade Freitag irgendwie ausnahmsweise eindrucksreich – es war so ein leichter Sommerabend, irgendwie fremde Stadt, speziell der Klopfbalkon am Dach war in Amerika.[1] Allerdings ist es leider immer literarisch oder zumindest Denkfaulheit derartige »Erlebnisse« zu haben. Aber ich hätte Dich doch gerne im Freien gehabt, überhaupt schon wegzufahren. – Nachts hatte ich ein Brieferl von Dir. Dank Dir, Süßes.

Samstag, 14. Büro, Advokat, Elektrizität[2], Gyömröi, Dr. Adler, Buchhandlungen in der Währingerstraße[3], nach Hause, ¹/₂4 Hagenbund[4], Dir ist es nicht gut gegangen, zu Dir, um 7 h mit meiner Mutter heraus, Kanzlei, Natorp exzerpiert.[5] Was zwischen den Dingen geschieht, d. h. was man so denkt, wäre fast wichtiger aufzuschreiben. Aber man vergißt alles – weiß nur, daß ich fortwährend mit Dir zu tun habe.

Sonntag, 15. Den ganzen Vormittag in der Fabrik, hatte Kopfschmerzen, etc., mittags gelesen, nachmittags, da es mir immer schlechter ging, geschlafen, dann Frau F. nach Leobersdorf gebracht, um 6 h zurück, bis 9 h exzerpiert; mein Bruder; endlich von 10 h an gearbeitet, obwohl ich lieber Dir geschrieben hätte. Gestattete es mir aber nicht.

Heute, 16. Den ganzen Tag Fabrik, viel Unannehmlichkeiten, bis 7 h. Dann zu Bülow, mit dem ich auch nicht weiß was beim Bolschewismus anfangen, zum Nachtmahl der Doctor[6], so daß ich erst um ¹/₂11 h zum Schreibtisch gekommen bin. Jetzt ist es 12 h u. ich kann nicht mehr weiter. Außerdem gefällt mir die Arbeit nicht: ich habe *technisch*, d. h. wissenschaftstechnisch nicht genug gelernt u. das ist einfach nicht mehr einzuholen. Und jetzt eigentlich schon gar nicht. – Der einzige Lichtblick, daß ich Dir Möbel hobeln werde.[7] Bin aber jetzt ganz müde – Liebsteslein, schlaf gut u. sei nicht verkühlt u. denk an mich; bin so Dir gehörig.

Expreß-Nachricht: Mittwoch, 18. 8. 1920[?]

Neustadt ^{1}/$_2$1 h, Süßes, trag Dich mit mir herum – auf den Armen. So lieb hab ich Dich u. irgendwie »eingebettet« bin ich in Dir. Bin froh, daß ich heute Früh bei Dir war – war nur so kurz. Aber immerhin dauert es jetzt nicht mehr so lang bis Samstag. Fahre jetzt [nach] Payerbach[8], von dort am Abend zu Schrecker.[9] Leider konnte ich ihm nicht mehr sagen, daß er herunter kommen soll. Morgen 12 h bin ich in Leobersdorf, von wo aus ich Dich anrufe. Und im übrigen: lieb sollst Du mich haben. Brauch Dich furchtbar sehr (Plagiat); unsinnig ist dieses Auseinander-Sein. Kindi, Gutes, Liebes, laß Dich lieb haben.

1 In einem Wunschtraum stellte Broch sich vor, in Amerika zu sein. Brochs Amerikareise lag bereits dreizehn Jahre zurück. Sie hatte mit den Stationen New York, Chicago, Atlanta, New York von Anfang Oktober bis Mitte November 1907 gedauert. Die längste Zeit hatte er dabei in Georgia verbracht, um sich – dem väterlichen Wunsch entsprechend – über die dortige Baumwollproduktion zu informieren.
2 Vgl. Anmerkung 12 zur 4. Eintragung.
3 Am Beginn der Währingerstraße im Neunten Bezirk Wiens befanden sich wegen der Nähe zur Universität einige Buchhandlungen.
4 Am 3. Februar 1900 konstituierte sich in Wien die Vereinigung »Künstlerbund Hagen der Genossenschaft bildender Künstler Wiens« (kurz »Hagenbund« genannt), und am 29. November des selben Jahres verließen seine Mitglieder das Wiener Künstlerhaus. Der Hagenbund ging aus der sog. »Hagengesellschaft« hervor, die bereits 1880 gegründet worden war. Die Gesellschaft nannte sich nach Joseph Haagen, dem Wirt des Altwiener Bierlokals, in dem sich die Gesellschaft in der Gumpendorfer Straße regelmäßig traf. Das doppelte »a« in seinem Namen ging in der Bezeichnung der Künstlervereinigung verloren. 1895 war in Wien der »Siebenerclub« entstanden, gleichsam die Kaderorga-

nisation für die späteren Künstlervereinigungen Secession und Hagenbund. Die Secessionisten hatten das Wiener Künstlerhaus bereits 1897 verlassen. Während man mit dem Künstlerhaus die etablierte akademisch-konventionelle Kunst in der Tradition von Hans Makart verband, verstanden sich die Secessionisten und Mitglieder des Hagenbundes als malerische Avantgarde, wobei die Secessionisten radikaler als die Hagenbündler eingestellt waren. Von 1902 bis 1913 war ein Teil der städtischen Markthalle im ersten Bezirk (Zedlitzgasse 6, Zedlitzhalle genannt) Ausstellungshaus des Hagenbundes. Durch den Ersten Weltkrieg wurde die Ausstellungstätigkeit des Hagenbundes unterbrochen. Die erste Ausstellung nach dem Kriege – es war die 36. – wurde am 22. Juni 1920 (sie dauerte bis August) wieder in der Zedlitzhalle eröffnet, und von ihr ist bei Broch die Rede. Der Hagenbund spielte in der Zwischenkriegszeit eine besonders wichtige Rolle für die Entwicklung der österreichischen Malerei. Seine Mitglieder verstanden sich als Vertreter der österreichischen Moderne bzw. Avantgarde. Egon Schiele galt den jüngeren Malern des Hagenbundes wie Georg Merkel (mit dem Broch befreundet war), Felix Albrecht Harta und Johannes Fischer als Vorbild. Schieles Idee einer freundschaftlichen Zusammenarbeit unabhängiger Künstler wirkte in der kollegialen, demokratischen Atmosphäre des Hagenbundes nach, ebenso wie seine Gedankenwelt, die auf eine Befreiung des Individuums von institutionellen und konventionellen Zwängen ausgerichtet war. Die Leiter der Hängekommission bei der Ausstellung von 1920 waren Georg Merkel, August Roth, Fritz Schwarz-Waldegg und Viktor Tischler. Das Plakat, das für die Ausstellung warb, zeigte Georg Merkels »Zwei Frauen« (1920). Als junger Maler hatte Merkel mehrere Jahre in Paris verbracht, und im Hagenbund galt er als Anhänger der französischen Moderne. Der Hagenbund wurde 1938 nach dem Anschluß Österreichs an das Deutsche Reich aufgelöst. Als Broch im Frühjahr 1938 in Wien seine Flucht nach England vorbereitete, versteckte er sich verschiedentlich bei Georg Merkel, der selbst im selben Jahr nach Frankreich emigrierte und dort bis 1945 – zeitweise im Untergrund – lebte.

5 Vgl Anmerkung 9 zur siebten Eintragung.

6 Emil Mulatier. Vgl. Anmerkung 32 zur fünften Eintragung.

7 Broch ließ in der Tischlerei der Spinnfabrik Teesdorf einige Möbelstücke für Ea von Alleschs Wohnung nach seinen Zeichnungen anfertigen.

8 Payerbach an der Schwarza ist ein Ferienort in Niederösterreich. Er liegt an der Südbahnlinie nach Italien und ist – in südwestlicher Richtung – etwa fünfzig Kilometer von Teesdorf entfernt.

9 Paul Schrecker weilte damals zur Kur in der Kaltwasser-Heilanstalt

Rudolfsbad in Reichenau. Payerbach, nur drei Kilometer von Reichenau entfernt, gehörte zur Gemeinde Reichenau. Reichenau an der Rax liegt in einem vom Schneeberg und der Raxalpe eingeschlossenen Talkessel.

19.8.20 Donnerstag, Abend, seit Montag habe ich nachzuholen. Ungeheuer viel ist seitdem passiert. Am

17.8.20 bin ich in der Früh aufgestanden – das ist sicher, an das Weitere erinnere ich mich nicht. Weiß nur, daß es kalt u. regnerisch war. Mittags wurde es heiß. Mit zwei kartenspielenden Geschöpfen hereingefahren, die so komisch waren, daß ich nicht lesen konnte. Verspätung. Direkt in die Stadt. Bei der Salesianer[1] hat es mir einen Ruck gegeben u. ich mußte mich anhalten nicht auszusteigen. Ein paar Besorgungen. Herrenhof Schmid, Zentral Fischer[2], Advokat, Buchhandlung, noch eine Besprechung, zu Hause. Mit meinem Bruder durch die Stadt, $^1/_2 7$ h bei Dir. Aber ein Abend ist nichts mehr; die Abende werden immer kürzer.

18.8.20 War verkühlt, bin deshalb etwas zu spät auf u. deshalb zu spät zu Dir. Nur 5 Minuten, war aber so süß, Dich mitzunehmen. Warst mit in Neustadt – Gewerbeinspektor, Einigungsamt[3], Kaffeehaus –, um 1 h dann mit nach Reichenau[4], Edlach 3 h. Wieder Berge u. das richtige Grün zu sehen, war sehr schön, fast überraschend. Das Sanatorium allerdings grauslich, Frau F. aber sehr zufrieden.[5] Eigentlich kann sie einem leid tun, weil sie zu dem, was sie »Glück« nennt, so wenig braucht u. es so leicht haben könnte: hoffe, daß sie lange bleiben wird. Um 5 h zurück nach Reichenau; der Weg war wieder sehr ferienmäßig schön – hab in einemfort an unseren Urlaub gedacht; man sollte aber doch der Sonne nach u. nach Italien. Um 7 h zu Schrecker. Nach dem Nachtmahl vorgelesen: Er tat sehr begeistert, vielleicht aber nur, weil er mich überreden wollte einen Tag zuzugeben.[6] Richtig: das Sanatorium[7] ist glänzend u. es wäre vielfach das Richtige, keine Reise etc., auch für Deine Erholung das Zweckmäßige; aber: jeden Sonntag mein Vater u. außerdem sicherlich Bekannte. Also ausgeschlossen.

19.8.20 Um 10 h weg. Mit gräßlichen Juden[8] gefahren,

die jeden Horthy[9] verständlich machen. In L.[10] Dich angerufen. Zu Hause schon Dein Brieferl gefunden – Süßes, dank
Dir *so* viel u. für so vieles. Wenn Dir meine Ernsthaftigkeit,
die übrigens ja doch nicht ganz vorhanden ist, nicht Recht
ist, Liebstestes, werde ich sie ablegen; aber, irgendwie ist es
eine ernste Angelegenheit, das Dich-lieb-haben – nicht ich
bin es sondern die Sache. Ich habe nur »ernste Absichten«.
Denn so kann es nicht weitergehen. Daß es aber so nicht
weiter geht, ist auch keine leichte Geschichte – Fabrik, Haus
u. alles was drum u. dran hängt, hängt dann, d. h. vorderhand noch durchaus in der Luft. Ebenso die Arbeit – heute
wieder nichts gemacht. Gestern beim Vorlesen hatte ich eine
vollkommene Übersicht, jetzt ist es wie vernagelt. Allerdings
war ich den ganzen Nachmittag bis 9 h abends in der Fabrik.
Und jetzt schreibe ich merkwürdigerweise schon eine
Stunde, kann auch nicht mehr weiter weil ich zu müd bin.
Denkst Du an mich, Lieblingchen? möchte, daß Du gut
schläfst, froh bist u. daß wir bald wegfahren.

20.8.20 Vormittag, kein Brieferl heute u. eben wie ich
das Datum geschrieben hatte, kam 10997.[11] Lieblingchen,
ich erschrecke immer sofort so sehr, wenn Dein Stimmerl
irgendwie ungeduldig wird. Die Wiener Fahrten sind allerdings ein Problem, aber so ohneweiters ist es nicht zu lösen –
es sei denn Dich nicht lieb zu haben. Aber ich tue nichts
anderes als unausgesetzt Dich lieb haben, Süß-Liebes.

Expreß-Nachricht: Samstag, 21.8.1920[?]

Lieblingchen, noch 3 Minuten Zeit, so schwer ist mir das
Wegfahren, so stupid u. unerwachsen ist es. Dabei gefällt mir
das, was ich vorgelesen habe doch nicht.[12] Dunkle Tage
kommen – ernstlich. Möchte doch schon Dienstag herein,
Kindchen, Geliebtes, *bitte* hab mich lieb, bin so verlassen
sonst. Möchte Dir viel sagen können, viel Gutes tun – überhaupt es ist nicht zum sagen und aushalten.

1 Ea von Alleschs Wohnung in der Salesianergasse 8.

2 Im Café Central traf Broch Anton Schmid und in Café Herrenhof Johannes Fischer. Vgl. Anmerkung 3 in der 5. und Anmerkung 16 in der 4. Eintragung.

3 Broch hatte eine seiner Sitzungen beim Einigungsamt des Gewerbegerichts in Wiener Neustadt.

4 Vgl. Anmerkung 9 zur 4. Eintragung. Edlach (bekannt wegen seiner Kuranstalt) gehörte zur Gemeinde Reichenau.

5 Brochs Frau Franziska hielt sich in Edlach zur Kur auf.

6 Broch las wahrscheinlich vor aus seiner entstehenden Studie »Theorie der Geschichtsschreibung und der Geschichtsphilosophie« (KW 10/2, 94–154).

7 Gemeint ist die Kaltwasserheilanstalt (Rudolfsbad) in Reichenau.

8 Vgl. Anmerkung 6 zur 8. Eintragung.

9 Nikolaus Horthy (1868–1957), ungarischer Reichsverweser von 1920 bis 1944. Zur Zeit der Donaumonarchie war er Marineoffizier und 1918 Oberbefehlshaber der österr.-ungarischen Flotte. Als Kriegsminister führte er 1919 die Armee der gegenrevolutionären Regierung von Szeged. Nach Zerschlagung der ungarischen Räterepublik erklärte er am 23. März 1920 Ungarn zur Monarchie mit vakantem Thron und ernannte sich selbst zum Reichsverweser. 1941 trat Horthy an der Seite Hitlers in den Krieg ein. Horthy war Antisemit, doch lebten – bis zur Besetzung Ungarns durch deutsche Truppen im März 1944 – die ungarischen Juden relativ sicher.

10 Leobersdorf. Vgl. Anmerkung 10 in der 2. Eintragung.

11 Die Telefonnummer der Redaktion der Zeitschrift *Moderne Welt*, bei der Ea von Allesch arbeitete.

12 Vgl. Anmerkung 6.

22. VIII. 20, d. h. 23., denn es ist schon der nächste Tag. Bin schon sehr müde u. außerdem unglücklich; mit der Arbeit bin ich zwar gerade jetzt in den letzten paar Stunden vorwärtsgekommen, – die Geschichte mit den »Entsprechungen«[1] ist jetzt in Ordnung – aber dazwischen habe ich den Idioten Mehring[2] gelesen u. manches gefunden, *was eben in der Luft liegt* – ich weiß wirklich nicht, was ich tun werde, wenn ich jetzt mit der Arbeit zu spät komme. *Dabei habe ich noch so entsetzlich viel zu lernen.* Aber ich habe noch nachzuholen:

Vorgestern: Abends Beamtenbetriebsrat, was dann geschehen ist, weiß ich nicht mehr – glaube, daß ich exzerpiert habe. Richtig Novelle herumgetan.[3]

Gestern: Vormittag Fabrik, mittags zu Dir bis 9 h geblieben; es waren 7 Stunden, fast 8 u. doch nichts (der Zeit nach) – irgendwie der stärkste Eindruck ist eben immer das Weggehen; das Dich-zurück-lassen am Bahnhof war sehr arg. Bin mit Dir zurückgegangen; wie ich in Mödling[4] war, hast Du aufgesperrt u. warst zu Hause. In Baden war wohl der Wagen da, nicht aber mein Bruder, der mich eine ½ Stunde warten ließ. Das Kaffee war mit einer so entsetzlichen Bande, Musik, etc. angefüllt, daß ich lieber draußen wartete; zu Hause noch exzerpiert; 2 h schlafen gegangen.

Heute sehr spät aufgestanden, ins Büro bis 12 h, dann wieder exzerpiert, nachmittags Baumgarten gelesen – nicht schlecht – und die beiliegende Kritik geschrieben.[5] Hierauf bekam ich um 5 h geradezu einen Schlafkrampf, der geradezu weh tat. Überhaupt geht es mir nicht gut. Um 7 h zu Bülow. Nach dem Nachtmahl hat mein Bruder Schubert gespielt, um ihn auf Foxtrotts umzuarbeiten. Er verdient es nicht besser: die ganze Wiener Operettenmusik ist bereits in ihm enthalten. Ich weiß auch *was* schlecht an Schubert u. an der sog. leichten Musik (mit Ausnahme weniger) ist: es wird alles gesagt – die Konstruktion des »Gesamtzusammenhanges« des Seienden überhaupt – wie es bsplswse. bei Beethoven doch ist – ist nicht mehr möglich. Einzelurteil u. Wissenschaft. »Musikalisch« muß man allerdings nicht sein, um dies zu erkennen; überhaupt ist Musikalität eine prekäre Sache – Musik ist die einzige Kunst, in der Rezeptivität einen positiven Wert darstellen soll, was es natürlich nicht ist. Liebes, bin müd, geh schlafen u. denk an Dich.

23. 8. 20 Nachmittag – In der Früh war kein Brieferl von Dir vorhanden, auf das ich – allerdings infolge des Sonntags unberechtigt – sehr gehofft habe. Dann mit Dir gesprochen, Süßes. Bin etwas besorgt, daß Du nicht schreiben *wolltest* u. daß es Dir nicht gut geht: beim Gegeneinanderhalten der beiden Besorgnisse zeigt sich, daß es mir eigentlich wichtiger ist, daß Du mich lieb hast, als daß es Dir gut geht. In der nächsten Schicht ist es aber doch nicht so – möchte schon vor allem, daß es Dir sehr sehr gut geht, aber trotzdem mich lieb hast, Kindchen, solche Angst habe ich immer sofort, »es« könnte bei Dir abreißen, abgerissen sein u. Du mir verloren gehen; brauch Dich *so* sehr, Liebsteslein. – Das ist kein Tagebuch, aber Vormittag ist sonst wirklich nichts anderes gewesen als Du – alles Andere: Post diktiert, Fabriksgeschichten u.s.f. ist ja nichts. Nach Tisch geschlafen u. jetzt ist mir bang.

Kindchen, hab mich – bitte – lieb.

24. VIII. 20 Mittags. Zweimal mit Dir telephoniert. Durch die Abwesenheit [von] Frau F.[6] ist das Heraußenbleiben jedenfalls erleichtert. Trotzdem. Hätte übrigens gerne wenigstens den jetzigen Teil der Arbeit erledigt – über die »Erfüllungen«[7] bin ich glücklich drüber, hänge jetzt dafür anderwärts. Und immer hat man das Gefühl über die Barriere nicht drüber zu können, definitiv stecken zu bleiben. Vor allem weil ich viel zu wenig *kann*. Daraufhin habe ich gestern Abend nur gelesen, um alles auf einen Sitz nachzuholen; bin aber sehr unglücklich. Auch wegen D.[8] Heute Früh war Dein Brieferl schon da. Bist du wirklich Meines? es

sind so verzwickte Possessivverhältnisse. Aber ich weiß, daß ich Dir gehöre. Möchte nur schon weg sein mit Dir u. habe Angst, daß die Krankheit Deiner Mutter[9] Hindernisse machen könnte.

Kindi, Süßes, ganz lieb habe ich Dich, Einziges.

Expreß-Nachricht: Montag, 23. 8. 1920[?]

Nehme Dich als so Nahes mit, Kindchen, bin *so* mit Dir verwachsen, wenigstens von mir aus, also angewachsen an Dich. Wenn Du willst, werde ich nur mehr freudig dichten.[10] Kindchen, hab mich lieb – es ist immer dasselbe, aber ich weiß sonst nichts.

1 Vgl. Brochs Schema auf S. 126 von KW 10/2.
2 Brochs Wiener Bibliothek enthielt mehrere Bände des Philosophen und protestantischen Theologen G. Mehring (vgl. KA 166). Wahrscheinlich las er damals dessen Studie *Die philosophisch-kritischen Grundsätze der Selbstvollendung oder die Geschichtsphilosophie. Ein Versuch* (Stuttgart: Cotta, 1877).
3 »Ophelia«, KW 6, 24–36. Vgl. Anmerkung 2 zur Eintragung.
4 Mödling, Stadt in Niederösterreich, am Fuß des Wiener Waldes, 15 Kilometer südlich von Wien. Sie liegt an der Südbahnstrecke und befand sich für Broch auf halbem Weg nach Baden. Ea von Allesch hatte von der Salesianergasse aus Broch – am Belvedere vorbei – zur Südbahn begleitet. Die Fahrt auf der Südbahn von Wien nach Mödling dauerte so lange wie Ea von Alleschs Fußweg zurück in ihre Wohnung (etwa 20 Minuten).
5 Franz Ferdinand Baumgarten (1880–1927), Schweizer Literaturhistoriker. Broch rezensierte damals Baumgartens Buch *Das Werk Conrad Ferdinand Meyers. Renaissance-Empfinden und -Stilkunst* (München: G. Müller, 1920) für die *Moderne Welt*. Vgl. KW 9/1, 357–358.
6 Vgl. Anmerkung 5 zur 5. Eintragung.
7 Vgl. KW 10/2, S. 127 ff.
8 Victor von Dirsztay, der wegen seines Heiratsantrags an Ea von Allesch die Hauptursache von Brochs Eifersucht ausmachte, Vgl. Anmerkung 2 zur 6. Eintragung.

9 Aloisia Täubele (1838–1920). Vgl. Anmerkung 9 zur 32. Eintragung.
10 Wahrscheinlich hatte Ea von Allesch Broch zum Dichten ermuntert, nachdem sie seine Novelle »Ophelia« gelesen hatte.

Samstag, 28. 8. 20. Eine ganze Woche, von der ich nichts
mehr weiß, [ist] nachzuholen. Montag bin ich vom Rad ge-
flogen[1], Dienstag kam Lechner, Mittwoch seine Frau. Beide
Abende waren daher wenig fruchtbar. Donnerstag den ganzen Tag mit den Italienern[2] in der Fabrik; nicht Dir telephoniert, war stumm, freute mich auf Dich, hatte aber Angst vor
Entfremdetsein: denn irgendwie ist das Liebhaben, trotzdem
es ein Naturprodukt ist, künstlich, d. h. es bedarf des Willens, jenes Willens zur Fiktion, die das Um und Auf aller
Kulturprozesse ist. Ich glaub, daß ich schon einmal darüber
geschrieben habe – jedenfalls ist es meine alte Angst, daß
Dein Kulturwillen erlahme. Also hereingefahren, Verspätung, beim Buchbinder[3] aufgehalten – eine ganze Landschaft
von Anständigkeit u. Gefühl – dann zu Dir. Ein bißchen
entfremdet warst Du, d. h. irgendwie – im übrigen weißt Du
das ohnehin u. ich hab Dich so u. so lieb, Einzigstes. Bin mit
zerschnittener Lippe nach Haus u. hab mich darüber gefreut.
Gestern vormittag spät weg, Kabasta, dann Geschirr gesucht, zu dem ich mich schließlich nicht allein entschließen
konnte, Friseur, nach Haus, Zweig[4], Buchhändler, Elektrizität zu Dir. War ganz kurz – Nachmittag ist so viel wie
Nichts. Dir ist es nicht gut gegangen. 7 h mit meiner Mutter
heraus. Abends bis ¹/₂11 h mit meinem Sohn. Dann die Zei-
tungsausschnitte gelesen; die Sache mit dem Fermat'schen
Satz[5] ist beängstigend; vor allem weil sich meine Ignoranz
daran so verdeutlicht. Hab mich dann bis 1 h damit beschäftigt u. deswegen nicht Dir geschrieben, obwohl ich eigentlich
wollte.

Heute vormittag, Fabrik mit Dir gesprochen, per Telephon u. auch anders. Kindchen, unausgesetzt beschäftige ich
mich mit Dir u. das ist entschieden zu viel. *Wenn* Du mich
lieb hast, kannst Du gar nicht genug mich lieb haben, so sehr
brauche ich es. Positiv u. negativ gewertet, ist das die exakte
log. Situation. Jetzt muß ich das nach Tattendorf schicken,

daher eilen. Liebes, hab mich bitte lieb und gehöre mir. Süßes, Gutes, schreib mir ein paar Zeilen mit einer diesbezüglichen, ordnungsgemäß firmierten, formellen Bestätigung.

Möchte Dir noch gern was sagen, aber lieber mündlich – nichts Intrigantes –, erinnere mich. Hab Dich lieb und gehör Dir, Du. –

30. 8. 20 Mittags: – ich bin faul. Wollte vorgestern u. gestern Tagebuch schreiben u. konnte mich nicht entschließen, obwohl oder weil ich in einem fort an Dich gedacht habe. Im übrigen sind es Tage, die auch schon wieder fast vergessen sind; verdienen es auch nicht besser. Vorgestern nichts gearbeitet; Chassidim[6] gelesen, Bibel, etc. allerdings mit Zweck. Gestern Sonntag, Vormittag Fabrik, Nachmittag geschlafen u. mit der Arbeit bis Abend herumgespielt. Um 7 h zu Bülow, um 8 h genachtmahlt, um $^{1}/_{2}$9 h die Erleuchtung. Hab dann bis 3 h geschrieben. Heute Vormittag kein Briefi, – aber gestern, Dank, Süßes – hingegen mit Dir telephoniert u. entschlossen morgen nach Wien zu fahren. Werde um 7 h anklopfen, möglicherweise fahre ich aber über Traiskirchen u. bin dann erst um 8 h in Wien.

Bin so sehr bei Dir, zu sehr, bin schon kein Einzelwesen mehr. Schreib mir, Kindi, damit ich mich an was anhängen kann.

Expreß-Nachricht: Samstag, 28. 8. 1920[?]

Liebsteslein – Einziges – sagt Dir das etwas noch. Immer wieder habe ich Angst, daß mein Dich-lieb-haben plötzlich ins Leere fallen wird. Heut erst gar. Dabei ist es mir irgendwie am meisten beunruhigend, daß Du augenscheinlich ja doch nicht weißt, wie absolut ich Dir gehöre, obwohl ich mich *ganz* aufmache, damit Du mit Deinen lieben Handis hineingreifen sollst. Liebesteslein, sei gut zu mir, ich hab Dich lieb, lieb (das sag ich für mich, nicht als Argument) Liebstestes, Süßes und denk gut.

1 Bis zum Verkauf der Fabrik im Jahre 1927 benutzte Broch zur Fortbewegung in Teesdorf und Umgebung sowie auf dem Fabriksgelände häufig ein Fahrrad.

2 Vertreter einer italienischen Firma, mit der Broch geschäftlich zu tun hatte.

3 Vgl. Anmerkung 10 zur 3. Eintragung.

4 Stefan Zweig (1881–1942), österreichischer Schriftsteller. Broch und Zweig kannten einander seit Kindheit und Jugend flüchtig, da ihre Eltern den Sommer öfters in Purkersdorf bei Wien verbrachten. Im Salon seiner Cousine Alice Schmutzer hatte Broch Stefan Zweig näher kennengelernt. Broch konsultierte Zweig Anfang der dreißiger Jahre, als er sein Drama *Die Entsühnung* schrieb und stand mit ihm auch in der amerikanischen Emigration in Verbindung. Zweig schätzte besonders den im Exil entstehenden Vergil-Roman Brochs.

5 Pierre de Fermat (1601–1665), französischer Mathematiker. Er erarbeitete strenge infinitesimale Methoden und beschäftigte sich mit Wahrscheinlichkeitsproblemen. Untersuchungen von Teilbarkeitseigenschaften führten zum »kleinen« und zum »großen« Fermatschen Satz.

6 Chassidim (hebr.: »die Frommen«). Beim Chassidismus handelt es sich um verschiedene religiöse Bewegungen des Judentums, in denen Einfachheit und Nächstenliebe zur Ehre Gottes gelehrt werden. Chassidim nannten sich die Mitglieder einer mystisch-kabbalistischen Sekte des Rabbi Israel Ben Elieser (1699–1760), genannt Baal Schem Tow (Meister der geistigen Mächte), der in Podolien als Prophet und Wundertäter auftrat und als Heiliger verehrt wurde. Der Chassidismus fand im osteuropäischen Judentum eine weite Verbreitung. Betont wurde das Gefühl in der Religion und die Offenbarung Gottes in der Natur gegenüber dem Gesetzesglauben. Kennzeichnend ist eine Neigung zur Askese und die enge Bindung an den Meister, den Zaddik. Die Kenntnisse über den Chassidismus verdankte Broch vor allem den Büchern von Martin Buber. In Brochs Wiener Bibliothek (vgl. KA 32) befanden sich folgende Bände Bubers: *Die Geschichten des Rabbi Nachman, ihm nacherzählt von Martin Buber* (Frankfurt am Main: Rütten & Loening, 1906); *Die Legende des Baalschem* (Frankfurt am Main: Rütten & Loening, 1908) und *Ekstatische Konfessionen* (Jena: Diederichs, 1909). Ferner findet sich dort eine Spezialstudie von Paul P. Levertoff, *Die religiöse Denkweise der Chassidim nach den Quellen dargestellt* (Leipzig: J. C. Hinrichs, 1918). Vgl. KA 148.

2. 9. 20 Kindi, es ist langweilig Tagebuch schreiben zu müssen, wenn man nur ganz erstickt u. derwürgt von Dichlieb-haben ist u. eigentlich nichts anderes sagen kann u. sagen möchte. Aber trotzdem ist aufzuschreiben, daß ich

Montag Nachmittag u. Abend durch lauter Unannehmlichkeiten in der Fabrik, mit der Tattendorfer, u.s.f. u. allgemeines Schlecht-gehen zu keiner Arbeit gekommen bin u. nur abends den langweiligen Liebert[1] gelesen u. mich geärgert habe, daß seine ganze Schreiberei immerhin auch Ähnlichkeit mit meiner hat u. trotzdem oder ebendeswegen ein Gewäsch ist; daß sich

Dienstag dies bis 5 h Nachmittag fortgesetzt hat, wo ich – fast mit dem Renner[2] – nach Wien, zu Dir, d. h. zuerst [zum] Buchbinder gefahren bin, ganz herrlich großartiges Hendel[3] mit Croquettes bekommen hab, und um $^3/_4$1 h zu Haus war, aber nicht daheim (Kindi, hab mich sehr, sehr lieb; Heimatskindi), daß ich

Mittwoch Vormittag, Stadt, Elektrizität, Währing[4] bei strömendem Regen herumgelaufen, Dir telephoniert hab, Nachmittag wieder dasselbe wegen Weberei, um 5 h bei Dir war, Brot geholt, das Abenteuer mit dem Wolf[5] (richtig sogar doppelt! denn ich traf dann in der Salesianergasse einen Kindheitsfreund Karl Wolf[6], den ich 15 Jahre nicht gesehen hatte) bestanden hab u. schließlich diesen Satz abbreche. Dir vorgelesen. Ich weiß nicht ob Du objektiv bist u. nicht nur eine subjektive Meinung von Deiner Objektivität hast u. mir schließlich doch Freude machen willst. Habe jetzt wieder, d. h. auf der Bahn schon heute, Liebert gelesen u. bin mir sehr brüderlich platt mit meinem eigenen Philosophieren vorgekommen. Aber es wäre Deinetwegen, d. h. für mich Deinetwegen sehr arg, weil ich eben mit Hypothek auf die Arbeit, noch irgend einen Grund sehe, daß Du mich lieb haben könntest etc. Umsomehr als Du den eventuellen zweiten Grund – mein Leiden – nicht gelten läßt. Brauche es so

Dein lieb-haben, Süßes, brauche viel mehr das Dich-mich-lieb-haben-fühlen als das Dich-fühlen, das dann allerdings identisch wird. Hab übrigens auch hier ein bißchen Miß-trauen gegen die subjektive Objektivität, aber das ist nicht wichtig genug zum Schreiben, muß auch was zum Sprechen übrig bleiben.

Heute Mödling. Dein Briefi – hab mich gefreut, daß ein paar Ausdrücke ganz gleich sind mit den paar Zeilen, die ich gestern Abend Dir geschrieben hab. Buchhandlung. Ganzer Nachmittag Fabrik. Jetzt ist es 11 h u. ich muß Früh auf. Gute Nacht, Geliebtes, Einzigstes.

Expreß-Nachricht: Donnerstag, 2.9.1920[?]

Guntramsdorf.[7] Kindilein, mag die Bahnhofsschreie nicht, schrei aber doch, weil ich nicht anders kann. Gehör *so* Dir, ausschließlich, definitiv u. für immer u. paß mir, wenn Du wegfährst auf die Tasche auf. Kindi, hab mich lieb – so ver-wunderlich, daß Du es tust.

1 Arthur Liebert (1878–1946), deutscher Philosoph. Von 1910 bis 1933 war er Geschäftsführer der Kant-Gesellschaft. Liebert war Neu-kantianer. Broch schrieb damals den erst zwei Jahre später in der *Prager Presse* erschienenen Rezensionsaufsatz »Die erkenntnistheoreti-sche Bedeutung des Begriffes ›Revolution‹ und die Wiederbelebung der Hegelschen Dialektik. Zu den Büchern Arthur Lieberts« (vgl. KW 10/1, 257–263). Es handelte sich um die beiden Werke *Vom Geist der Revo-lutionen* (Berlin: Collignon, 1919) und *Wie ist kritische Philosophie überhaupt möglich?* (Leipzig: Meiner, 1919). Vgl. auch KA 150.
2 Karl Renner (1870–1950), einer der Führer der österreichischen So-zialdemokratie; Vertreter des Austromarxismus. Nach dem Zusam-menbruch der Donaumonarchie war Renner vom Oktober 1918 bis zum Juni 1920 österreichischer Staatskanzler; von 1919 bis 1920 zu-gleich Staatssekretär des Äußeren. (Renner wurde 1930 Ehrenbürger von Teesdorf.) Von 1945 bis zu seinem Tod war Renner österreichischer Bundespräsident.
3 Ea von Allesch hatte Broch ein Backhuhn mit Klößchen zubereitet.

4 Währing heißt der Achtzehnte Bezirk Wiens. Broch hatte dort geschäftlich zu tun.

5 Ea von Alleschs Klavierlehrerin, bei der sie jede Woche Klavierstunden nahm, hieß Marianne Wolf. Sie war zwei Jahre jünger als Ea von Allesch, war Lehrerin am Neuen Wiener Konservatorium und wohnte in der Penzinger Str. 48 im Dreizehnten Bezirk. Wahrscheinlich spielt Broch hier scherzhaft an auf das Märchen vom Rotkäppchen.

6 Nicht ermittelt.

7 Marktflecken in Niederösterreich; mit Station an der Südbahnlinie zwischen Mödling und Baden. Ea von Allesch hatte Broch auf der Fahrt von Wien nach Teesdorf bis nach Guntramsdorf begleitet, wo Broch sich von ihr verabschiedete.

3. 9. 20 Neustadt. Habe mir Tagebuchpapier mitgenommen
u. sitze – nach der Verhandlung[1] – auf die Wiener Nummer
wartend im Gerichtssaal. Sehr arg wäre es, wenn ich Dich
nicht erreichen würde. Hab schon daran gedacht jetzt nach
Wien u. abends nach Edlach zu fahren; es ist so stumm,
Kindi. Heute war hier der Neunkirchner[2] Fall, er war ganz
interessant – endigte schließlich in einem Vergleich, was mir
sehr angenehm ist, weil ich sonst maßlos von den Kommu-
nisten angegriffen worden wäre. –

Jetzt habe ich mit Dir gesprochen, Süßes, d. h. eigentlich
nicht, weil so viel Leute dort waren. Zu sagen habe ich zwar
so auch nichts – nur, daß es keinen Augenblick gibt, der
nicht irgendwie Dir gehört. Wenn Du Dich erinnerst, was ich
vom Stil zu sagen habe u. dessen Zusammenhang mit dem
Wahrheitskriterium: es dürfte beiläufig dasselbe Phänomen
sein. Du bist irgendwie mein Lebensstil u. Wahrheitskriterium. – Heute Früh glaube ich die endgültige Formel für den
Begriff u. [die] Aufgabe der »Philosophien der Empirien«[3]
gefunden zu haben. Ob sie sich bewähren wird ist noch die
Frage. Kindi, Geliebtes, lang ist bis Dienstag, es wird kaum
durchzuhalten sein. Schreib mir, Süßes, trag Dich ein bißchen zu mir. Möchte irgend ein Stückerl von Dir wenigstens
mit mir haben.

1 Es handelt sich um eine der Schlichtungsverhandlungen des Einigungsamtes am Gewerbegericht in Wiener Neustadt.
2 Neunkirchen/Niederösterreich, an der Schwarza gelegen, etwa 25
Kilometer in südwestlicher Richtung von Wiener Neustadt entfernt. In
Neunkirchen gab es zwei Baumwollspinnereien. Wahrscheinlich hatte
der Fall mit einer dieser Spinnereien zu tun, weswegen Broch als Fach-
mann und Schlichter berufen worden war.
3 Vgl. das Kapitel »Philosophie und Empirie« in Brochs Studie »Theorie der Geschichtsschreibung und der Geschichtsphilosophie«, KW
10/2, 111 ff.

4. 9. 20. Ich schreibe nur Tagebuch jetzt, weil ich eine aber-
gläubische Furcht habe, die Kontinuität, die immer u. immer
weiter laufen soll, abreißen zu lassen. In Wirklichkeit geht
mich der Tagebuchinhalt augenblicklich gar nichts an u. ich
habe nur Unruhe u. Sorge. Es ist 12 h Nacht. Von Neustadt
aus u. dann von hier zweimal habe ich vergeblich angerufen.
Es geht Dir also besonders nicht gut oder es ist etwas passiert. Es gibt so viele Katastrophenmöglichkeiten, wenn man
sich sie ausmalen muß. Augenscheinlich war eben die Sorge
oder richtiger unruhige Niedergeschlagenheit, die das Um-
u. Auf der 24 Stunden in Edlach ausmachte, eben doch be-
rechtigt.[1] Irgendwie spür ich Dich ja doch immer, unausgesetzt u. auch richtig; das zeigt auch Dein heutiges Brieferl,
das mit den Dingen, die ich Dir gestern geschrieben habe
wieder merkwürdig übereinstimmt. Vielleicht such ich das
nur, weil ich alles suche, was für eine objektive Berechtigung eines mich-lieb-haben-könnens von Dir aus sprechen
könnte. Bin auch so froh, daß Du von der Arbeit was hältst
u. könnte überhaupt froh über Dein Brieferl sein. Du weißt
nicht, wie viel Du mir gibst, ich dagegen nicht, wie ich Dir
danken soll für Dein Dasein, Geliebtes u. für-mich-auf-
der-Welt-sein. Wärst Du nicht, u. das wird bei Katastro-
phengedanken erst recht deutlich, so würde ein schwarzes
Vakuum sein. Kindi, bleib mir, bitte, erhalten. Allerdings
muß es jetzt endlich anders werden, die Wohnungssache u.
das Alles, und wir müssen, schon aus meinen egoistischen
Gründen zur Ruhe kommen. Es geht schon im Interesse der
Arbeit nicht, daß ich, wie heute, einen ganzen Vormittag
auf einem Postamt herumstehe, daß ich tagelang unauf-
hörlich in Angst u. Spannung um Dein geliebtes Dasein –
ob Du überhaupt noch auf der Welt, geschweige für mich
da bist – herumlaufe. Kindi, Du bist die Heimat – hab mich
über die Siegelmarke[2] so gefreut –, hab solches Heimweh u.
will nach Haus. Ich gehe Hause, heißt es im Buch Rei-

manns.[3] Geliebtes, Gutes, Einziges, möchte wissen, was Du jetzt machst.

Expreß-Nachricht: Freitag, 4. 9. 1920[?]

Liebstes, ich bitte Dich werde nicht krank. Muß schon einsteigen. Denk gut; bin froh daß ich Sonntag nach Wien muß.

1 Broch hatte seine Frau Franziska in Edlach besucht. Vgl. Anmerkung 5 zur 15. Eintragung.
2 Brochs Sohn, H. F. Broch de Rothermann, besaß diese Siegelmarke, eine Arbeit aus der Mitte des 19. Jahrhunderts, aus dem Nachlaß Hermann Brochs. Sie besteht aus einem dreiseitigen Bergkristall, der in einem einfachen Silberdrahtring drehbar angebracht ist: eine Seite ist leer, die andere zeigt ein Adelswappen, das vollfeldig eine schablonenhaft dargestellte Traube und als Wappentier einen gansartigen Vogel mit einem Kranz im Schnabel aufweist; die dritte Seite zeigt ein großes »B« in Frakturschrift, das Ea von Allesch vermutlich nachträglich anbringen ließ, bevor sie die Siegelmarke Broch schenkte.
3 Hans Reimann (1889–1969), deutscher Schriftsteller. Broch bezieht sich wahrscheinlich auf *Tyll. Roman eines Lausbuben* (Leipzig: Kurt Wolff, 1918). Falls er sich auf dieses Buch bezieht, zitiert er aus dem Gedächtnis falsch, denn das Zitat ist dort nicht nachzuweisen.

8. 8. 20 [statt richtig: 8. 9. 20] eigentlich schon sehr der 9.,
denn es ist schon sehr spät. Bin eigentlich nicht in der Lage
Tagebuch zu schreiben – seit gestern lese ich unausgesetzt
Kantiana u. ähnliches. Aus jeder Zeile springt geradezu
meine sogenannte Philosophie heraus u. wenn sie noch nicht
geschrieben ist, so ist das ein Wunder, das morgen nicht
mehr wahr ist. *Ich bin überzeugt zu spät zu kommen*, umsomehr als ich noch eine Menge zuzulernen habe. Was dann
geschehen soll, weiß ich allerdings nicht – wirklich nur erschießen. Ich bin so sehr in diesen Dingen, daß es eine
Anstrengung ist, mich an gestern zu erinnern. Ich weiß nur,
daß ich

Sonntag nach Wien bin u. Du Kopfweh hattest, die Wolf
weggeschickt hast, u. [Du] da warst,

Montag Vormittag bei Dir, warst wieder krank im Betti,
nachmittags Sitzung. Abends nach T.; Kritik Liebert geschrieben.[1]

Dienstag ein Briefi von Dir Früh, eines abends, tagsüber
Fabrik, Bülow, hab mich elend gefühlt, [am] Abend gelesen.

Mittwoch Früh *zwei* Brieferln, tagsüber Fabrik, den ganzen Abend, wie gesagt gelesen.

Kindi, so dankbar bin ich Dir für die Briefe; so viel Süßes
gibst Du mir u. so einen großen Unsinn schreibst Du – nicht
in Deinem Sinn, sondern Du weißt schon. Du schenkst mir
so viel mit Deinem Dasein, mit Deinem (ich scheue es mich
niederzuschreiben) mit Deinem lieb-haben; schon deswegen
muß ich Dir gehören.

Außerdem muß ich Dir für die Marken danken.[2] So süß ist
es, wie Du an alles denkst; wirklich. – Richtig: mein Sohn
macht morgen einen Ausflug, fährt also erst Freitag oder
Samstag nach Wien. Wegen der Arbeit ist es mir fast lieber –
außerdem habe ich wirklich ein Geschäft entriert[3] – aber es
ist [mir] bang, Süßes, nach Dir, Geliebtestes.

1 Vgl. Anmerkung 1 zur 18. Eintragung.
2 Für Brochs Sohn, der damals Briefmarken sammelte.
3 Entrieren: veraltet für »einleiten«, »beginnen«.

11.9.20. Bin so voll von Dir, Meinstes (nicht in possessiver Anmaßung sondern im reziproken Sinn), daß ich mich an nichts erinnere – weder Tagebuch, noch Arbeit. Bin so froh, Kindi, trotzdem das Wegfahren sehr, *sehr* arg war; herzbrechend. Aber es war so süß, was Du über »glücklich« gesagt hast – hab Dich dafür so lieb, Süßes (extra neben dem sozusagen Stamm-Lieb-haben). Möchte Dir nur u. viel Gutes tun, was aber wie alles Positive niemals als Ziel gesetzt werden kann; hingegen negativ weiß ich, daß ich Dir niemals etwas Böses tun werde. Irgendwie sind die Sachen nur mehr pathetisch frequentierbar. Es ist wie mit dem lieb-haben nicht mehr auszudrücken, selbst handelnd nicht: es gibt eigentlich auch keine positive Handlung, wenn sie etwas »ausdrücken« soll, sondern nur Negativa. Deswegen ist auch »Treue« irgendwie absolutes empirisches Korrelat zu »Liebe«; ist rational kontrollierbar. Meine Komplex-Schmerzen[1] sind vielleicht auch auf meinen absolutierenden u. gleichzeitig rationalisierenden Hang (der nicht wegzuleugnen ist) zurückzuführen (abgesehen von den Nebenkomponenten) – es ist irgendwo zu viel, wirklich zu viel für mich, bin vielleicht auch wirklich zu schwach dazu, daß ich den Begriff des lieb-habens *vorbehaltlos* u. eben absolut angenommen habe. D. h. schließlich annehmen mußte. Kindi, ich möchte »ach« sagen u. vor allem schon mit Dir weg sein. Ein bißchen Angst hab ich, daß ich vor lauter Dich-lieb-haben u. damit-beschäftigt-sein nicht mehr zur Arbeit komme. Andererseits weiß ich, daß mir alles Arbeiten sinnlos wäre, wenn nicht Dein süßes, geliebtes Dasein damit doch zusammengespannt wäre. Gute Nacht, Einziges, Gutes.

12.9.20 Schick das jetzt nach Baden. Hab Dich heute noch mehr mehr lieb.

TEESDORF. Lieblingchen, Süßestes, in großer Eile – Tagebuch Abends. Gehöre Dir, Einziges, bin davon ein bißchen auf den Kopf geschlagen. Freu mich auf Dein Brieferl morgen. Liebes, – lebe nicht hier, sondern bei Dir. Lieb hab ich Dich, Kindi.

1 Zu Brochs »Komplex« vgl. das »Nachwort«.

12. 9. 20. Nachts. Ein verlorener Sonntag. Seit gestern Abend Frau F. hier, Erika[1], heute Mittag mein Vater. Vormittag Direktor Mann aus Tattendorf wegen des neuen Projektes. Nachmittags geschlafen u. dann, weil ich nicht arbeiten konnte, Bücher geordnet u. auch gelesen. Über die sogenannte Wissenschaft des Sozialismus geärgert: »die Revolution wird, das Proletariat hat, u.s.f.«; diese Sentenzen zitiert einer vom anderen u. je öfter sie zitiert werden, desto mehr bekommen sie die Gestalt dogmatischer *Beweise.*[2] Allerdings ist alles, was dagegen gesagt wird – Treitschke[3] – ebenso idiotisch. Abends Natorp gelesen u. exzerpiert, bin aber nicht aufnahmsfähig, irgendwie von dem Wirbel oder vom Magen auf den Kopf geschlagen. Im übrigen ist die auf-den-Kopf-Geschlagenheit überhaupt die eigentlich wesentliche Situation des Menschen – selbst in der Philosophie u. sogar in der Mathematik. Bin übrigens wegen der Arbeit wieder im Wellental. – Richtig, bei Bülow u. den Bauern war ich auch noch mittags. Das sind gewissenhaft die Eindrücke. Zu allem kommt kontinuierlich die Stummheit von Dir. Es ist so nicht mehr auszuhalten, wenn es auch auszuhalten ist. Aber es ist so überflüssig, sich so viel antun zu lassen u. mithin sich anzutun.

Anstatt weiterzuschreiben hab ich jetzt Pfeifen geputzt.[4] Das gehört ins Tagebuch weil es eine schöne Beschäftigung ist. Es ist mir eigentlich nicht Recht, daß ich Dich zur Arbeit brauche (obwohl es andererseits mir sehr Recht ist) u. vielleicht hoffentlich brauch ich Dich nicht dazu. Aber jedenfalls ist in mir durch Dich vieles so viel klarer u. reiner geworden, daß Du schließlich damit doch auch in der Arbeit steckst. Süßes, Geliebtes, schlaf gut, bin so bei Dir u. seh Dich, obwohl Du es nicht magst, schau ich Dich an u. hab Dich lieb. – Jetzt hab ich die Uhr zurückgestellt, morgen kannst Du Dich ausschlafen.

Montag Kindi, war gestern sehr verstimmt, was selten

vorkommt, möchte daher das gar nicht wegschicken. Kein Briefi übrigens heute, habe sehr damit gerechnet. Geliebtes, Gutes, hab mich doch lieb, Einzigstes.

Expreß-Nachricht: Sonntag, 12.9.1920[?]

Liebes, damit Du morgen an mich denkst, schick ich dies mit gewöhnlicher Post. Den Pneumatischen[5] hast Du doch schon? Hast Du mich lieb Kindi, brauch es *so sehr.*

1 Erika Postl (1905–1971), Tochter von Erich Postl und Irene Postl, geb. von Rothermann. (Irene Postl war die älteste Schwester Franziska von Rothermanns, also Brochs Schwägerin.) Erika Postl bewunderte Broch und blieb mit ihm bis zu dessen Emigration in freundschaftlicher Verbindung.

2 Möglich ist, daß Broch sich hier auf ein Buch des Austromarxisten Max Adler bezog: *Marxistische Probleme* (Stuttgart: Dietz, 1913). Der Band befand sich in seiner Wiener Bibliothek (vgl. KA 5), und er zitierte ihn in seiner Rezension »Marx als Denker, Engels als Denker«, die 1922 in den *Kantstudien* erschien (vgl. KW 10/1, 264–267).

3 Heinrich von Treitschke (1834–1896), deutscher Historiker. Broch bezog sich auf Treitschkes polemische Schrift *Der Sozialismus und seine Gönner* (Berlin: Reimer, 1875), ein Band, der sich in Brochs Bibliothek befand (vgl. KA 257).

4 Broch war Pfeifenraucher.

5 Wahrscheinlich ist ein Buch über die Gnosis gemeint. Der Pneumatiker ist in der Gnosis Angehöriger der höchsten, allein zur wahren Gotteserkenntnis fähigen Menschengruppe.

14.9.20 Gestern Abend noch ist Dein Brieferl dagewesen, sagt so viel Süßes, oder behauptet es wenigstens. Man kann niemals behaupten, sich zu gehören – das ist ja eben der Komplex –, selbst ich darf es nicht von mir sagen. Ich hab nur eine unsagbare Sehnsucht, mich Dir zu schenken, wenn das auch kein Geschenk ist, ganz u. gar von Dir genommen u. beschlagnahmt, m.e.W. eingeschlossen zu sein. Bin übrigens, soweit man solches von sich aussagen kann, sehr deprimiert. Von Arbeit keine Rede – ich sehe in nichts mehr klar; irgendwie verstehe ich, daß man theosophisch[1] zu denken beginnen könnte, wenn man sich nicht erschießen will. Vielleicht dies alles nur, hoffentlich, weil ich Schnupfen habe; fürchte fast morgen nicht fahren zu können. Kindchen, Geliebtes, einzig Sinnvolles, mir ist so außerordentlich bang.

Jetzt mit Dir gesprochen, Süßes; sollte ich morgen nicht fahren können so telephoniere oder telegraphiere ich jedenfalls; aber es wird schon gehen. Liebeslein, hab mich lieb.

Expreß-Nachricht: Freitag, 17.9.1920[?]

6 h Liebling; bin auf dem Weg zu Dir u. sag Dir guten Morgen, da ja der Zettel hoffentlich bei Dir ist. Hab Dich lieb, Kindi, so furchtbar lieb.

---

1 Theosophie ist der Versuch, die Welt in pantheistischem Sinne als Entwicklung Gottes zu erkennen und in mystischer Schau zu erfassen. Theosophisch gefärbt sind die Lehren der Neupythagoräer, der hermetischen Literatur, der Gnosis und z. T. der Kabbala. Rudolf Steiner war 1902 Leiter der deutschen Sektion der Theosophischen Gesellschaft, geriet mit ihr jedoch in Konflikt und gründete 1913 die Anthroposophische Gesellschaft. Brochs Wiener Bibliothek enthielt ein Buch Steiners: *Die Philosophie der Freiheit. Grundzüge einer modernen Weltanschauung* (Dornach: Philosophisch-anthroposophischer Verlag, 1921). Vgl. KA 248.

18.9.20 Gestern Abend bin ich beim Schreibtisch einge-
schlafen, konnte also nicht mehr schreiben. Jetzt muß ich
mit 2 Leuten nach Tattendorf. Kindi, bin aber so bedrückt,
daß Du schlechte Stimmungen hast – möchte so sehr zu Dir.
Bin gestern eigentlich froh weggefahren, hab Dich so gespürt, warst so da. Am liebsten möchte ich mich dann nicht
mehr umziehen, nicht Wäsche wechseln, womöglich nicht
waschen, um kein Atom von dir Mitgetragenes zu zerstören.
Augenscheinlich war ich zu froh – außerdem ist Dein Brieferl
nicht gekommen.

Viele Sorgen, viele Unruhe gibt es hier – ich denke unausgesetzt ans Wegfahren.

Süßes, wirst mich noch liebhaben, 14 Tage nur. Möchte
Dich streicheln, spür Dein rundes, süßes Schäderl u. überhaupt.

18.9.20 ¹/₂5 h, jetzt sind erst die 2 Leute weg. Kindi, mir
ist so bang nach Dir, namenlos, weiß nicht wie viel, ein Reh
in der Wüste bei Nacht u. Gewitter oder so ähnlich. Fürcht
mich so, seit Du von schlechten Stimmungen gesprochen
hast, die Dich naturgemäß in Dich schließen, weg-nehmen.
Fahre jetzt mit dem Rad nach Tattendorf – vielleicht finde
ich auch dort Deinen gestrigen Brief, wenn ich auch ein bißchen Angst vor ihm habe. Kindi, hab mich noch lieb; ich
hätte sonst hier und überhaupt nichts Sinnvolles zu tun –
möchte schon weg sein. Anbei Abbazia-Brief[1]; es ist angenehm, daß es überhaupt sowas noch gibt – selbst wenn man
nicht hinfährt. Höchste Zeit, Lieblingchen, Einziges; lang ist
es bis Dienstag, länger als sonst.

---

1 Abbazia ist der italienische Name für Opatija, Seebad und Kurort bei
Rijeka (Fiume) in Kroatien. Während seiner Kindheit und Jugend hatte
Broch dort mit seiner Familie mehrmals die Sommerferien verbracht.
Broch holte Informationen über Abbazia und andere Ferienorte ein,
weil er einen – nicht zustande gekommenen – Urlaub mit Ea von Al-
lesch plante.

19.9.20. 12h Nacht. Gestern Abend in Tattendorf Deinen
Brief – kein Brieferl – behoben u. sehr bedrückt nach Hause.
Bis 9 h Fabrik, dann gelesen, früh zu Bett, da ich schrecklich
müde war u. mich recht miserabel fühlte. Heute Früh als
Überraschung ein richtiges u. süßes Briefi. Kindi, Gutes, Du
darfst nicht mehr Böses von mir denken; Du hast einmal
oder mehrmal gesagt – verzeih daß ich dran erinnere –, daß
ich ein »reines« Gesicht habe. Ob es wahr ist, weiß ich nicht,
aber jedenfalls war es mir recht u. ich hab mich daraufhin
sozusagen erforscht u. gefunden, daß ich, wenn schon kein
reines Gesicht, so doch immerhin eine reine Seele besitze. Du
mußt irgendwie Vertrauen zu mir haben, daß ich Dir einfach
nichts Böses antun *kann* u. daß mithin, das, was ich mache
auch niemals was Böses *ist*, nicht nur subjektiv, auch objektiv. Ich kann gar nicht anders, als in jedem Augenblick zu
Dir zu halten. Dies verzeihend von sich selber auszusagen, ist
zwar anfechtbar – trotzdem ist darin ein richtiger Kern; es
kann schlechterdings nichts gegen Dich gerichtet sein, weil
ich Dir so gehöre. Und auch das ist, oft genug wiederholt,
kein Pathos, vielmehr eine neue Feststellung u. Entdeckung:
ich gehöre Dir, weil ich mich Dir verdanke. Wenn ich überhaupt was von Reinheit u. Klarheit reden kann, soweit ein
Individuum überhaupt dazu reden darf, so dank ich es Dir u.
Deinem für mich Vorhanden-sein. So süß ist es, Kindi, daß
Du da bist – bist Du es jetzt, unberufen? – bis zu 100 muß
man dazuschreiben u. so stupid ist es, dieses von Dir Wegge-
rissensein. Ich ärgere mich maßlos über die Tattendorfer
Geschichte[1], da ja das letzte Projekt mir wirklich alle Selb-
ständigkeit (finanzielle) verschafft hätte. Vielleicht ist es
noch zu retten, aber ich habe wenig Hoffnung. So werde ich
wohl ewig in der Fabrik sitzen. Was ich heute Vormittag
gleichfalls getan habe. Nachmittags geschlafen, dann die
entsetzlich langweilige Liebert-Kritik[2] endlich fertiggestellt.
Vorbereitungen für morgen, fahre erst Nachmittag nach

Traiskirchen, weil ich Dich anrufen will. Wenn Du nicht zu erreichen bist, fahre ich von T. direkt nach Wien. Schlafst Du jetzt, Geliebtes?

20.9.20 Mittag, Vormittag mit Dir gesprochen, ansonsten diktiert. Hab Kopfweh u. Dich lieb. Fahre jetzt weg – Kindi, ganz bang ist es.

1 Vgl. Anmerkung 9 in der 1. Eintragung.
2 Vgl. Anmerkung 1 zur 18. Eintragung.

22. 9. 20 Namenstag[1] u. Mittwoch. 11 h. Bin so müd, Kindi, daß ich kaum mehr schreiben kann – trotzdem ist es letzte Zeit für einen Namenstagbrief. Auf der Bahn habe ich folgendes Carmen gemacht:

Namenstag (als Überschrift)

Des Namenstages Heiligkeit
Weist Ewiges der Wesenheit:
Ein Ding, des Wesen man erkannt,
Wird äußerst starr u. unverwandt
Mit mir und selbst im Gegenteil
Wird's nur des Wortes anderer Teil;
Trägt sich in sich und bleibet drüben
Und wird mich heut u. stets betrüben –
Wie kann mein namenloses Lieben
Den losen Namen in Dir lieben?
Drum laß Dich namenlos erkennen;
Ich kann u. will bloß Du Dich nennen. –[2]

Schön ist es nicht, aber es reimt sich, ist sinnvoll u. schwer verständlich: lauter Dinge, die der echten Philosophie entsprechen. Eigentlich möchte ich Dir ganz andere Sachen sagen, etwas woran Du merkst, wie ich Dich mit mir herumtrage, wirklich als mein Kindi, u. *wie* zärtlich ich mit Dir sein möchte. Aber das geht nicht. Kindchen, Süßes, schlaf gut.

---

1 Ea von Allesch, deren Vorname eigentlich Emma Elisabeth lautete, feierte ihren Namenstag am 22. September. Nach dem katholischen Kirchenkalender wird an diesem Tag der Heilige Emmeran verehrt.
2 Vgl. KW 8, S. 118.

23.9.20 Mittag, eben mit Dir gesprochen, Geliebtes. Bin erschreckt, daß Du – wie ich es prophezeit habe – mir jetzt auch mit dem Magen anfängst. Kindi halte u. schon Dich, damit Du Dein Katzenkrampuszungi[1] wieder bekommst. Zweig[2] rekommandierte mir gestern ein diätetisches Sanatorium in Meran, anbei die Animierbilder – aber damit wäre auch für Dich was getan.[3] Fürchte nur die Sanatoriumsgebundenheit. Jetzt rufe ich Coumont[4] an; sollte er Samstag Vormittag keine Zeit haben, so komme ich wahrscheinlich *doch* in der Früh. Sollte ich aber nicht bis $^1/_2$10 h bei Dir sein, so fahre ich mittags u. bin um 2 h dort; d. h. bei Dir, Geliebtes, u. geh dann überhaupt nicht in die Stadt. Ich hoffe aber, daß ich mit Coumont jetzt bald fertig werde. Ärgere mich *schrecklich* über die Sache.

Kindi, ich wollte es wäre schon übermorgen, halte es nicht aus, diese Bangigkeit. Freue mich auf das Briefi.

Jetzt schreibe ich an meinen Sohn, lehrreich.[5] Elzholz[6] ist da u. eine Menge zu tun. Ganz lieb hab ich Dich, – aber das ist alles viel zu wenig; es ist einfach nicht zum Ausdrücken. Irgendwie geht mir wahrscheinlich die Natürlichkeit dazu ab. Aber trotzdem möchte ich, daß Du's weißt, daß ich ganz Dir gehör.

23.9.20 Abend. Soeben kam Dein Brieferl. Das ist das ganze Tagebuch. Telephonieren u. auf Deine Briefe warten. Lebe so bei Dir, daß ich [in] einem fort denke, es geht nimmer höher u. wenn dann ein Brieferl kommt, ist es trotzdem ein neuer Sturzbach. Liebes, Süßes, bin so froh, Dich übermorgen zu sehen: aber: Dr. C.[7] hat Vormittag keine Zeit. Folglich werde ich voraussichtlich erst Mittag fahren, um den Arbeitsabend zu bewahren. Sollte ich *trotzdem*, was *nicht* anzunehmen ist, in der Früh kommen, so bin ich um $^1/_2$10 h bei Dir. Bitte aber nicht eigens warten. Eventuell fahre ich über Traiskirchen.

Womöglich schicke ich den Brief –, der keiner ist, morgen

durch meinen Bruder. Sollte er ihn Dir persönlich geben, so sag ihm bitte, wie es Dir geht, etc. – vermutlich rufe ich ja Vormittag, wenn es halbwegs geht, trotz aller Hemmungen doch an – wenn aber nicht, so kann ich wenigstens durch ihn von Deinem Dasein erfahren u., wenn nötig, hineinfahren. Bin in fortwährender Angst um Dich, so u. so. Hab Angst vor dem Winter – am liebsten ließ ich Dich in Meran. Kindchen, Du mußt mir erhalten bleiben, ich bin sonst herrenloses Gut u. muß aufs Fundamt. Hätte nie geglaubt, daß die Regenschirme dort unglücklich sein können, aber nach mir zu schließen, müßten sie es sein. Allerdings dürfte dies *mehr* sein, als nur Dir-gehören. Es ist ein »aktives« Dir-gehören, ein »besessen-sein-wollen«. Und das ist es ja.

Expreß-Nachricht: Samstag, 25.9.1920[?]

2 h eben angekommen. Hatte eine Ahnung, daß ich Dich gerade verpassen werde – bin sehr entsetzt über Deine Plage u. Aufregung. Kindi, *so wie Du kannst* (u. noch willst) fahren wir weg. Und wenn Du Dich umbringst, tu ich es auch. *Damit* würdest Du mir also gar nicht helfen, sondern nur einen unseligen Tod verschaffen. Im Gegenteil, Dein Dasein u. Deine *geliebten* Briefe sind die einzigen Ausgangspunkte für die u. jede Hilfe. Du bist so viel gescheiter als ich. – Lieblingchen, ich fahre selbstverständlich nicht weg u. mache den Abend *jedenfalls* frei. Werde wahrscheinlich um 6 h herschauen – wenn Du nicht da bist, dann bestimmt um $^1\!/_2 9$ h. Werde ich Dir morgen nicht irgendwie etwas, einen Weg etc. abnehmen können? Süßes, gehöre Dir.

1 Krampus ist der in Bayern und Österreich übliche Ausdruck für den Knecht Ruprecht (»Kramperln«: österr. für Krallen, Klauen). Katzenkrampuszungi spielt auch an auf die Katzenzungen aus Schokolade. Am Nikolaustag, 6. Dezember, spielte Broch in der Traiskirchener Lehranstalt, die sein Sohn besuchte, mehrfach den Kinderheiligen. Ea von Alesch schrieb zwei Jahre später als Modejournalistin der *Prager*

Presse eine satirische Nikolausgeschichte mit dem Titel »Krampusinade. Eine dämonische Geschichte mit dämonischen Kleidern«. (3. Dezember 1922, Beilage »Dichtung und Welt«, S. IV)

2 Vgl. Anmerkung 4 zur 17. Eintragung.

3 Wie Broch litt auch Ea von Allesch an Magenbeschwerden, und so erhoffte man sich Besserung von einer Kur. Auch der Plan des Aufenthalts im südtirolischen Meran, das damals bereits seit einem Jahr zu Italien gehörte, wurde nicht verwirklicht.

4 Eduard Coumont, ein aus Brünn stammender Wiener Rechtsanwalt, dessen Kanzlei sich im Ersten Bezirk in der Nähe der Oper, Walfischgasse 4, befand. Wahrscheinlich wollte Broch ihn in der Kauf-Angelegenheit der Spinnfabrik des Nikolaus Dumba konsultieren. Vgl. auch den Brief vom 27. 9. 20 unter der 29. Eintragung.

5 Broch schrieb an seinen Sohn Hermann Friedrich ins Traiskirchener Internat. (Vgl. Anmerkung 4 zur 4. Eintragung.) Sein Sohn fühlte sich in dieser Erziehungsanstalt nicht wohl und hatte Probleme mit den autoritären Lehrern. Die Kost war schlecht, und die körperliche Erziehung erinnerte noch an die Zeiten, als die Schule eine Kadettenanstalt war. Zum Klassenlehrer Karl Löffler, der Naturgeschichte unterrichtete, hatte Brochs Sohn ein gespanntes Verhältnis. Broch selbst war in der Traiskirchener Anstalt bzw. bei ihrem Direktor, Hofrat Adolf Watzke, beliebt, denn er belieferte die Schule, der es im Winter an Heizmaterial mangelte, kostenlos mit Kohlen. Broch wurde 1922 Elternanwalt der dritten Klasse, der sein Sohn angehörte, und er übernahm gleichzeitig das Ehrenamt eines Kassierstellvertreters im Elternausschuß. Hermann Friedrich Broch verließ im vierten Schuljahr im Herbst 1923 die Traiskirchener Bundeserziehungsanstalt. Das vierte Mittelschuljahr schloß er im Internat Le Rosay im schweizerischen Gstaad (Kanton Bern) ab, und danach besuchte er ab 1924 das Collège de Normandie in Clères bei Rouen in Frankreich. Broch hatte diese Schule ausgesucht, weil er wollte, daß sein Sohn zweisprachig aufwuchs.

6 Gemeint ist wahrscheinlich Siegmund Elzholz, ein Wiener Jurist und Mitherausgeber der Zeitschrift *Der Gewerberichter*. Mit ihm wird Broch Fälle besprochen haben, die beim Einigungsamt des Gewerbegerichts in Wiener Neustadt zur Verhandlung standen. Elzholz wohnte in der Ramperstorffergasse 19 im Fünften Bezirk.

7 Vgl. Anmerkung 4.

26.9.20 Sonntag 12 h Nacht. Kindi, Du hast mir gestern
was angetan. Ich komme aus der Aufregung nicht heraus.
Auf der einen Seite die Tattendorfer Sache, auf der anderen
Seite jetzt der D.[1] Abgesehen von allen übrigen Aufregungs-
quellen. Das Aufregendste: *daß* das überhaupt als irgendwie
stabilisierter Gedanke zur Diskussion sich aufstellte; es ist so
absolut fernab u. unexistent nur seiner Möglichkeit nach gelegen gewesen. Und dann, daß es wieder – wenn auch in
anderer u. abgeschwächter Gestalt – aber dennoch wieder
dem Typus nach, den der »Vernunft-Dummheit« darstellen
würde. Von allen übrigen Konsequenzen – kein zu-Dir-kom-
men-können, kein Nachtmahl – ganz zu schweigen. Liebling, Süßes, bin so »eingesponnen« mit Dir, in Dir, daß ich es
kaum mehr aushalten könnte, wenn das Gespinst aufgeris-
sen werden würde. Ich halte ja selbst den jetzigen Zustand –
soweit es eben Wegfahren (ich meine nach Teesdorf), Komplex, kurzum alles jenes darstellt, was mit dem Eingespon-
nensein nicht adäquat ist – kaum mehr aus. Kindi, so sehr u.
so ausschließlich ist mein ganzes sogenanntes Leben auf
Dein süßes Dasein eingestellt, daß dieses Nicht-mehr-aus-
halten sich eben – was ich nie gedacht hätte – in der
Arbeitsfähigkeit manifestiert. Irgendwie hast Du schon
Recht mit dem »Eingespannt-sein«. Es ist vielleicht dies auch
die »Klarheit«, die ich ja schließlich doch von Dir bekommen habe. *Aber*: wie ich schon gestern in der ersten Bestür-
zung geschrieben habe[2], handelt es sich hier um das große
Wort der Verantwortung. Und da kann u. muß ich, Gott sei
Dank, sagen, daß ich nicht die Verantwortung übernehmen
würde, meine Tochter an den D.[3], Gott behüt, zu verheira-
ten. Nicht einmal nur nominell; es stimmt hier zu Vieles
nicht. Trotzdem wird mir kalt, wenn ich nur an die Möglichkeit denke, daß sich – selbst nur eine äußerliche – Hemmung
noch zwischen Dir und mir (irgendwie ist das paritätische
»zwischen« anmaßend) einstellen könnte. So ernsthaft habe

ich Dich lieb, Geliebtes, so unabsehbar u. so *entsetzlich* bang ist mir nach Deinem geliebten Dasein. So daß es mir infolge der vielen Aufregungen – ich muß wirklich viel weinen – heute miserabel geht; dies nicht um Dich durch Mitleid von den Heiratsplänen (ich kann das Wort gar nicht niederschreiben) abzubringen, sondern aus tagebücherlicher Gewissenhaftigkeit u. schließlich doch zu zeigen, wie nah es mir geht. Möchte Dir so gern zeigen u. beweisen können, wie ich Dir gehöre, u. immerhin sind die heutigen Krämpfe ein Beweis.

Kindchen, hast Du mich noch lieb? sehne mich so unsagbar sehr nach Dir.

27. 9. 20 Ich werde jetzt wieder pünktlich Tagebuch eintragen. Hab mit Dir gesprochen eben, d. h. nicht gesprochen, sondern nur gehört, daß es Dir schlecht geht. Bin schon deswegen froh, daß wir wegfahren, denn es ist die allerhöchste Zeit, daß Du für Dich, d. h. für Dein süßes, lebendiges Körperle (man kann solche Worte wirklich nicht niederschreiben) was tust. Heute habe ich noch an ein Abbazianer Sanatorium[4] geschrieben – so wie die Sachen liegen, könnte ich nächste Woche fahrbereit sein. Dran glauben kann ich noch immer nicht. Gestern endlich wieder die Arbeit angeschaut – ich hoffe, daß ich die Geschichte in Abbazia oder Meran doch vorwärts bringen werde, wenn diese Fabrik nicht neben mir stehen wird. Und die Frau F., die jetzt völlig unerträglich wird. Samstag Abend mußte ich mich in einen anderen Waggon flüchten, so unmöglich hat sie sich benommen. Gestern sagte sie übrigens meiner Mutter, *warum* sie diese Ehe nicht aufgeben will, nämlich *ihrer* Familie halber – ich hätte mir das längst denken können. Grauslich ist das alles; außerdem war gestern Nachmittag 3 St. lang der Direktor Mann aus Tattendorf hier, mein Vater u.s.f. Kindi, Geliebte, möchte zu Dir flüchten u. werde es ja schließlich tun; Du bist mir so einzig, so viel u. einfach Alles.

4 h Nachmittag, mittags nochmals mit Dir gesprochen. Bin noch unschlüssig, ob ich morgen oder übermorgen fahre. Es

ist so süß »morgen« sagen zu können. Und außerdem ist es süß, daß ich diesmal so viel zu tun habe – mindestens 2 Tage. Wahrscheinlich fahre ich dann erst am 3ten Tag über Trais-kirchen zurück. Bei Schmutzer habe ich uns für Donnerstag angesagt[5], vorsichtshalber, wenn es voraussichtlich auch bei morgen bleiben wird. Sollte ich nicht fahren, so tele-graphiere ich. Mittags kamen die Bücher von Mystik[6] u. mithin mit Dir in ihrer Ursachenreihe. Alles das ist irgend-wie erregend; bin über jedes Zeichen Deines Daseins gerührt. Kindchen, Geliebtes, hab mich lieb, entfern Dich nicht mehr von mir – hab immer solche Angst, daß Du mich »fallen lassen« könntest. Bin wirklich irgendwie von Dir getragen.

Fahr jetzt nach Tattendorf, vielleicht find ich Dein Brie-ferl. Es ist schrecklich, wie ich Dich brauche.

1 Victor von Dirsztay. Vgl. Anmerkung 2 zur 6. Eintragung und An-merkung 8 zur 16. Eintragung.
2 Dieser Brief ist nicht erhalten geblieben.
3 Dirsztay hatte den Heiratsantrag wiederholt (vgl. Anm. 2 zur 6. Ein-tragung), und es machte Broch unglücklich, daß Ea von Allesch eine Liaison mit ihm erwog. Dirsztay hatte Ea von Allesch offenbar angebo-ten, deren Tochter aus erster Ehe, die damals fünfundzwanzigjährige Ella Rudolph, nominell zu heiraten. Das hätte Dirsztay das legale Zu-sammenleben mit seiner »Schwiegermutter« Ea von Allesch auch ohne deren offizielle Scheidung von Johannes von Allesch ermöglicht.
4 Vgl. Anmerkung 1 zur 25. Eintragung.
5 Brochs Einführung Ea von Alleschs in den Salon seiner Cousine Alice Schmutzer bedeutete eine Offizialisierung des Verhältnisses.
6 Um welche Bücher es sich handelt, kann nur vermutet werden. Brochs Verzeichnis seiner Wiener Bibliothek enthält folgende Werke, die sich mit Themen der Mystik beschäftigen: Karl v. Eckartshausen, *Mystische Nächte* (München 1791); Josef v. Goerres, *Die christliche Mystik*, 5 Bde. (Regensburg 1836–1839); Maximilian Perty, *Die my-stischen Erscheinungen der menschlichen Natur* (Leipzig 1872); Wil-helm Prager, *Geschichte der deutschen Mystik im Mittelalter*, Bd. 1–3 (Leipzig 1874–1893); Meister Eckhart, *Schriften und Predigten*, Bd. 1 und 2 (Leipzig 1903 und 1909); Meister Eckhart, *Auswahl* (Kempten 1914); Josef Bach, *Meister Eckhart* (Wien 1864). Vgl. auch Anmerkung 1 zur 24. Eintragung.

1. X. 20 1 h Mittag Kindi, zwei Tage bei Dir gewesen u. schon weggeflogen; habe eine solche Angst, daß unser Urlaub auch so im Handumdrehen vorüber sein wird. Es geht eben nicht mehr mit »Urlauben« u. ähnlichem. Brauch schon endliche Stabilisierung, so ist es nicht mehr weiterzuleben. Die Frau F. habe ich zwar seit meiner Rückkunft überhaupt noch nicht gesehen, aber mir ist es schon grauslich jetzt zum Essen hinauf zu gehen. Heute nicht telephoniert – es ist wie ein Loch in meinem Kopf: ich mußte mich wirklich mit Gewalt zurück halten. Andererseits ist es wirklich eine Qual dieses Telephonieren unter Kontrolle – auch das ist unhaltbar. Kindi, bin ganz dumm vor Bangigkeit u. möcht nur schreiben, Du weißt ja ohnehin, daß ich Dich lieb, lieb, lieb habe u. Dir gehöre.

Tagebuch? ist zu langweilig. Nur zur Erinnerung festzustellen, daß [es] Deinem Magi schlecht gegangen ist, daß wir vorgestern in der Hofbibliothek[1] waren, bei Polgar, Abend *nicht* mit Schmid, sondern herrlicher Milchreis, gestern bei Schmutzer und über Baden mit dem Auto heim.

Heute eine Menge Fabriksarbeit u. irgendwie geht es mir schlecht nicht nur vom Sehnen sondern auch so; ich fürchte nicht arbeiten zu können. Süßes, schreib mir – es ist so bang bis Dienstag. Hier sind die Couverts.[2] *Längstens* Montag in 8 Tagen möchte ich fahren – wird es gehen?[3] Süßes, Geliebtes, Einziges, ich muß mich so zurückhalten mich nicht zu freuen.

1. 10. 20 Nachts, habe nichts gearbeitet sondern bis jetzt Bücher gekramt u. an Dich gedacht. Unausgesetzt möchte ich Dir schreiben, was weiß ich eigentlich nicht, d. h. ich weiß, immer nur dasselbe, daß ich Dir gehöre. Mit dem Komplex habe ich auch zu tun und wenn ich auch meine, daß ich noch damit zu tun haben werde, wenn wir 120 Jahre alt sein werden, so ist doch als theoretisches Gegengewicht zu verzeichnen, daß Dein Selbst, so wie es vorhanden ist, mir so viel und Alles gibt u. mir eben unersetzlich ist. Der Komplex ist sicherlich nicht Eifersucht[4], wenn er auch ein williges Gefäß dafür wäre, weil er nicht vom Besitzwahn ausgeht, sondern eher vom Gegenteil. Er ist also nicht irgendwie entwürdigend, wie Du gemeint hast, Süßes, denn nur der Besitzsache-Begriff entwürdigt, sondern im Gegenteil augenscheinlich hinaufwürdigend. Nur ich leide unentwegt drauf los – Kindi, Geliebtes, wenn es Eifersucht wäre, hätte ich Dich dadurch sicherlich weniger lieb, so aber wird das Liebhaben, unabhängig von allem anderen, immer mehr u. mehr. Hab so viel von Deinem Sein (eben so wie es mir ist), bin Dir so dankbar dafür und glaube ja auch wirklich, daß sich damit alles andere erledigen wird. Wenn nicht mit 120 Jahren, so mit 130. Wenn wir schon nur weg wären, d. h. definitiv, nicht nur auf Urlaub. Mir geht es schlecht, Kindi; schlaf gut – bin unruhig, heute nichts von Dir zu wissen.

2. 10. Nachmittag. Bin ganz entsetzt über Dein Herzi.[5] Süßes, geliebtes Kindi, schone Dich doch jetzt; wir können sonst überhaupt nicht wegfahren. Heute läufst Du wieder so viel herum – möchte Dich, Dein geliebtes, vertrautes Gesichti so gern sehen, nur einmal streicheln u. dann wieder wegfahren u. denke daher sehr daran doch jetzt nach T. zu fahren, obwohl ich – dem Rate folgend; Du bist so ein gescheites Kopfi – schon einen Brief hingeschickt habe.[6]

Kindi u. so ein Dummi bist Du: Du *bist* doch ein Kindi zwischen 8 u. 10 Jahren. Also? Aber allen Ernstes verstehe ich nicht, daß Du Dir darüber Gedanken machst: Dein Dasein als solches, wie es hier ist, gibt mir ja eben alles Süße u. überhaupt Alles. Wärst Du irgendwie u. irgendwo anders, so wärst Du eben nicht mehr das für mich was Du bist. Ich muß also alles an Dir bejahen, auch wenn ich an etwas sozusagen leide. Zumindest ich möchte Nichts an Dir anders haben, höchstens daß Du mich lieb hast u. – man schämt sich dies niederzuschreiben – bejahst. Möchte mich Dir schenken, kann dies aber außerdem nur dem Wesen tun, daß Du so süß bist u. dem ich gehöre. Und schließlich bin ich traurig, daß ich Dich (was ich geahnt habe) mit dem Paket enttäuscht habe. Verzeih, süßes, gutes, süßes Kindi u. werde gesund u. laß Dich lieb haben.

Expreß-Nachricht: Freitag, 1. 10. 1920[?]

Süßes Kindi, ich fahre *so* ungern weg, nichts geht mehr ohne Dich. Bleib bei mir Kindi u. sei gesund, ohne Bauchweh, bis zu 100. Weiß sonst nichts, als daß ich Dir gehöre, Dir Freude machen möchte u. nicht kann u. immer Dir gehöre Süßes, Geliebtes, u.s.w. möcht nicht aufhören, muß aber laufen. Hab mich lieb, Kindi.

1 Österreichische Nationalbibliothek in der Neuen Hofburg am Heldenplatz in Wien. Bis 1920 hieß die Nationalbibliothek Hofbibliothek.
2 Es waren geschäftsmäßige Briefumschläge, die Broch maschinengeschrieben an sich selbst mit der Firmenanschrift bereits voradressiert hatte. Auf diese Weise sollten Ea von Alleschs Briefe möglichst unauffällig an Broch gelangen.
3 Der gemeinsam geplante Urlaub wurde immer wieder verschoben und kam zur Zeit der Tagebucheintragungen nicht zustande.
4 Vgl. auch Anmerkung 9 zur 33. Eintragung.
5 Ea von Allesch litt unter Herzbeschwerden.
6 Auf den Rat Ea von Alleschs hin hatte Broch wegen seines Sohnes an die Leitung der Traiskirchener Bundeserziehungsanstalt geschrieben (vgl. auch Anmerkung 5 zur 28. Eintragung). Broch überlegte, ob er nicht persönlich im Internat vorstellig werden sollte. Er hätte den Abstecher nach Traiskirchen dann mit einem Besuch bei Ea von Allesch in Wien verbunden. Von Traiskirchen aus konnte man die elektrifizierte Schnellbahnlinie Baden-Wien benutzen (vgl. Anmerkung 3 zur 4. Eintragung).

10. 10. 20, ein schönes Datum. Ich möchte so gerne Tagebuch mit vielen »Eindrücken« schreiben können u. bin eigentlich unglücklich so »arm« zu sein. Augenscheinlich ist diese Eindruckslosigkeit eben eine meskine Armut u. meine krampfhaften Arbeitsversuche sind nur die (Adlerische) Überkompensation[1] dieser Erkenntnis der eigenen Nichtswürdigkeit. Deswegen kann ich von meiner Arbeit nichts halten, obwohl ich viel davon halte. Heute Abend ist mir die Philosophie der Mathematik[2] in Manchem klarer geworden – man glaubt immer, man hat es schon u. beim Niederschreiben merkt man den Schmarrn. Es ist auch hier die Faulheit des Nicht-fertig-Denkens. Außerdem immer dasselbe: ich habe viel zu wenig gelernt u. bin eigentlich zu faul es nachzuholen. Besser man hackt gleich den Kopf ab. Bin so verzweifelt, daß ich mich nicht trau, Dich lieb zu haben. Trotzdem denk ich unausgesetzt an Dein geliebtes, süßes Gesichti. Du bist mein »Eindruck« schlechthin, auch mein »erster Eindruck«. Nichtsdestoweniger wäre es besser, Du hättest mich nicht lieb – ich bin mit meiner Faulheit, Eitelkeit, Untüchtigkeit so ein unwürdiges Objekt. Zudem hängt dies alles überflüssigerweise auch noch mit dem Komplex zusammen, der, wenn auch heroisch verschwiegen, dennoch unentwegt lebt. (Ach) Kindi, hab mich doch lieb, würde es sonst nicht aushalten.

11. 10. 20. Montag. Nachmittag. Mittags mit Deinem Stimmi gesprochen u. mich dann entschlossen, Obiges nicht ohne Fortsetzung wegzuschicken; Du sagst sonst, daß das kein Brief ist. Mir ist es aber gestern vor lauter Selbsterkenntnis, die, wenn man schon einmal Tagebuch schreibt, sich automatisch einstellt sehr unangenehm zu Mut gewesen. Heute habe ich mich wieder mit mir soweit abgefunden, wenn ich auch die Meinung nicht geändert habe. Immerhin ist es mir verwunderlich, daß Du mich lieb haben kannst – ich fürchte, Du bist mir, auch in Bezug auf die Arbeit, nicht

objektiv genug. Aber, Refrain, Kindi hab mich trotzdem lieb
– ich halte es ohnehin nicht aus vor Bangigkeit.

Nachts 1 h hab den Brief nicht weggeschickt, sondern
bringe ihn morgen Nachmittag vorsichtshalber hin.[3] *Nämlich*: habe eben mit Schrecker gesprochen, der morgen nur
von 7 h bis 9 h Zeit hat – werde also doch dort nachtmahlen
– bin, obwohl ich sonst nicht ungern hinginge (überflüssig zu
sagen), trotzdem über den kurzen Abend, unglücklich kann
man nicht sagen, aber bedrückt. Geht so nicht weiter, Kindi
geliebtes, brauch Dich zu sehr; wenn nur die Geschäfte
schon erledigt wären. Bin noch krank u. schon müde.

Süßes, denkst Du? schlaf gut u. hab mich, bitte, lieb.

---

1 Anspielung auf Alfred Adlers Hauptwerk *Studien über die Minder-
wertigkeit von Organen* (1907).

2 Brochs Manuskript »Das mathematische Interesse« blieb Fragment
und ist bisher unveröffentlicht (vgl. KW 10/2, 310). Es war Teil des
geplanten Buches »Theorie der Geschichtsschreibung und der Geschichtsphilosophie« (KW 10/2, 94–154).

3 Gemeint ist Brochs Brief an die Traiskirchener Bundeserziehungsanstalt. Vgl. Anmerkung 6 zur 30. Eintragung. Anschließend fuhr Broch
nach Wien weiter, konnte Ea von Allesch jedoch nur kurz sehen, da er
zum Abendessen mit seinem Freund Schrecker verabredet war.

17. 10. 20 Nachts: Hab Dein Briefi vor mir, Dein grundge-
scheites Briefi u. möchte mit Dir zärtlich sein können, nicht
nur jetzt; überhaupt. Hingegen Tagebuch: Vorgestern nichts
gearbeitet, gestern spät auf, Vormittag Direktor Mann hier,
mit ihm nach Tattendorf. Es ist so merkwürdig, wenn einer
immer nur an seine Beschäftigung u. sein Geschäft denkt –
allerdings kann ich es verstehen. Nach Wien; zu Dir – warst
weg u. bei Knauer[1]. Den Buben abgeholt u. ins Theater;
»Landstreicher«[2]. Es ist komisch, daß man diese sogenannte
Musik überhaupt nicht mehr apperzipieren kann. Nachher
u. heute Vormittag bei Dir. Du gibst mir so viel, Kindi,
machst mich also mithin so reich, daß man es nicht sagen u.
noch weniger schreiben kann. Nachmittags mit dem Buben
u. Wesely[3] heraus – am Schwarzenbergplatz[4] Dich gesucht –
ich dachte Du würdest zum D-Wagen [kommen][5]. Kindi, ich
sehne mich *unausgesetzt* nach Dir. In Teesdorf zuerst Besuch
des Bürgermeisters[6], dann die englischen Verträge entwor-
fen[7]. Das hat 2 Stunden gedauert u. ich habe jetzt so den
Kopf damit voll, daß ich wieder nichts arbeiten kann. – Der
Bub hat Dein Brieferl mit gehabt; ich hab ihn beneidet.[8] Frau
F. über den Brief erbost – sie sagte »die künftige Mutter« –
u. obwohl mir es in dieser Verbindung mit ihr nicht sympathisch ist, war ich doch froh, daß von Dir gesprochen wurde
u. ich damit sozusagen sogar pflichtgemäß an Dich denken
konnte; ich war so im Geleise. Kindi, Süßes, fürchte mich
vor dieser Woche mit Klosterneuburg[9] u. außerdem wird die
Frau F. ab Mittwoch in Wien sein. – Irgendwo ärgere u.
schäme ich mich, daß ich Dir heute von der Genialität was
gesagt habe. Viel eher bin ich ein Märtyrer als ein Genie,
denn es ist hier u. so nicht mehr auszuhalten.

Kindi, Liebes, Gutes, schlaf gut.

18. 10. 20 Kindi, wo bist Du jetzt 1 h? Mir tut es leid
selbstverständlich nicht angerufen zu haben, obwohl damit
eine unangenehme Spannung erspart ist. Gestern war mir

das gar nicht so klar, daß Du ein Abenteurerleben wie ich führst, zwischen Eisenbahn, Bahnhof, Elektrischer. Liebes, so bang ist mir u. so sehr sehne ich mich schon nach dem Wegfahren. Dabei gibt es hier nur Unannehmlichkeiten.

Donnerstag werde ich vielleicht in Wien sein *müssen*, weiß aber noch nicht bestimmt.

Deinen Brief wieder gelesen, Kindchen, richtiger, wieder drin gebadet. Kindi, so viel Süßes schlägt in ihm über mich zusammen; hab nur immer Angst, daß es nicht mehr wahr sein könnte. Du, Lieblingchen, geliebtes gehöre so sehr Dir, hab Dich so lieb u. möchte nicht aufhören es Dir zu sagen.

1 Gemeint ist wahrscheinlich der Notar Erich Knauer, der im Achten Bezirk, Florianigasse 75, wohnte.

2 *Die Landstreicher* (1899) war die beliebteste Operette des Wiener Komponisten Carl Michael Ziehrer (1843–1922). Die hier genannte Aufführung fand statt am Samstag, 16. Oktober 1920, abends von sieben bis halb zehn Uhr im Wiener Bürgertheater, Vordere Zollamtsstraße 13 im Dritten Bezirk. Direktor des Theaters war Oskar Fronz. Carl Schöpfer führte bei dieser Aufführung Regie.

3 Fred Wesely war, wie vermerkt, zwei Jahre lang der Hauslehrer von Brochs Sohn bis zu dessen Einschulung in die Traiskirchener Anstalt. Wesely stammte aus Mähren und war besonders sprachbegabt. Später war er als Sprachlehrer in Kairo tätig.

4 Einer der Verkehrsknotenpunkte Wiens, wo die Bezirke Eins, Drei und Vier aneinander grenzen. Die Salesianergasse, in der Ea von Allesch ihre Wohnung hatte, liegt in der Nähe des Schwarzenbergplatzes.

5 Am Schwarzenbergplatz befindet sich seit 1907 eine Station der Straßenbahnlinie D, die zum Südbahnhof führt.

6 Teesdorfer Bürgermeister war damals der Sozialdemokrat Alfred Günzl (1891–1935), der von 1918 bis 1934 amtierte.

7 Es muß sich um Kauf- oder Verkaufsverträge mit einer englischen Firma gehandelt haben.

8 Ea von Allesch hatte an Brochs Sohn, der mit Schwierigkeiten in der Traiskirchener Schule kämpfte, einen ermutigenden Brief geschrieben.

9 Klosterneuburg ist eine Stadt in Niederösterreich, an der Donau gelegen und nur 9 Kilometer in nordwestlicher Richtung von Wien entfernt. Ea von Allesch besuchte für eine Woche ihre Mutter, die in einem Klosterneuburger Krankenhaus lag. Kurz vor deren Tod brachte sie die Mutter zurück in deren Ottakringer Wohnung, wo sie Anfang November 1920 starb. Vgl. Anmerkung 5 zur 34. Eintragung.

22. 10. 20. Abend. Eben aus Traiskirchen[1] gekommen, drei
Tage Dunkelheit vor mir liegend. Wenn *halbwegs* möglich,
sei Dienstag Nachmittag da. Die Frau F. hat die Absicht bis
Mittwoch in Wien zu bleiben u. ich möchte daher abends
heraus u. Donnerstag nochmals kommen. Wenn es aber mit
Klosterneuburg[2] nicht anders ausgeht, so teile ich es selbstverständlich auch anders ein. Keinesfalls aber kann ich bis
Donnerstag warten – eher komme ich Sonntag oder Montag
hinein; bitte eventuell Telegramm oder Anruf; man kann
auch von K.[3] anrufen. Alles natürlich nur, wenn es Dir keine
Umstände macht. Ich brauche Dich mehr als je, in des
Wortes buchstäblichster Bedeutung, so rücksichtslos u. un-
praktisch es auch ist, gerade jetzt Dich u. etwas von Dir zu
verlangen. Kindi, ich müßte in lauter Superlativen schreiben
und kann mich auch dann nicht ausdrücken. Es ist übrigens
auch mit meiner Philosophie so: ich *weiß* viel mehr, als ich
sagen kann. Was wahrscheinlich überhaupt der natürliche
Zustand des Denkens ist, denn ich bin überzeugt, daß die
Summe aller Wahrheiten immer »gewußt« war, und daß alle
sogenannte »Entwicklung« eben nur langsame Auswicklung
des ewig Gewußten ist. Und bin außerdem überzeugt, daß es
nur eine einzige Aufgabe auf der Welt gibt: eben diese Auswicklung soweit als möglich zu bewirken u. daß *jeder* Wert
sich sozusagen als Nebenprodukt aus dieser Bemühung ergeben hat u. ergeben muß. Deswegen auch die *absolute* Ver-
ächtlichkeit u. hassenswürdigste Schmutzigkeit (das einzig
haßbare) der in Dogmatismen, Phrasen, »Stimmungen« stets
haftenden *Dummheit*. Wenn ich behaupte, nicht gescheit zu
sein, so meine ich damit immer diese u. meine Denkfaulheit.
Das *Erstarrte* ist merkwürdigerweise für das Organische unreinlich, weil es eben dem Wesen des Organismus-Sein wi-
derspricht. Was ich aber eigentlich nicht schreiben wollte,
weil ich es ohnehin oft genug gesagt habe. Aber, worauf es
eben ankommt; ich *weiß, was* alles dahinter steht, wenn ich

sagen kann, daß ich Dich liebe – ganz ohne Anführungszeichen gesagt – trotzdem muß ich das endlich rational in Ordnung bringen, oder wie der, Parität sich herausnehmende, anmaßende Ausdruck lautet, »Klarheit zwischen uns schaffen«. Dann wird auch schließlich diese stupide u. verfluchte Leiderei weggeschafft sein – weswegen ich doch gerne *für Dich* leiden würde, aber von dieser stupiden Form hast Du wirklich nichts. Ich möchte auch haben, daß Du begründetermaßen weißt, warum ich Dich brauche u. immer brauchen werde u. nie, nie, nie von Dir los kann – das »Dir-gehören« hetzt sich sonst wirklich zur absoluten Phrase ab u. sagt Dir nichts mehr; ich fürchte ja ohnehin immer, daß es Dir nichts sagt u. war so glücklich, wie Du neulich sagtest, Du *weißt* von meinem Dich-lieb-haben. Der letzte Urgrund des lieb-habens ist nun allerdings wohl nicht zu heben, der bleibt »dunkel« u. das ist vielleicht der stärkste Einwand, der gegen das lieb-haben zu richten ist, denn auch »gefallen« u.s.f. sagt nicht mehr. Deswegen sage ich ja auch immer, ich dürfte nicht lieb-haben. Aber da augenscheinlich in jedem Leben alles mit einer zielstrebigen fatalistischen Notwendigkeit geschieht – wenigstens glaube ich, daß sich das bei mir bewährt – so ist dies als (vorderhand) unbegründete Notwendigkeit hinzunehmen, wenn man will als eine Fiktion, *d. i. ein Faktum in diesem Sinne, dessen Dasein nur teleologisch nicht aber kausal zu beweisen ist.* Es ist daher auch nicht zu beweisen, so sehr mich das kränkt, (schon wegen der Reziprozität), warum es gerade Du sein mußtest, zufällig Getroffenes, wenn ich es mir auch nicht mehr anders vorstellen kann, wenn ich an Dein reines, geistiges, geliebtes Gesichti denke. Allerdings war ich damals schon sozusagen mit der Welt zerfallen oder richtiger, sie war mir zerfallen u. jedenfalls entvölkert. D. h., der Begriff des Menschen existierte nicht mehr für mich, wenn ich auch, wie ja auch heute, die *Konvention* des Nebenmenschen akzeptierte, notwendigerweise aus der eigenen empirischen Menschlichkeit heraus. De facto existierte u. existiert für mich nur das Ich u.

dies nicht infolge eines philosophischen Dogmatismus, sondern erst von diesem Punkt, diesem sozusagen Erlebnis
angefangen, *konnte* ich erst philosophieren. Das, was Du
Frivolität nennst u. das »Begehren der Liebe« ist sicherlich
auch aus diesem durchaus philosophischen Erleben ent-
sprungen. Für jeden! Deswegen steht auch der sogenannt
Frivole *unbedingt* höher, wie jeder Daseins-Anbeter u. deswegen auch die absolute Wesensverwandtschaft von Frivolität, Humor u. Nicht-Dummheit. Frivolität wird *erst dann*
dumm u. schmutzig, wenn sie *dogmatisch* u. damit zum
Selbstzweck wird. Beispiel Blei[4], der die gewiß philosophischen Wurzeln seines Habitus – daher auch seine unzweifel-
hafte Witzigkeit – einfach vergessen hat u. ins Empirische
zurückgewendet ist. Auch das Verhältnis des ethischen zum
ästhetischen Menschen ist an Blei zu demonstrieren: *jetzt* ist
er ästhetisch, obwohl er es seiner Anlage nach nicht notwendig gehabt hat. Der ästhetische Mensch[5], d. i. der das Leben
und alles übrige zelebriert, ist, man kann es nicht anders
ausdrücken, das Schwein schlechthin, kurzum das Dogmati-
sche, für dessen Hinwegräumung der Bolschewismus als
endgültiger Schluß eben notwendig ist. Daß die Zweiteilung,
die in einer solch gefaßten Frivolität liegt, die Speisung des
»Lebens« aus zwei getrennt gehaltenen Quellen, eine sogenannte »Unreinlichkeit« trotzdem bleibt, ist nicht zu verkennen. Wer dem Empirischen so gegenübersteht, hat es eben
überhaupt wegzustellen u. wenn alle jene Jahre für mich irgendwie unfruchtbar waren, so ist das auf dieses Kompro-
miß wahrscheinlich zurückzuführen. Trotzdem ist in der
frivolen Dualität, wie gesagt, immer noch mehr Reinlichkeit
als in der empirischen Bejahung schlechthin u. sicherlich
dann auch mehr als in der empirischen Verneinung, die ja
dasselbe ausdrückt, also in der Kasteiung. Insolange ich also
den »Dunkelheiten« irgendwie »verfallen« war, wäre Kasteiung eben auch nur Dummheit u. damit schmutziger
Dogmatismus gewesen. Wenn ich es jetzt übersehe, so ist es
mir völlig klar, daß Du dann eben für mich die sozusagen

rettende Notwendigkeit geworden bist. Auch daß es mit irgend einem dunklen »Gefallen« eingesetzt hat, war wohl notwendig – dann aber kam dazu, u. anfangs nur irgendwo geahnt, *daß Du mit mir in einem tieferen Sinne gleich bist.* Das zu konstatieren, ist keine Überheblichkeit, da ich weiß, daß etwas bei mir u. in mir unbedingt *richtig* ist, daß ich nur als empirisches Individuum dieser Richtigkeit nicht genüge. Ich glaube auch, viel von Dir zu wissen, das Unveränderliche u. das, was sich bei Dir verändern kann u. verändert hat. Es ist vielleicht ein konstruiertes Wissen, aber da es keine Konstruktion ohne Intuition geben kann, ist in der Konstruktion wahrscheinlich der Beweis. Ob diese behauptete Gleichheit eine metaphysische harmonie préétablie[6] ist oder Zufall – das erste wäre erfreulicher, das zweite wahrscheinlicher – ist gleichgültig. Jedenfalls *ist* etwas derartiges vorhanden, denn an Dir habe ich gelernt, daß die Möglichkeit vorhanden ist, das Neben-Ich zu erkennen. Was ich Dir einmal von der erotischen Funktion der Fremdheit sagte, war damit aufgehoben: das bezog sich auf die empirische Fremdheit, in der ich den Menschen distanzierte, um ihn nicht als empirischen »Menschen« sondern unter der Konvention »Frau« sehen zu können, eine Distanz, die wie alles Empirische endlich u. damit aufhebbar ist.

Kindi, es ist 1 h und ich kann nicht mehr weiter.

23. X. 20 Abend; ich schreibe weiter, obwohl ich nicht weiß, ob ich Dir dieses Tagebuch geben werde. Am liebsten in 10 Jahren.[7] Kindchen, wirst Du mich dann noch mögen? Möchte Dich immer erinnern, daß Du es zugesagt hast, weiß aber nicht einmal heute, ob Du mich noch magst, geschweige, wenn Du das gelesen haben wirst. Aber in 10 Jahren wirst Du hoffentlich so eingewöhnt sein, daß Du mich nicht mehr abschaffen wirst. Oder vorsichtshalber in 20 Jahren. – Ich habe jetzt die letzten Zeilen von gestern gelesen – mehr hab ich mich nicht getraut – u. sie stimmen wieder nicht. Man mag noch so sehr sich bemühen, nur korrekt zu präzisieren, es bleibt das *Wesentliche* immer unge-

sagt. Ich wollte, ich wäre ein Dichter u. hätte einen Stil, einen flüssigen. Außerdem ist es ja nichts Neues; oft genug habe ich es festgestellt, daß Du – abgesehen von mir – das einzige Ich im Raume bist u., da ich der Idee des Geistigen jedenfalls nicht genüge, die Idee des Menschlichen u. Geistigen mir bist. Das ist keine pathetische Übertreibung, sondern, wie gesagt, Resultat einer notwendigen Entwicklung. Du bist für mich »einzig« u. damit »unersetzlich«; Du bist irgendwie »ich« u. dadurch bist Du mir so maßlos vertraut u. ist mir das Vertrautsein ein so positiver Wert geworden, wie ich nie geahnt habe. Es ist möglich, daß das Ganze eine Fiktion ist u. es ist es zumindest insoweit als es rational konstruiert u. gewollt ist. Aber es *ist als solches keineswegs fiktiver als die Fiktion vom Werte meiner Arbeit*, die ihren Wert auch nur von der gewollten Wertkonstruktion bezieht. Wollte man aus dem Titel der Fiktivität diese Werte streichen, so wäre es der komplette Zusammenbruch, d.h. die Beziehung des Standpunktes, daß überhaupt alles egal sei, gegen den bekanntlich überhaupt nie etwas einzuwenden ist. Soweit ich aber meine Arbeit will, oder richtiger ihren Inhalt als begründete, sagen wir sogar »Weltanschauung«, muß ich auch Dich wollen. Es unterliegt übrigens keinem Zweifel, daß nicht nur meine Arbeit sondern, was übrigens dasselbe ist, ich selber in meiner sogenannten Entwicklung, die unzweideutigsten Fortschritte immer dann mache, je reiner u. ungebrochener ich zu Dir stehe. Das war vor 2 Jahren im Sommer[8] u. ist nun das ganze letzte Jahr so gewesen, während der schlechte Winter vor zwei Jahren absolut steril war. Schon aus diesem sozusagen praktischen Grund muß ich den Komplex losbekommen, abgesehen davon, daß man sich mit subjektiven Liebesproblemen nicht zu befassen hat – objektiv immerhin könnte, in gewissem Abstand eine Philosophie der Liebe ebensowohl Berechtigung haben, wie eine Philosophie der Mathematik. Das Wesentliche u. Beängstigende am Komplex ist aber die ihm zu Grunde liegende Vorstellung u. Furcht, Dich verlieren zu können u. daß eben der Fall eintreten könnte, daß das Fiktionsgebäude, das aber, wie gesagt alles andere denn Fiktionalismus ist, irgendwie erschüttert werden u. einstürzen könnte. Es ist nebenbei unzweifelhaft, daß der Komplex auf simpler, gemeiner Eifersucht[9] ruht, die immer u. in jeder Form, ob begründet oder unbegründet, unberechtigt ist, nicht nur weil sie ein Eingriff in die Freiheit des Nebenmenschen darstellt, sondern vor allem weil sie ihren Ursprung im »Dunklen« nimmt. Und daß Dunkles, nicht zu Klärendes auch hier als letzter Restbestand vorliegt, ist ja im Vorhandensein des Erotischen überhaupt gegeben, des »Gefallens«, das vom Anfang her war, in diesem süßen Verliebt-sein in alles, was Du bist, kurzum in der »Zuwaag«[10], die aber doch ein vollständiges Dir-verfallen-sein einschließt.

Kindchen, ich kann nicht mehr weiter schreiben, mich würgt es so u. mir wird so ausgesprochen schlecht, wenn ich den Sachen in die Nähe komme, daß ich nicht allein weiter gelange. Immer habe ich die Hoffnung, daß Du es lösen wirst, obwohl ich viel mehr davon weiß – das ist ja das Schreckliche, daß ich wissen *muß* u. mir nichts vormachen kann. Hoffe auf Dich Dienstag, brauch Dich *so*. Entsetzlich lang ist es bis dahin.

24.10 Heute war mein Vater u. der Bub hier, Bülow, Nachmittag Einweihung des Kriegerdenkmals[11], Wirtshaus, bin also zu keiner Arbeit gekommen; trotzdem möchte ich nur Dir schreiben – eile mich aber; es geht wirklich nicht u. ist zum schämen, nur mit seinen Innereien zu tun zu haben. Umsomehr als mir die Komplexsachen, soweit sie meine Seelenfunktion darstellen, schon nachgerade mehr als grauslich sind. Erledigen kann ich sie auf diesem Wege augenscheinlich ja doch nicht, da ich wie gesagt, kaum in die Nähe gekommen, es physisch einfach nicht aushalte; es wird mir glattwegs schlecht. Es ist daher geradeaus eine Gemeinheit, Dir damit zu kommen u. gerade jetzt. Aber ich habe entsetzliche Tage gehabt, wenn es auch, wie gesagt, eine Blasphemie ist, innerliche Entsetzlichkeiten zu erleben, während Du

Dich plagst, mühst u. nicht zum Schlafen kommst. Trotzdem ist dies wohl, wie alles, notwendig; es geschieht bei mir nichts unbegründet u. zw. hier nicht nur teleologisch. Wie es überhaupt selbstverständlich nichts *nur* Teleologisches gibt. Ob ich Dir diese Blätter jetzt gebe, ist die Frage; einmal bekommst Du sie ja sicherlich, weil ich nie etwas unter den Tisch fallen lasse – vor allem aber, weil ich in der *rationalen* Auseinanderlegung des Wertgebäudes, das ich um Dich u. um Das Dich-lieb-haben aufgeführt habe, doch einen *Beweis* sehe, daß ich von Dir niemals loskann, daß ich – wenigstens von mir aus – faktisch »*zu Dir gehöre*« u. *Dir gehöre*. Dies Dir zu *beweisen,* – u. beweisen ist immer rational – ist mir, seitdem mir das Dir-gehören bewußt ist, vielleicht das Wichtigste, wenn vielleicht auch zwecklos. Noch etwas, um nochmals darauf zurückzukommen: je bewußter einem etwas ist, desto »reiner« ist dieses seinem Wesen nach. »Reinheit« als solche ist zwar eine leere Phrase u. gehört in den ästhetischen Jargon – sie bekommt erst ihren Sinn als Wert-Bewußtsein u. seiner Rationalität. Wenn ich sagen darf, daß bei mir irgendetwas *richtig* ist, so ist es vielleicht, wahrscheinlich nur diese eine Erkenntnis – an sich zwar nicht viel. Jedenfalls habe ich mich gefreut – ich merke mir Komplimente wie ein Backfisch – als Du neulich etwas Ähnliches von mir sagtest. Es war eine Bestätigung – traurig nur, und schon unreinlich, daß ich es weiß. Irgendwie werde ich aber von *hier aus* schließlich doch mit dem Komplex fertig werden. Es wird leichter gehen, wenn einmal diese jetzige Lebensform erledigt sein wird. Auch das gehört zur Aufrechterhaltung des Gesamtwertgebäudes – ich bin schon zu »erwachsen«, um noch Kompromisse zu machen, außerdem ist es sinnlos, so gut wie ich schon zu erwachsen bin, um meine Arbeit oder Dich herzugeben. Ich möchte so gerne, daß Du das alles ganz deutlich siehst, so klar wie es mir selber ist. In diesem Sinne ist der »Beweis« auch zweckvoll. Ich kann über den Komplex nicht reden, aber er ist mir deswegen nicht weniger klar – wenn Du die Sachen ebenso deutlich sehen würdest, so wirst Du mir – vorausgesetzt, daß Du mich noch magst – auch »helfen« können. Leider kann man sich das nicht bestellen, denn das Wesentliche ist, daß das »Helfen« eben ohne Bestellung geschieht. Aber schon indem Du mein Dichlieben *weißt,* d. h. diese ganze Seelenmachinerie zur Kenntnis nimmst, hilfst Du. Das von-Dir-gekannt-sein gehört ja zum Dir-gehören. Kindi, aber mir geht es sehr schlecht; ich hab auch heute nichts von Dir bekommen. Werde jetzt arbeiten – Kindi, wie geht es Dir?

1 Broch hatte das Traiskirchener Internat besucht, um dort mit der Schulleitung die Probleme seines Sohnes zu besprechen.

2 Vgl. Anmerkung 9 zur vorhergehenden Eintragung.

3 Klosterneuburg.

4 Franz Blei; vgl. Anmerkung 4 zur 12. Eintragung. Broch spielt an auf Bleis Essaysammlungen wie *Die galante Zeit* (1904), *Von amoureusen Frauen* (1906), *Die Puderquaste* (1909).

5 Über die Rolle des Ethischen und Ästhetischen innerhalb seiner Werttheorie hatte Broch zwei Jahre zuvor ausgerechnet in Franz Bleis Zeitschrift *Summa* den Aufsatz »Konstruktion der historischen Wirklichkeit« veröffentlicht (KW 10/2, 23-40).

6 Prästabilierte Harmonie nennt Leibniz das von Gott geordnete Verhältnis aller Dinge im All. Sie bezieht sich besonders auf die Leib-Seele-Relation des Menschen. Leib und Seele, die nach Leibniz nicht kausal aufeinander bezogen sind, seien so eingerichtet, daß ein harmonisches, obwohl nur paralleles Geschehen beider zustande komme (vergleichbar mit zwei Uhren, die gleich reguliert sind).

7 Ein Jahrzehnt später war die Liebesbeziehung zwischen Broch und Ea von Allesch bereits beendet, wenn der Kontakt auch nicht abriß.

8 Brochs Verhältnis zu Ea von Allesch reichte also in den Sommer 1918 zurück. Die drei undatierten Briefe an Ea von Allesch (KW 13/1, 35-42), in denen Broch seine Briefpartnerin noch mit »Sie« anspricht, wären somit Ende 1917 entstanden.

9 Vgl. Anmerkung 4 zur 30. Eintragung.

10 Vgl. Anmerkung 1 zur 7. Eintragung.

11 Ein Kriegerdenkmal in Teesdorf zu Ehren der vierundzwanzig aus Teesdorf stammenden Gefallenen des Ersten Weltkriegs.

25.10.20 Mein Kindi, – ich merke gerade, daß ich das noch
nie niedergeschrieben habe – also, mein Kindi geliebtes, ich
habe große Angst, daß Du morgen nicht aus K.[1] weg kannst
u. ich Dich nicht sehen werde. Hab auch Angst, daß Du Dich
mit all den Aufregungen u. Anstrengungen ganz hin u. krank
machen wirst. War so froh, Dich gesprochen zu haben –
wenn ich Dir nur mit irgend etwas Freude machen könnte.
Gestern Abend noch gearbeitet – es geht wieder Gottlob – u.
außerdem die zwei Kritiken weltreif[2] gemacht; sie sind übrigens ganz gut vertretbar, d. h. ich schreibe immer dasselbe u.
komme aus einem bestimmten Gedankenkreis sowohl was
die Dinge als was mich selbst betrifft, was übrigens das
Nämliche ist, nicht heraus. Augenscheinlich ist das doch eine
Alterserscheinung. Ich muß Dir daher eigentlich auch den
»Beweis«, den ich zwar mitbringen werde, nicht geben; es ist
auch dort dasselbe. Die ganzen Tage habe ich jetzt mit diesen
Dingen verbracht, es war sehr stürmisch. Hab Dich *mehr* als
lieb, vorausgesetzt daß das nicht eben einfach auch lieb-
haben ist, u. bin sehr froh, daß das kein »Wunder« ist, sondern beweiskräftig begründbar. Es wäre überhaupt so leicht,
froh zu sein. Vor allem muß ich jetzt viel Geld verdienen.
Obwohl mir das schwer glücken wird: was immer man mit
nur einer Spur von Gezwungensein[3] tut, rächt sich u. in qua-
dratischer Proportion. Bei mir zumindest an der Arbeit. Mir
geht es grauslich schlecht u. muß morgen um 6 h auf. Kindi,
möchte daß Du mich kennst, mich lieb hast u. mir mit diesen
beiden Voraussetzungen hilfst, wenn Du wieder Zeit haben
wirst oder wenn wir weg sein werden. – Im Polgarbuch[4] ist
ein Glücksklee für Dich, den ich vor 26 Jahren für Dich ge-
pflückt hab u. jetzt endlich in einem Kinderbuch von mir
wiedergefunden hab.

TEESDORF Dienstag Früh, Kindchen Geliebtes, Du hast
Recht, man kann niemandem helfen. Es ist so traurig, daß
ich Dir *nichts,* nichts u. niemals etwas abnehmen kann.
Schone Dich, Kindi, schon Dein süßes Dasein, das selber so
labil ist. Es ist zwar dies eine platonische Aufforderung, denn
irgendwie schämt man sich seines Egoismus vor dem Anblick der absoluten Hilflosigkeit eines anderen Ichs, das
Schmerzen u. Sterben ausgeliefert ist.[5] Wenn es irgendwas
Begründetes hiezu zu sagen gibt, so ist es nur der Hinweis
auf die Irrealität des Seienden u. die reale Forderung, das
Notwendige zu tun. Aber wahrscheinlich ist das auch nichts.
Ich möchte Dich sehen, Geliebtes, wenn auch nur auf ein
paar Minuten. Ich halte mir jedenfalls die nächsten Tage für
alle möglichen Alternativen frei. Wenn ich Dich heute nicht
sprechen kann, so bin ich jedenfalls morgen Nachmittag in
Wien – bitte Nachricht. Kann ich Dich sprechen, so bin ich
vielleicht erst abends dort – womöglich aber doch schon
Nachmittag. Es ist grauslich, daß ich nur an mich denke u.
daran, daß *ich* Dich sehen möchte etc. Liebling, Süßes, Einziges, ich möchte mich u. alles zu Dir tragen u. kann doch
nichts für Dich tun.

   Kannst Du mich lieb haben? Kindchen, bleib mir erhalten.

1 Klosterneuburg. Vgl. Anmerkung 9 zur 32. Eintragung.
2 Broch schickte Ea von Allesch zwei Rezensionen für die *Moderne
Welt.* Vermutlich die Besprechungen von Moritz Scheyer, *Europäer und
Exoten* (Wien, Leipzig: Strache, 1920) und Karin Michaëlis, *Don Juan
im Tode* (Leipzig, Wien: Donau Verlag, 1921 [statt richtig: 1920]), die
1920 in den Heften 11 u. 12 der *Modernen Welt* erschienen (vgl. KW 9/1,
368-369).
3 Vergleichbare Gedanken formulierte Broch damals auch in seiner
Novelle »Ophelia« (vgl. »Einleitung«).
4 Broch hatte im Jahr zuvor Polgars Buch *Kleine Zeit* (Berlin: Gurlitt,
1919) für die *Moderne Welt* rezensiert (vgl. KW 9/1, 345-346).
5 Ea von Alleschs Mutter, Aloisia Täubele, starb am 5. 11. 1920 in
Wien in ihrer Wohnung im Sechzehnten Bezirk (Ottakring), Friedrich
Kaiser Straße 41/13.

4. XI. 20. meine sogenannte Seele ist so zerfetzt, Kindi, daß
ich in diesen Fetzenpinkel[1] nur dann Ordnung bekomme,
wenn ich ihn rational auseinanderlege – mit dem »Durch-
denken« geht es nicht, also muß ich es niederschreiben. Ich
schreibe an Dich, weil mir der Monolog zu blöde vorkommt
u. dann, weil ich Dich über alles, was mich angeht orientiert
haben möchte. Es ist dies vielleicht, d. h. sicherlich aufdringlich, genau so wie ich Dir von rechtswegen niemals von
Komplex hätte sprechen dürfen, aber einerseits wirst Du den
Brief ohnehin nicht bekommen[2], andererseits ist [es] eine Sache der Ehrlichkeit, daß ich Dir nicht nur kundgebe, daß ich
Dir gehöre, sondern – soweit man dies überhaupt ausdrük-
ken kann – doch halbwegs detailliere, was hinter dieser
Stampiglie[3] steckt. Nirgends gibt es so viel billige Verlogenheit als wie im amourösen Jargon u. irgendwie ist ja auch das
Dasein des Komplexes auf diesen Grund abgestellt. Es handelt sich also mit dem Komplex um meine ganze Stellung zu
Dir, die solcherart systematisch aufzuzeigen wäre, u. zw.
zum Teil ihrer Genesis nach. Denn ich bin überzeugt, daß die
Verworfen- u. [Ver]logenheit des Menschen überhaupt u. des
»Liebenden« im speziellen der Hauptsache nach gewollte u.
ungewollte Faulheit des Gedächtnisses ist. Wie ich zum Begriff des Menschen oder aber der »Welt« stehe, weißt Du –
wenn ich aus irgend einem Grunde glaube, philosophieren
zu können, so darf ich dies sicherlich auf das »idealistische
Erleben«[4] stützen, das ich schon mit 8 Jahren gehabt habe –
ob ich deswegen wirklich philosophieren *kann,* ist die Frage,
aber jedenfalls ist die Grundeinstellung etwas sehr evident
»Richtiges«, weil sich von ihr aus zwingend die Aufhebung
alles Dogmatischen ergibt und der Widerstand gegen den
Gräuel, daß irgend ein Begriff mit irgend einer Wirklichkeit
je übereinstimmend im vorhinein gegeben sein könne. Das
ist kein Relativismus, denn dieser ist erst recht dogmatisch.
Hieraus ergibt sich: daß jedes Wesen, das seine oder der Welt

Gegebenheit u. seine eigene zweibeinige Funktionalität »ernst« also dogmatisch als vorgegebenen »menschlichen« Wert nimmt, ausgerottet werden müßte, daß man dies aber nicht tun darf, da niemand auf der Welt, ich am allerwenigsten, existiert, der nicht ebenso zweibeinig wäre (Schmid[5] ausgenommen) u. der das Recht hätte, ein »Ich«, das noch im Niedrigsten, also in allen steckt, zu beleidigen u. zu vergewaltigen, wobei sich – da das »Ich« niemals habhaft zu machen ist – diese Vergewaltigung auf die empirische Funktion der Individuen nur beziehen kann. Des weiteren ergibt sich – dies ist schon ganz Kantisch[6] –, daß man auch sein eigenes »Ich«, d. h. seine eigenen Funktionen von keinem anderen Individuum aber auch nicht durch sich selbst beleidigen lassen darf. M. e. W.: Ethik mit der Forderung, daß die objektive Arbeit der einzige Wert ist.[7] – Der widerlichste Verstoß gegen diese Ethik erschien mir immer die »Liebe«, in der das Individuum seine zufällige sexuelle Funktion nicht nur in aller Ernsthaftigkeit zum »Wert« hinaufschraubt, in der zwei Wesen, welche aus rein physiologischen Voraussetzungen in jeder anderen Kombination genau so funktionieren, sich u. das gerade Vorliegende als einzigen Fall vorschwindeln u. wo überdies, unter Berufung auf eben solche »Liebe« der eine dem anderen seine ganze schäbige Zweibeinigkeit, seinen Atem, Zähne et tout le reste als eine »Wirklichkeit« präsentiert u. aufdrängt. Daß Männern in diesem Sinne immer der größere Vorwurf zu machen ist, als der Frau, geht aus der Natur der Sache hervor. – Ich hab Dir das schon so oft erzählt, daß es eigentlich schon langweilig ist, ebenso, wie ich mich selber dazu stellen mußte. Eigentlich hätte für mich, sowenig es für mich »Menschen« gibt, auch keine »Frau« existieren dürfen. Aber augenscheinlich gehört es zum Wesen des idealistischen Erlebnisses, daß man eben alles auf zumindest 2 Schichten erleben muß. Wäre einem die Welt wirklich *nur* idealistische Impression, so wäre sie ein undefinierbares Konglomerat: eben weil sie trotzdem Wirklichkeiten enthält, richtiger mit Wirklichkeiten behaftet wird, entsteht der Zwang sie idealistisch aufzulösen. So sehr ich also von allem vorgegebenem dogmatischen Inhalt mit all seinen erotischen, ästhetischen u. sonstwelchen Qualitäten herunter bis auf Null abstrahieren kann u. muß, so war meine eigene emp. Funktionalität doch auf diese Inhalte notwendig eingestellt. *Daß* es vorgegebene Inhalte überhaupt gibt, war u. ist mir ja das aufreizend u. beängstigend Dunkle der Welt, das eben aufzulösen ist. Eben deswegen bin ich vielleicht auch dem Dunklen leichter verfallen als irgend wer anderer. Dazu kam noch, daß ich immer erstaunt u. irgendwie gerührt war, daß meine eigene Schäbigkeit von einem anderen Ich schließlich akzeptiert wurde – aufgedrängt habe ich sie auch in den Zeiten, so ich allen Dunkelheiten am vehementesten verfallen war, niemals – u. endlich – auch das muß gesagt werden – meine Eitelkeit, Ehrgeiz, gemildert allerdings, weil er zum Teil aus der Überlegung hervorgegangen ist, daß ich schließlich doch ebenso viel wert sein muß wie jeder Rohling, an den sich sonst Frauen hängen; ich mußte irgendwie zur Überzeugung kommen, daß man, u. damit auch ich, jede Frau »erobern« kann, wenn man will: das war aber alles nur so nebenbei u. wäre nur wichtig geworden, wenn ich es ernst genug genommen hätte, um dagegen »anzukämpfen«; erst dann hätte diese im Grunde vollkommen unpersönliche sexuelle Funktion ihre Kasteiungsbedeutung bekommen. Allerdings hatte sie insoferne einen Bruch, als dieses Funktionieren auf der ersten Schicht nur so lange intakt war, bis es sozusagen ernst geworden ist – denn dann hat mich mit automatischer Sicherheit alle Dunkelheit verlassen u. der Rest war eine Gefälligkeit, zu der ich mich verpflichtet fühlte u. die immerhin eine physiologische Anstrengung erforderte, selbst dann noch, wenn ich sozusagen »verliebt« war. Daher auch meine Fremdheits-Theorie. Wenn ich also – auf der ersten Schicht – auch glaubte, daß Frauen bei mir besser als anderwärts aufgehoben seien, so dürfte dies, eben aus diesem Grunde, keineswegs der Fall gewesen sein; ich glaube, daß mich niemand in guter Erinnerung hat. All dies zusammen genommen erklärt es sich, warum ich verhältnismäßig mit viel Frauen zu tun hatte: am Schluß war es für mich nur mehr das Experiment der Introduktion, das Zuschauen, wie das andere Wesen automatisch u. fehlerlos sich abwickelt; es wurde ein »Gestalten« eben des »Unpersönlichen« u. durfte so für mich belanglos bleiben, soweit ich eben nicht selber noch von Dunkelheiten affiziert war. Ich spiele mich damit sicherlich nicht auf den Frauen-Routinier hinaus: was *jetzt* von alldem noch von Belang ist, ist einzig die Frage inwieweit ich, wo ich eben dem unpersönlich Erotischen so sehr verfallen war, ehrlicherweise sagen darf, daß ich *nur* Dir u. Deinem geliebten Dasein gehöre. Eines ist sicher: daß ich vorher niemandem gehört habe, denn jede Frau war mir Exponent des Unpersönlichen – auch wenn ich in die oder jene Qualität »verliebt« war – u. habe mich selber ihr gegenüber immer nur als zufälliger Repräsentant des Unpersönlichen gefühlt, auch dann wenn sie das Gegenteil behauptet hätte. Alles in allem wurde es mit der Zeit ermüdend.

Dann kamst Du. Ich kann nicht behaupten – u. das ist schrecklich –, daß Du das »große Erlebnis« gewesen bist. Ich habe Dich wie jede Frau angeschaut, ohne irgendwelche Liebesaktivität, sondern nur das Experiment der ersten u. zweiten Schicht angestellt. Wie Du einmal im grünen Kleid in der Christinengasse[8] den Kopf beim Kasten[9] auf die Seite geneigt hast, habe ich konstatiert, daß man sich in diese Bewegung (auf der ersten Schicht) »verlieben« könnte. Im Gegenteil, ich war Dir gegenüber vielleicht noch neutraler als je früher; es war die Zeit, wo ich intensiver zu arbeiten begann, wollte keine Wiederholung mehr etc. Du warst mir so ungeheuer angenehm, ausruhend: so *gleich* mit mir; u. man kann es eben nicht anders ausdrücken ungeheuerlich angenehm. Jetzt hinterher liegt es mir nahe, dies dahin auszudeuten, daß Du eben, was allerdings ein unglaublicher Zufall ist, die erste Frau warst, die absolut physiologisch zu mir paßt u. daß ich das fühlte – beispielsweise doch sehr, wenn ich mich in Dich einhängte, was sehr früh schon geschehen ist, wobei ich allerdings überzeugt war, daß Du auch was gespürt hast, denn man fühlt nicht einen Arm sondern immer nur eine Antwort. Jedenfalls habe ich dies damals schon auf unpersönliche Erotik geschoben u. nicht weiter drüber nachgedacht u. war nur froh, daß Du mit mir so »gleich« in allem anderen warst. Irgendwie hat sich aber doch das Introduktions-Experimentieren dann eingestellt: einmal sagtest Du mir zu meiner Überraschung geradeaus, Du hättest den Eindruck, ich machte mit Dir Experimente. Ich dachte mir, daß nur wer selber sowas anstellt, es vom anderen vermutet, u. nahm es als Beweis für unsere Gleichheit. Es war mir sogar sehr angenehm sozusagen »ertappt« worden zu sein – es war für mich irgendwie ein »geheimes Einverständnis«, eine Bürgschaft dafür, daß ich Dir nichts vorzumachen habe u. war im übrigen nur froh, daß Du auf der Welt warst. Dann allerdings machte ich den Fehler, Dich zu früh genommen zu haben, da ich – u. ich glaube zum Teil mit einiger Begründung – an Dir die Symptome bemerkt zu haben [meinte], nach welchen man einer Frau den Übergang zum Bett erleichtern muß. Heute, wo es mir so unendlich viel mehr, richtiger *alles* ist, Dich fühlen zu können, glaube ich, daß es richtiger (für damals) gewesen wäre, wenn ich es trotzdem noch nicht getan hätte u. zw. vor allem – das hat mich eigentlich bis jetzt verfolgt – weil ich manchmal doch das Gefühl hatte, ich drängte mich Dir auf. Allerdings glaubte ich, Du wolltest es (unbewußt) so haben. Denn ich fand Dich zwar als verhemmte, doch normal erregte Frau, deren hysterisches Zurückweichen sich schließlich im Körperlichen doch auflöste, speziell wenn der Hiatus des Dich-Ausziehens nicht gewesen wäre.

Bis dahin war – bis auf den Selbstvorwurf des Sichaufdrängens – alles in schönster Ordnung. Ich war ungeheuer froh mit Dir u., wenn ich mich jetzt erinnere, irgendwie wie im Traum: irgendwie endlich heimgefunden zu haben. Ich hatte Dich sicherlich schon sehr lieb, ohne es allerdings bewußt festgestellt zu haben – es war etwas Neues u. Positives; ich glaube, ich hab es Dir damals auch schon geschrieben. Ich weiß nur, wie ich mich in Pest¹⁰ nach Dir gesehnt habe. Nichtsdestoweniger war die Form der Beziehung zu Dir keine andere, als zu anderen Frauen: ich hab mir jede Eifersucht – u. vor allem auf Deine Vergangenheit – ferngehalten u. war noch irgendwie für mich selbstständig. Wenn ich Deine Reagenz auf das Erotische auch als »unpersönlich« hinnahm, so war es für mich doch nicht – wie früher – ein Negativum; Du warst mir eben so »gleichartig« u. innerlich vertraut, daß die Geschichte mit dem »fremd« u. »bekannt« überhaupt – u. zum *ersten* Male – nicht aufkam. Angenehmer wäre es allerdings gewesen, wenn Du nicht verheiratet gewesen wärest.¹¹ Einmal, auf dem Sopha, erzähltest Du mir von Deinen Aversionen u. ich sagte, hoffte, daß Du nicht verheiratet seist; ich war ziemlich verletzt, daß Du mir das nicht bestätigt hast. Im übrigen hielt ich mich – meiner Tradition gemäß – wie gesagt von allen derartigen Erwägungen abseits u. nahm das Wort »Ehe« konventionsgemäß, absichtlich beiseite schiebend, daß sie, wenn die gefühlsmäßigen Voraussetzungen nicht gegeben sind, eine sexuale Brutalität u. Niedertracht mit Hochzeitsnacht etc. ist.

Du darfst nicht denken, daß der Komplex einfach ein Bündel von Sexualvorstellungen ist: er bezieht sich auf viel mehr, vor allem auf alles, was Dir »Impression« gemacht hat, auf vieles auch, was ich objektiv in Deinem Leben nicht mag u. auch reelle Eifersucht auf Dein Dasein schlechthin, Dein Gehen, Lachen, Sprechen u. überhaupt. Eifersucht im gewöhnlichen Sinne ist es aber am allerwenigsten. Denn wenn Du mir mitteilen würdest, daß Du Dich verliebt gehabt hättest u. eine Reihe von Beziehungen aus innerer Notwendigkeit gehabt hättest, so wäre mir das zwar keine Freude, aber es wäre nicht arg: vorausgesetzt, daß Du mit mir froh wärest (was überhebend ist, vorauszusetzen) u. mit mir bleiben willst, wie ich mit Dir definitiv u. ewig bleiben will. Und wenn Du jetzt Dich verlieben wolltest, so möchte ich nur, daß Du es mir sagst – allerdings wüßte ich nicht mehr, was ich mit mir anfangen sollte, wenn Du von mir weggingest. Um aber zu unserer Geschichte zurückzukehren: damals war der Komplex noch sehr rudimentär. Wie der Allesch[12] zu Ostern[13] zurückgekommen ist, war ich zwar überzeugt, daß Du mir nicht »treu« sein würdest. Wenn man, so wie Du u. ich damals einverständlich festgelegt hat, daß das Sexuelle zu bagatellisieren ist, fällt einem eine Untreue nicht schwer, umsoweniger als man für sich dem Ekel des anderen vor dem eigenen Geschlecht fernsteht. Nichtsdestoweniger hatte ich dabei die sehr vage Hoffnung, daß Du schon längst nicht mehr verheiratet seist, irgendwie genährt von der phantastischen Parallele, weil ich es nicht mehr war[14] u. weil ich Dir absolut »treu« war u. es bleiben wollte. Außerdem sah ich, wie Dir der Mensch auf die Nerven ging u. wenn ich mich auch, als emp. Individuum, nicht für wertvoller als ihn halte u. auch nicht über die strikte Notwendigkeit auf ihn schimpfen will, so war es mir nichtsdestoweniger klar, daß dieser pathetische Nußschädel eine bare Unmöglichkeit für Dich sein mußte. Immerhin rechnete ich trotzdem damit, daß Du Dich in ihn einmal verliebt hättest, soweit das Wort »verliebt« die Mannigfaltigkeiten erotischer Reizung deckt, so gut wie man sich in einen Clown oder Chauffeur verlieben kann. Oder schließlich in mich. Irgendwie beschwindelte ich mich damals mit Deiner Treue, *wenn auch* genügend Ansätze zum Gegenteil da waren.

Dann kam der Sommer.[15] Du warst mir damals schon ganz nahe u. es war etwas unerhört Neues für mich, eben weil die Fremdheitstheorie über den Haufen geworfen war. Scheinbar allerdings nur, denn im Grunde ist trotzdem kein Widerspruch vorhanden: insolange einem das andere *Ich* fremd ist – u. nie war mir ein anderes Ich anders als fremd – hat dessen Körper nur die äußere erotische Fremdheit; die ist aber eigentlich schon aufgehoben, wenn der Körper nackt ist (deswegen ist das Déshabillé[16] erotischer als die Nacktheit) oder m.a.W.: das fremde Ich bleibt eine rationale Abgeschlossenheit, ist ein *bekannt* Totales u. mit ihm auch der Körper. Das Eins-sein mit dem anderen Ich, das Suchen nach ihm, setzt aber immer voraus, daß es – sonst könnte es nicht gesucht werden müssen – eo ipso einem anderen Körper angehört: es involviert also den Begriff der Fremdheit als unendliche Basis der Vertrautheit; m.e.W. man ist sich selbst u. doch nicht selbst. Dies zur Rettung der Theorie. Jedenfalls war mir damals dieses Vertrautwerden, dieses Versinken in ein anderes Dasein etwas ganz Neues u. durchaus *Anderes*. Schön ausgedrückt: Du wurdest meine erste Liebe. An u. für sich ist das bei meinem Alter u. bei meinem Vorleben unsinnig, wird aber verständlich angesichts meiner idealistisch-neurasthenischen Doppelschicht. Als normaler Mensch hättest Du mir, ohne daß ich Dich deswegen weniger lieb zu haben gebraucht hätte, ebensowohl meine zweite oder dritte Liebe sein können; so warst Du mir das erste Aufheben des Unpersönlichen u. damit etwas Ganzes, Abgeschlossenes, Ruhiges. Deswegen war es mir – über alle Gebühr hinaus – so ungeheuer wichtig u. süß, daß Du mir damals im Sommer immer wieder sagtest, Du hättest nie jemanden vor mir lieb gehabt. Allerdings konnte ich nicht restlos daran glauben, denn wenn ich auch in Bezug auf meine Grundeinstellung schon daran glaube, daß ich philosophisch »richtig« bin, irgendwie besser verankert bin, als was sonst so herumläuft, so bin ich andererseits doch auch nur ein Zweibeiner mit Zähnen u. außerdem reichlich arbeitsunfähig. Könnte ich *wirklich* arbeiten, so würde ich es noch begreiflich finden, daß ich Dir wertvoll sein dürfte, aber so liegt kein Grund vor, daß Du auf mich ausgerechnet hättest warten sollen. Zweitens aber ist jede Frau geneigt, *jede* zufällige neue Liebe – u. auch unsere war empirischer Zufall – als *die* Liebe anzusprechen, umsomehr als man immer, wie gesagt, auf sein schlechtes Gedächtnis sündigt (auch ich erinnere mich, glaub mir, obwohl ich sicherlich alle Ursache hätte, buchstäblich an *nichts*), und schließlich negiertest Du alles Frühere mit einer auffallend hysterischen Hartnäckigkeit. Ich erinnere mich an die ganz unbegreifliche Aufregung, in die Du gerietest, als ich einmal sagte, daß Skene[17] für Dich eine Liebesmöglichkeit gewesen sei. Andererseits war es mir auffallend, daß Du zur Illustration Deiner Abneigung gegen Männer immer Skene u. Polgar als Beispiele anführtest, niemals aber A.[18], von dem Du sogar einmal, sehr im Anfang, etwas Gegenteiliges aussagtest.

Es ist nun im Grunde ungentlemanlike, daß ich es dabei nicht bewenden ließ u. einfach Dein-mich-lieb-haben als Geschenk hingenommen habe. Aber hier setzt nun meine, sagen wir Hysterie ein, eine Hysterie, der ich allerdings verdanke, daß ich, *wenn* ich arbeiten kann, auch wirklich es kann: die Unmöglichkeit etwas als gegeben hinzunehmen u. die Sucht alles Ungeklärte auszumisten. Wäre es mir nicht so unsagbar wichtig, daß Du mich lieb hättest, so hätte ich natürlich dieses ganze Motivengestrüpp bewußt unangetastet gelassen. So aber möchte ich nicht, daß Dein geliebtes, süßes Mirgehören auf einer Vergeßlichkeit u. damit einer Verlogenheit aufgebaut ist. Dazu kommt noch eines, u. zw. eine Angst: wenn ich für Dich nicht etwas durchaus »Anderes« bin, wie Du für mich, dann liegt kein Grund vor, daß ich [von] Dir nicht abgelöst werde, kurzum, daß ich Dich verliere u. daß Du mir gegenüber einst ebenso stehen wirst, wie jetzt Deiner Ehe gegenüber.

Dies ist der eine Ast des Komplexes u. sozusagen der Mildere. Denn auf der anderen Seite war mir Deine Behauptung, mich allein lieb zu haben, viel zu süß, als daß ich gewagt hätte sie einfach wegzuschieben. Außerdem kannte ich Deine nervöse Abneigung gegen das Sexuelle u. Deine Erstarrungen ja doch, wenn diese auch als hysterische Rück-Bejahung aufzufassen waren u. wenn sie sich schließlich doch irgendwie in normale Funktion lösten; irgend ein »Mehr« ist, hoffte ich übrigens schon damals, ja doch vorhanden. Es ergab sich daraus aber, wieder für meine eigene Hysterie, etwas Schrecklicheres als wenn Du Dich normalerweise *zehnmal* früher verliebt hättest. Denn dann waren

Deine beiden Ehen, oder sonst irgend ein Anlaß vorher oder dazwischen, glatte Vergewaltigungen, wenn auch unter Mitwirkung Deiner Vernunft, was aber *dasselbe* besagt. Und zwar ist anzunehmen, daß Du in Deiner ersten Ehe einen entsetzlichen Chok erlitten hast. Ich vermute, mein Geliebtes, Einziges, Süßes, daß dieser Chok dann durch ein Kind vervollständigt wurde. u. zw. erstens aus dem banalen Grunde, weil ein ganz junges Mädchen[19], wie Du es warst, kaum einen Mann mit einem Kind geheiratet haben dürfte u. zweitens aus alldem, was Du dazu sagtest, wenn wir davon sprachen, ob wir ein Kind bekommen sollen. Aus diesem Chok, traumatische Neurose nennt dies Freud[20], resultierten dann Deine Einsamkeiten, Ästhetizismen, Verschlossenheiten u.s.f. Nach ein paar Jahren dürfte sich dieser Zustand etwas geöffnet haben: die »Natur« trat sozusagen in ihre Rechte. Irgendwie von hier ausgehend, wenn auch wieder aus rationalen Gründen, hast Du dann geheiratet. Hättest Du gewartet, bis Du wirklich jemanden gern gehabt hättest, so wäre alles in Ordnung gewesen – vielleicht auch wenn Du an einen sehr zarten u. gütigen Menschen geraten wärst. So bist Du einem Maturanten in die Hände gefallen u. deswegen hat mein Komplex jetzt mit Deiner zweiten Ehe eigentlich mehr zu tun, als mit Deiner ersten. Soferne ich mich nicht irre, dürfte es erst eine Wiederholung des Choks gewesen sein, aber immerhin warst Du älter u. eben das Unpersönliche des Sexuellen kam, wenn auch noch gebunden, zu seinem Rechte. In Rom wurden unter den Claudiern[21] Wetten abgeschlossen, ob die christlichen Jungfrauen, die öffentlich vom Henker geschändet wurden, Zeichen sexueller Reagenz geben; die Wetten standen mit 6 gegen 1 für Erfolg. So entsetzlich Dir dieses Individuum an sich gewesen sein muß (fast hoffe ich, er wäre es nicht gewesen), so ist nach Allem eben doch zu schließen, daß das Unpersönliche eben doch schon Dich ergriffen hat u. wenn kein Krieg[22] gewesen wäre, so wärst Du auf Jahre hinaus in Deinen Verhemmungen festgehalten, schließlich doch ihm gegenüber in eine gewisse innere Knechtschaft verfallen. Ich bin überzeugt, wie schon gesagt, Kindi, daß Du mich gern hast, aber Du darfst nicht vergessen, daß vieles, was sich jetzt bei Dir einstellt, wahrscheinlich doch ein Automatismus der Jahre u. der Reife ist oder zumindest sein könnte. Irgendwie passe ich *sicherlich* für Dich, aber ich glaube, daß beispielsweise auch Benussi[23] eine Möglichkeit für Dich gewesen wäre: ich war nur zufällig da. – Irgendwo dürfte ich mit alldem Recht haben, auch wenn es ein phantastischer Salat ist u. wenn man dagegen hält, daß ich absolut Dir gehöre, so wird der Komplex schon eher verständlich. Abgesehen von allem anderen: wenn jemand eine so (begründete) Idiosynkrasie wie ich vor aller Henkerarbeit u. Vergewaltigung hat u. dies an dem einzigen lebendigen Wesen, das existiert, denken muß, u.s.f.

Wie Du nach Brixlegg[24] gefahren bist, ist dies alles schon sozusagen vorbereitet verpackt gewesen; selbstverständlich nicht so artikuliert. Das ist erst eine Errungenschaft des letzten Jahres. Damals sah ich mehr nur Deine Verhemmung auf der einen, die normale Funktion auf der anderen Seite (kurzum Komplex, Ast I) u. das kam mir auch erst ins Bewußtsein, wie Du weg warst. Vorher wußte ich nur, *daß* Du wegfährst u. daß das nicht zum Aushalten sein würde. Wie Du aber dann tatsächlich weg warst, ist es mir eigentlich erst zum Bewußtsein gekommen, daß Du mit dem Menschen beisammen bist. Damals hat sich auch dann die Geschichte mit dem Unpersönlichen des Sexuellen genauer artikuliert u. wenn ich auch irgendwie wußte, daß Du mich gern hast, so konnte ich – im Hinblick auf Deine Hysterien, aber selbst auch unter Absehung von ihnen – nicht mehr von dem Gedanken wegkommen, daß Du mir automatisch untreu seist. Nochmals: aus meinem Gesamtdenken heraus, durfte ich auf »Treue« keinen solchen Wert legen u. noch weniger finde u. fand ich es erlaubt Treue zu »fordern« – aber irgendwie, war ich doch zu sehr in dem Gedanken befangen, daß zwischen uns schon etwas Besonderes vorhanden sei, obwohl ich rational – soweit es Dich betraf – nicht dran glauben durfte. Damals wollte ich auch daher die Tragweite Deiner Hysterien endlich wissen: was Du alles verdrängst u. inwieweit Du Dir u. mir eine Rolle vorspielst. Ich war in einem sehr elendigen Zustand, nicht eifersüchtig aber doch eifersüchtig u. wollte mir das nicht gestatten u. mich – auch das wieder nicht bewußt, vielmehr wird das jetzt erst sichtbar – von Dir freimachen.

Dann bist Du zurückgekommen. Ich konnte erst aus dem Knäuel nicht herauskommen. Wenn Du Dich aber erinnerst, so ist es langsam besser geworden – ich hab die ganzen Dinge langsam verdrängt, was sicherlich ein Fehler war, aber es wäre sicherlich wieder so wie früher geworden. Dann wurde ich krank u. knapp danach kam der A.[25] u. die Geschichte begann von neuem. Dein Ausgeliefert-sein an ihn war mir gewiß mehr als entsetzlich, auf der anderen Seite war aber doch wieder meine Skepsis u. die Überzeugung von Deinem vor-Dich-selber- (u. vor-mir)-verstecken, die durch die Geschichten über Dich[26], die damals aufgekommen sind, u. die mich würgten, wie noch nie etwas, eine gewisse Bestätigung gefunden hat. Dabei fühlte ich sehr, Dir zu gehören u. Dir verfallen zu sein, wollte es aber nicht u. wurde Dir, soweit das Wort einen Sinn hat, fast feindlich. Es war schon sehr arg u. verwirrt. Die Sache mit meiner Ehe, die auch aus diesem Hin u. Her resultierte, machte es mir nur noch schwerer, weil ich zu meiner eigenen Untreue die Deine in Parallele setzte. Irgendwie hoffte ich auf meine Arbeit – deswegen schrieb ich Dir damals immer über sie – arbeitete aber nichts. Ich hätte gerne alles bagatellisiert u. es als psychologische Literaturangelegenheit aufgefaßt; Du hast mich deswegen einmal für gut aufgelegt befunden. Wahrscheinlich hättest Du mir helfen können, so wie ich Dir, aber jedenfalls wärest Du allen diesen Dingen noch unzugänglicher als ich gewesen. Die Sache mit Kaus[27], die dann als Schlußeffekt kam, war für mich geradezu ein Glück. So schuldbewußt ich mich Dir gegenüber fühlte, so war sie mir – edel war das nicht – doch fast wie eine »ausgleichende Gerechtigkeit«.

Ich hatte irgendwie die Befreiung, alles, was in mir gegen Dich war, als erledigt betrachten zu müssen, sozusagen »quitt« zu sein. Allerdings hatte ich noch das Mißtrauen, daß Du nur deswegen bei mir bliebst u. mich nicht wegschicktest, weil Deine hysterische Furcht vor Aufrühren von Vergangenem, dadurch, daß Du mich bei Dir behieltest, am ehesten zu dämpfen war, wenn Du mich auch, hoffe ich, auch damals lieb gehabt hast. Jedenfalls wurde es mir eine gewisse Verpflichtung alle »schlechten« Gedanken wieder einmal beiseite zu schieben.

Seitdem sind es jetzt fast 2 Jahre. Daß der Komplex neuerlich seine Renaissance gefunden hat, hat auch seinen Grund. Ich weiß nicht, ob Du es weißt, daß ich Dir gehöre. Es ist so schwer zu beweisen u. noch schwerer zu definieren. Mir wurde es aber damals vollkommen *bewußt*; schon daß ich während des vergangenen halben Jahres trotz allem nicht von Dir wegkonnte (einmal sagte ich Dir bei Polgar, daß ich Dir *doch* gehöre), war mir ein Beweis für dieses Dir-gehören u. ich war froh darüber. Dieses Bewußtsein ist seitdem immer klarer u. eindeutiger geworden; ich bin irgendwie »reif« geworden, um Dir mit absoluter Gewißheit u. ohne Pathos sagen zu dürfen, daß ich Dich »liebe«. Warum, kann man nicht sagen – am wahrscheinlichsten ist immer noch ein physiologisches Zusammenstimmen – aber es gibt nichts an Dir, von Dir u. allen Deinen Lebensäußerungen, das mir nicht unmittelbar aufs Herz ginge u. von dem ich nicht entzückt wäre. Eben weil ich mein ganzes sogenanntes Leben samt seiner sogenannten Vergangenheit »bewußt« erlebt habe u. weil ich mir außerdem bewußt bin, daß auch, selbst wenn man sie akzeptiert, »Liebe« ein Fiktionsaufbau ist, darf ich [mir] über dieses komplette Dir-gehören klar sein. Denn wenn es auch Fiktion ist, so kann man sich eine solche, die einem das ohnehin zu kurze Leben ganz neu orientiert, nicht zweimal aufbauen. Du bist mir neben der Arbeit, u. (leider) wahrscheinlich noch mehr als diese die einzig mögliche Wert-Realität geworden, das einzige Wesen überdies, das sich auf der »zweiten Schicht« nicht in seine Bestandteile auflöst, sondern immer dasselbe süße, einheitliche u. deswegen beglückende Etwas bleibt. Deswegen ist es auch ganz ausgeschlossen, daß mir *je* irgend eine »Frau« dasselbe oder nur entfernt ähnliches sein könnte, wie das, was Du mir schenkst.

Die Äußerung dieser ganzen Stellung war aber immer nur wieder das einfache »ich hab Dich lieb«. Denn obwohl – unter den obwaltenden Umständen – ich wußte, daß mein Dich-lieb-haben auf viel objektiveren Füßen steht, als das, was sonst die Leute unter lieb-haben verstehen, so ist es trotzdem schwierig diese talmudische Objektivität jemandem anderen begreiflich zu machen; andererseits hatte ich die Aversion gegen alle literarisierende Liebes-Psychologiererei. Zudem wurde dieses lieb-haben schließlich wirklich primitiv, einfach ein Aufgehen in Dir. Nicht zu leugnen aber ist es, daß die Primitivität der Äußerung, wozu noch meine absolute Verliebtheit dazukam, sich in nichts von dem unterscheidet, was Dir bis dahin als Liebe pathetisch vorgemacht wurde. Damit kam aber wieder die Idee des Unpersönlichen auf – ich sah mich selbst nur als eine Wiederholung dessen, was Du bereits erlebt hast, als Exponent des unpersönlichen Geschlechtes, das Dich, meiner Deduktion gemäß, genau so wie früher vergewaltigt. Selbstverständlich wußte ich dabei, in irgend einer Ecke, daß Du mich gern hast, aber andererseits sagtest Du mir damals einmal, daß man körperliche Liebe vorschwindeln kann, etc. Damals wurde mir die erste Zeit wieder ganz lebendig. Deine Verhemmungen u. doch dem Geschlechtlichen ausgeliefert-sein, samt manchen Details, die mich von Anfang an, trotzdem ich dem Komplex fern war, erschreckten. Verschärft wurde aber die Lage, weil Du mir damals schon so oft sagtest, daß Du mich lieb hättest, *nur* mir gehörst u. gehören könntest, worauf ich schließlich großen Wert lege, weil ich so objektiv u. absolut [Dir] gehöre: weil mir dieses mich-lieb-haben eigentlich unverständlich ist u. ich es auch jetzt nicht begreife, daß Du gerade mich zufälliges empirisches Wesen lieb haben sollst, kam ich immer mehr in die Meinung, daß ich ein zufälliger, Dir halbwegs adäquater Exponent des Geschlechtes war u. daß die Ausschließlichkeit, mit der Du meintest, mir zu gehören, nichts anderes ist als Vergeßlichkeit. Fast alle Verlogenheit des Menschen ist auf schlechtes Gedächtnis zurückzuführen. Und wenn ich mich schließlich auch bescheiden hätte können, von Deinem schlechten Gedächtnis nutzzunießen, was vom gentlemanliken Standpunkt sozusagen Pflicht wäre, so wäre für mich trotzdem die süße, unendliche Vertrautheit u. Einseinigkeit, die ich mit Dir habe, dadurch aufgehoben. Ganz abgesehen davon, daß ich unter diesen Umständen – als zufällige Wiederholung – Dich jeden Augenblick verlieren könnte, um abgelöst zu werden. Obwohl ich das letztere, wenn Du wirklich jemanden gern hättest, ertragen würde – nur vergewaltigt und dem Unpersönlichen ausgeliefert will ich Dich nicht wissen. Das kann ich wirklich nicht ertragen. Was ich allerdings mit mir anfangen würde, wenn ich Dich verliere, wüßte ich nicht.

Dies alles war vorbereitet, wie Du nach Berlin bist.[28] Vollkommen aufgeweckt wurde die Sache, wie ich endlich Deinen ersten Brief bekommen hab, der vor allem fast ausschließlich und recht impressioniert die Benussi-Angelegenheit behandelte. Es war mir irgendwie Symptom, daß Du trotz aller vermeintlichen Veränderung u. des zu-mir-gehörens derselbe Mensch von früher geblieben bist. Dann kam Probstzeller[29], resp. Leipzig u. ich hatte wenigstens damals, aber auch heute noch, [den Eindruck,] daß Du, geradeheraus gesagt, mit Deiner Tochter[30] dort warst. Kindi, ich hatte Dich u. hab Dich lieb u. *keinen Augenblick* hat es gegeben, wo ich mich nicht *unsagbar* nach Dir gesehnt hab, so wie ich mich jetzt nach Deinem geliebten Dasein sehne. Was für mich nur schwer war u. schwer ist, ist diese Geheimniskramerei, das hysterische Verstecken vor Dir u. vor mir, aus dem ich eben irgendwie eine Bestätigung für das, was ich mir über Deine Stellung zu mir konstruierte, heraus zu lesen meinte.

Schwer auch, weil ich hier, aber auch in Deiner zweiten Ehe, eine gewisse Zerstörung Deines geliebten Lebens sehe. Und schließlich die Angst, daß ich – als Wiederholung – diese Zerstörung fortsetze anstatt Dich froh zu machen.

Dann kamst Du zurück u. der Komplex stand in Blüte. Bei jedem Wort, das Du mir sagtest u. das ich Dir sage, stellt sich ein – immerhin würgender – Vergleich ein. Als Klimax ergab sich der 20. *Oktober*, der, ohne jeden Pathos, der schrecklichste Tag meines Lebens[31] war: ich kam um 2 h, Du warst gerade nach Klosterneuburg[32] u. ich schrieb Dir erst. Dann suchte ich ein Glas für meinen Kalk[33], (fand ein Heferl[34], das Du dann am kleinen Tisch sahst) u. bemerkte bei der Gelegenheit Deine Briefe an A.[35] Erst rührte ich sie nicht an u. ging weg; auf der Straße kehrte ich um: es waren, ich hab nur 3 gelesen, absolut verliebte Briefe, nicht sehr, aber höflich verliebt, mit *denselben* Namen, mit denen Du mich nennst, u. die immerhin den Eindruck erwecken, daß sie irgendwie *erlebt* gewesen sein müssen, da man sonst so etwas nicht aussprechen u. niederschreiben *kann*. Daß der eine Brief aus meiner Pester Zeit[36] stammt, hat nichts auf sich oder zumindest nichts Neues: das Wesentliche war, daß augenscheinlich *alles,* was ich annahm, das Ausgeliefert-sein an das Unpersönliche, die Wiederholung bei mir, auf Richtigkeit beruht. Wenn Du das liest, Kindi – ich glaube nicht, daß Du es zum Lesen bekommst[37] – denk nicht an meine Indiskretion; ich bereue sie nicht, weil sie nichts Feindliches gegen Dich hatte u. weil ich genau so zu Dir stehe u. zu Dir halte wie vorher. Es hat sich auch nichts geändert – irgendwie ist es nur klarer, was notwendig war, u. doch nicht klarer, weil ich nicht weiß, wie ich die Sache endlich wegbringe. Vielleicht ist doch alles anders, wenn ich mit Dir reden könnte, aber andererseits will ich es nicht noch weiter aufrühren. Lasse ich aber die Sachen alle bei Dir verdrängt, so kann jede zufällige Geheimnisenthüllung für Dich eine katastrophale Aufregung werden. Ich möchte schon ruhig irgendwo weit weg mir Dir sein u. ein Kind mit Dir haben.

Ich stehe so klar zu Dir, weiß, daß ich nie mehr etwas anderes werde wollen können als Dich. Aber ich möchte nicht, daß ich Dich damit zu irgend einer Gefühlshöhe hinaufschraube, die Dir – eben weil Du mir sonst hierin so *gleich* bist – nicht liegt u. auf die Du Dich nur begibst, weil Du mich, im engeren Rahmen, doch gern hast u. mir helfen willst.

Es ist 4 h Früh u. ich kann nicht weiter. Kindi, ich hoffe, Du schläfst u. ich hab Dich nicht aufgeweckt.

1 Fetzenpinkel ist ein österreichischer Dialektausdruck für einen aus Stoff-Fetzen zusammengebundenen Ball. Diese Lappengebilde wurden in Werkstätten zum Schmieren von Maschinen oder zum Abwaschen von Autos benutzt.
2 Broch hat den Brief dann doch an Ea von Allesch geschickt, und zwar zwischen dem 11. November 1920 und dem 10. Januar 1921. Vgl. Anmerkung 3 zur 37. Eintragung und Anmerkung 2 zur 42. Eintragung.
3 Stampiglie ist der österreichische Ausdruck für Stempelgerät. Broch will erklären, was es mit seiner Eifersucht bzw. seinem »Komplex« im einzelnen auf sich hat.
4 In seiner »Psychischen Selbstbiographie« von 1942 (uv., DLA) hat Broch über dieses philosophische Urerlebnis der Entdeckung des Ich berichtet.
5 Scherzhafte Anspielung darauf, daß Brochs und Ea von Alleschs gemeinsamer Bekannter Anton Schmid nur noch ein Bein hatte. Vgl. Anmerkung 3 zur 5. Eintragung.
6 Vgl. Immanuel Kant, *Grundlegung zur Metaphysik der Sitten* (1785) und *Kritik der praktischen Vernunft* (1788).
7 Vgl. hierzu Brochs Aufsatz »Konstruktion der historischen Wirklichkeit« von 1918 (KW 10/2, 23-40).
8 Gasse im Ersten Bezirk Wiens, unweit der Salesianergasse, wo Ea von Allesch ihre Wohnung hatte.
9 Briefkasten.
10 Broch hatte damals (wahrscheinlich im Sommer oder Herbst 1918) offenbar geschäftlich in Budapest zu tun.
11 Ea von Allesch war mit Johannes von Allesch verheiratet. Vgl. die folgende Anmerkung.
12 Johannes Gustav von Allesch, Edler von Allfest (1882-1967), aus Graz stammender österreichischer Psychologe. 1912/13 war er Assistent am Psychologischen Institut der Universität Berlin. Seit Kriegsbeginn 1914 diente er als Landsturmleutnant beim k. k. Landsturm-

Infanterie-Regiment Leitmeritz Nr. 9. In zweiter Ehe heiratete Emma Rudolph ihn am 28. 2. 1916 im Stephansdom in Wien. Ihre gemeinsame Wohnung befand sich im Dritten Bezirk, Salesianergasse 8/6. Wegen soldatischer Leistungen erhielt Johannes von Allesch 1916 eine sog. Allerhöchste belobende Anerkennung und wurde am 1. 8. 1916 zum Landsturmoberleutnant befördert. Seit Mai 1916 war er nervenkrank und wurde einige Monate lang in der Nervenheilanstalt des Roten Kreuzes in Eggenberg bei Graz behandelt. Im Herbst 1916 beantragte Allesch die Transferierung zum Landsturm-Regiment Nr. 3 in Graz. Dieser Bitte wurde im November 1916 stattgegeben. Nach Ende des Krieges strebte Johannes von Allesch eine Universitätslaufbahn im Fach Psychologie an. 1923 wurde er in Berlin Privatdozent, 1928 in Greifswald, wo er 1930 zum Professor ernannt wurde, und in den dreißiger und vierziger Jahren lehrte er an den Universitäten Halle und Göttingen. Er war einer der ältesten und besten Freunde Robert Musils. Musils eigene Bekanntschaft mit Ea von Allesch geht auf das Jahr 1905 zurück, als er sie in Berlin traf. Engeren Kontakt hatte Musil mit ihr zwischen 1911 und 1913. Die Ehe mit Johannes von Allesch scheiterte schon während des Krieges und wurde am 15. 3. 1921 offiziell am Landgericht Berlin geschieden. Der Grund war Brochs 1917/18 beginnendes Verhältnis mit Ea von Allesch. Johannes von Allesch war ein erfolgreicher Psychologe und Universitätsprofessor, der zahlreiche Publikationen auf den Gebieten der Gestaltfragen, der Tier-, Wahrnehmungs- und Kunstpsychologie schrieb. Zur Zeit von Brochs Tagebuch arbeitete er an der Fertigstellung der 1921 erschienenen Schriften *Wege zur Kunstbetrachtung* und *Bericht über die drei ersten Lebensmonate eines Schimpansen.*

13 Ostern 1918.

14 Brochs eigene Ehe mit Franziska wurde am 13. April 1923 geschieden.

15 Der Sommer 1918.

16 Negligé.

17 James (Henry) Skene (1877-1914), ein aus London stammender englischer Konzertpianist. Skene (nicht Skeene, wie in der Sekundärliteratur öfters zu lesen ist) war Musikstudent in Wien, als Ea von Allesch (damals Emma Rudolph) ihn 1903 kennenlernte. Skene fiel als englischer Freiwilliger zu Anfang des Ersten Weltkriegs.

18 Johannes von Allesch.

19 Emma Täubele war bei ihrer Heirat mit Theodor Rudolph neunzehn Jahre alt.

20 Broch hatte damals mit dem Studium der Schriften Sigmund Freuds begonnen. In seiner Bibliothek befanden sich fünf von Freuds Werken, wovon zwei vor 1921 erschienen waren: *Vorlesungen zur Einführung*

in die Psychoanalyse. Fehlleistungen, Traum, allgemeine Neurosen-lehre (Leipzig, Wien: Heller, 1918) und *Über den Traum* (Wiesbaden: Bermann, 1911, 2. Auflage). Vgl. KA 78.

21 Gemeint sein dürften die Christenverfolgungen unter Kaiser Nero (37-68), der von Kaiser Claudius (10-54) adoptiert worden war.

22 Dadurch, daß Johannes von Allesch während des Krieges Militärdienst leistete, hatte sich seit Ende 1917 die Beziehung Brochs zu Ea von Allesch entwickeln können.

23 Vittorio Benussi. Vgl. Anmerkung 28.

24 Brixlegg ist eine Marktgemeinde in Tirol, zwischen Innsbruck und Kufstein gelegen. Es ist ein beliebter Urlaubsort mit einem Mineralheilbad. Unklar bleibt hier, ob Ea von Allesch dort Ferien mit Benussi oder mit Johannes von Allesch verbrachte.

25 Johannes von Allesch.

26 Daß bei den vielen Männerfreundschaften Ea von Alleschs Gerüchte über ihren Lebenswandel kursierten, blieb nicht aus.

27 Gina Kaus (1894-1985), österreichische Schriftstellerin. Sie schrieb später Erfolgsromane wie *Die Verliebten* (1928) oder *Teufel in Seide* (1956). Broch kannte sie wegen ihrer Arbeit in der Redaktion von Franz Bleis *Summa*. Diese Zeitschrift wurde finanziert durch den Wiener Industriellen Josef Kranz, den Adoptiv-Vater und Geliebten von Gina Kaus. Die Redaktion der *Summa* befand sich während des Ersten Weltkriegs in einer Atelierwohnung des Palais Kranz in der Strudlhofgasse in Neunten Bezirk. Vgl. dazu die Autobiographie von Gina Kaus *Und was für ein Leben... mit Liebe und Literatur, Theater und Film* (Hamburg: Knaus, 1979). Broch hatte 1918 eine Affäre mit Gina Kaus. (Vgl. auch Anmerkung 2 zur 3. Eintragung.)

28 Im Frühjahr 1920 hatte Ea von Allesch eine Reise nach Berlin unternommen und dort den aus Triest stammenden Wissenschaftler Vittorio Benussi getroffen. Benussi (1878-1927) gehörte zum Bekanntenkreis Robert Musils. Ab Herbst 1896 hatte er an der Universität in Graz zuerst Philologie, dann Philosophie studiert. 1901 promovierte er mit der Arbeit *Über die Zöllnersche Figur, eine experimental-psychologische Untersuchung*. Ab 1902 arbeitete er als Assistent an dem von Alexius Meinong geleiteten Grazer psychologischen Laboratorium, das damals noch kein Institut der Grazer Universität war. Im Studienjahr 1904/05 habilitierte Benussi sich bei Alexius Meinong an der Philosophischen Fakultät der Universität Graz für das Fach Philosophie. Vom Studienjahr 1911/12 an war er Assistent am Psychologischen Laboratorium der Universität Graz. Benussis Hauptwerk ist das 1913 bei Carl Winter in Heidelberg erschienene Buch *Psychologie der Zeitauffassung*. Darin ging es ihm darum, aufzuzeigen, durch welche Geschehnisse die verschiedenen Beziehungen zwischen subjektiver (erfaßter) und objek-

tiver (tatsächlicher) Zeit ermöglicht werden. Er widmete das Buch Alexius Meinong zu dessen 60. Geburtstag. Meinong beantragte zweimal – ohne Erfolg – Benussis Ernennung zum Professor an der Universität Graz. Das Wiener Ministerium für Cultus und Unterricht wollte ihn an der geplanten, jedoch vor dem Ende der Monarchie nicht mehr errichteten Universität in Triest zum Professor ernennen. Nach 1918 lehrte Benussi als Professor für Experimentelle Psychologie an der Universität Padua. Vgl. auch sein dort entstandenes Buch *La suggestione e l'ipnosi comme mezzi di analisis psichia reale* (Bologna: Zanichelli, 1925).

29 Im Zusammenhang mit der Reise nach Berlin stand Ea von Alleschs Abstecher nach Leipzig. In Leipzig hatte sie mit ihrem Mann Theodor Rudolph, den sie 1894 geheiratet hatte, von 1894 bis 1898 gelebt. Ea von Allesch hatte Broch mitgeteilt, daß ihre Tochter Ella Rudolph den Besuch bei Probstzeller in Leipzig mache, und Broch vermutete, daß auch Ea selbst dorthin gefahren sei. Probstzeller gehörte wohl zu Ea von Alleschs Freunden aus der Leipziger Zeit.

30 Ella Rudolph (1895-1937) war Ea von Alleschs Tochter aus erster Ehe. Nach der Scheidung von Theodor Rudolph wurde Ella von Verwandten ihres Vaters, danach in einem Pensionat erzogen. Sie wurde Buchhändlerin. 1937 starb sie an Krebs.

31 Es handelt sich um Mittwoch, den 20. Oktober 1920. Vgl. dazu auch Brochs Tagebuchbriefe vom 22. bis 24. Oktober 1920 (33. Eintragung). Johannes von Allesch hatte Eas an ihn gerichtete Liebesbriefe nach der 1919 erfolgten Trennung an sie zurückgegeben. Die Lektüre einiger dieser Briefe, die Broch in Ea von Alleschs Wohnung gefunden hatte, war der eigentliche Auslöser dieses Briefes vom 4./5. November 1920.

32 Vgl. Anmerkung 9 zur 32. Eintragung.

33 Broch nahm eine Kalk-Medizin zur Linderung seiner Magenkrämpfe.

34 Österreichisch für ein tassenartiges Trinkgefäß mit Henkel, meistens aus Blech.

35 Johannes von Allesch.

36 Vgl. Anmerkung 10.

37 Vgl. Anmerkung 2.

5. 11. 20 1 h Nacht. Gestern Abend mit fast 2 Stunden Verspätung angekommen, konnte Dir daher nicht mehr schreiben, Kindi. Außerdem war ich vom Letzt-Gesprochenen »bedrückt«. Stimmungen u. ähnliches kann man nur unter Anführungszeichen schreiben u. aus dieser ihrer Qualität heraus sind sie auch beschämend, daß man sie hat. Auch das vage Gefühl des glücklich-sein wäre solcherart beschämend u. ich bin sehr froh, daß auf dieser Seite – u. deswegen ist mir der »Beweis« wertvoll – eine rationale Sicherheit vorhanden ist: ich weiß, *wie* viel ich von dir habe, warum ich Dich brauche u. nur Dich, Dich ganz allein will. Wäre es nicht so, so wäre ich über ein blindes Dich-lieben-müssen wahrscheinlich unglücklich. Es ist fast, aus diesem Grunde, ein faux pas, daß ich noch *außerdem* so einfach u. primitiv in Dich verliebt bin – trotzdem möchte ich es nicht hergeben – überzeugt, daß die Intensität der »Stimmungen« etc., kurzum des Komplexes, damit in Korrelation steht, zumindest zum großen Teil. Es ist komisch, daß »Gefühl« das eigentlich Seiende u. Wahre darstellen soll: ich sehe gerade hier, daß es unwahr, subjektiv u. – wenn es objektiv sein will – konventionell u. pathetisch macht. Schon deswegen, weil so viel Unaussprechliches, nicht nur als Gefühlsrückstand sondern rational Verschwiegenes zurückbleiben muß: ich glaube, daß selbst, wenn wir weg sein werden, ein sogenanntes »Aussprechen« nicht durchführbar sein wird. Hingegen ist das »Andere«, das, was Dich mir so vertraut, so absolut heimatlich, nah, unentbehrlich, einzig, überhaupt alles u. eben »Dich«, richtiger »Du« macht, so absolut klar – es ist eben die beweisbare objektive Möglichkeit, mit Dir *absolut* glücklich sein zu können. Kindchen, geliebtes, ich *will* Dir absolut gehören u. das ist sicherlich sehr viel mehr als nur Dir-gehören-müssen, obwohl ich das auch tue. M.e.W. ich muß Dir gehören wollen müssen. Genau so eben, wie ich meine Arbeit wollen muß u. auch müssen will. Im übrigen

habe ich auch heute nichts gearbeitet: tagsüber Fabrik u. zum Nachtmahl das Ehepaar Taussig[1], der Doctor[2], u. der Direktor[3] u. Oberingenieur[4] aus Tattendorf, deren Besuch einmal erledigt werden mußte. Hierauf Poker gespielt; hab glücklicherweise verloren. Es wäre wirklich zu viel, wenn ich noch mehr Unglück in der Liebe hätte – bis Montag ist es so lang u. irgendwie fürchte ich doch immer, Du könntest mich vergessen. Kindi, hab mich lieb u. zieh Dein Handi von mir nicht zurück. Brauche es so sehr, von Dir beschlagnahmt zu sein u. zw. *endgültig u. für immer.* Ich muß wissen, wohin ich gehöre. Außerdem halte ich das meinem Alter für angemessen – irgendwie fühle ich mich wirklich alt, man kann nicht recht sagen, was es ist, aber jedenfalls eine Art Vor-Marasmus.[5] Spür mich überall, körperlich u. sozusagen seelisch. Ich beginne wirklich zu alt für Dich zu werden[6] u. auch das macht mir ein bißchen Angst. Vielleicht wird es wirklich besser werden, wenn man wenigstens auf ein paar Wochen wegkann. Aus so viel Gründen ist das schon äußerst dringend unbedingt notwendig. Ich *vertrage* das Weggehen von Dir einfach nicht mehr u. außerdem höre ich jetzt zwei Tage nichts von Dir – eventuell, wenn es mit der Arbeit geht, werde ich doch bis Dienstag bleiben; hoffe doch viel von morgen u. Sonntag; nur muß ich mich leider immer zwingen zur Arbeit; irgendwie bin ich in einemfort müde.

Morgen bekomme ich ein Brieferl von Dir, Kindi. Ärgere mich, daß ich von Deinen viel zu vielen Geschenken[7] nichts hier habe – ich hab Dir wirklich viel zu wenig gedankt für diese Überschüttung u. vor allem für die Plage, die Du Dir nicht hättest machen dürfen, jetzt schon gar nicht!, die Du damit gehabt hast. Irgendwie wäre es mir aber jetzt sehr süß u. beruhigend etwas davon hier zu haben. Kindchen, süßes, ich hab Dich bei alldem so sentimental lieb. Kann aber jetzt nicht mehr weiter; es ist fast 2 h, möchte daß Du gut u. verschlafen schläfst.

6.11 Kindi, bin nicht nach Tattendorf, weil ich Dich doch anrufen wollte u. hörte eben, daß Deine Mutter gestorben sei.[8] Hoffentlich war es leicht u. ohne große Schmerzen mehr, obwohl das ja jetzt fast gleichgültig ist – irgendwie aber ist Sterben doch eine bedeutende Sache; man ist immer ein bißchen schuldbewußt, daß man ein Überlebender ist, sonst aus keinem anderen Grunde. Ich möchte gerne wenigstens auf einen Sprung hineinfahren, wenn ich Dir ja auch kaum was abnehmen kann – möchte es so gerne tun – aber nur um Dich zu sehen einen Augenblick; fürchte daß Du Dich doch aufgeregt hast, viel Laufereien haben wirst u. es ist mir nicht Recht, daß ich so untätig, meinerseits beschämend, hier sitze. Weiß aber nicht selbstverständlich, wie ich Dich treffen kann u. ob es Dir überhaupt paßt. Wenn es geht, Lieblingchen süßestes – kaum fängt man an, möchte man so weiterschreiben – gib mir irgend eine Nachricht. Hab Dein Brieferl bekommen, möchte Dir dafür danken: aber für das, was Du mir bist, ist es *mehr* als danken, genau so wie es mehr als liebhaben ist. Es ist sogar mehr als Dir-gehören. Irgendwo schaut das sinnlos aus, subjektives Pathos, aber gerade das, d. i. das Absolute, das darinnen ist, hat, wie ich auch gestern sagte, etwas Klares u. objektiv Beweisbares. Es ist etwas, was *unbedingt* bleibt. Bliebe es nicht, so wäre es der komplette Zusammenbruch des »Ich«. Auch das ist natürlich irgendwie pathetisch, aber schließlich ist das Ich ein objektives Ding, mit dem man rechnen kann. Kindchen, Meines (womit allerdings nur das Reziproke ausgedrückt ist), ich weiß nicht, ob es mir gelingen wird, Dir viel Freude zu machen, aber es ist das Einzige, was ich mir unausgesetzt wünsche; es schließt alles andere, das Dich-wollen etc. in sich ein u. wird *immer* bleiben. Werden wir jetzt wegfahren? jetzt wo es möglich ist, habe ich fast Angst, Du wirst nicht mehr wollen – aus Aberglauben, weil ich es *so* brauche.

1 Georg Taussig, Prokurist der Vereinigten Österreichischen Textilindustrie A.G., war seit 1920 mit der Schauspielerin Pauline Taussig, geb. Neumann, in zweiter Ehe verheiratet. Taussig wohnte in der Gußhausstraße 6 im Vierten Bezirk. Pauline Taussig ließ sich im April 1926 scheiden und war dann mehrere Jahre lang mit Brochs Bruder Friedrich

befreundet. Georg Taussig war in erster Ehe mit Fanny Taussig, geb. Strasser, verheiratet, die 1921 den Lederfabrikanten Richard Schnabel, einen Vetter Hermann Brochs, heiratete.

2 Emil Mulatier.

3 Direktor Ernst Mann.

4 Oberingenieur Otto Lange.

5 Marasmus senilis ist der medizinische Ausdruck für den geistig-körperlichen Kräfteverfall im Greisenalter.

6 Es könnte sich um ein verstecktes Kompliment handeln, denn Ea von Allesch war elf Jahre älter als Broch. Wahrscheinlicher ist, daß Broch über das genaue Alter seiner Freundin nicht Bescheid wußte. Wie den standesamtlichen Unterlagen in Wien zu entnehmen ist, gab Ea von Allesch als Geburtsjahr meistens das Jahr 1882 an. Danach mußte Broch annehmen, daß Ea nur vier Jahre älter als er selber sei.

7 Es handelte sich um Geschenke, die Ea von Allesch Broch zu seinem 34. Geburtstag am 1. November 1920 übergeben hatte, und die Broch in ihrer Wohnung in der Salesianergasse 8 gelassen hatte.

8 Vgl. Anmerkung 5 zur 34. Eintragung.

11. 11. 20. Ach Einziges, ich muß mit ach anfangen, meine sogenannte Seele ist eine einzige, äußerst empfindliche Wunde. Man wird sie noch ins Wasserbett legen müssen. Ich tu mir sehr leid u. müßte sehr viel weinen. Bald werde ich es wirklich tun. Aber *niemals* werde ich je von Dir irgendwie wegkommen können, nicht um einen Zentimeter. Jeden Tag geh ich mehr in Dir auf; wahrscheinlich bleibt deswegen nichts von mir übrig.

Kindi, habe gerade mit Dir gesprochen. Bin in großer Eile, mein Vater ist hier, die Bleistiftmänner[1] u. 20 andere Dinge. Außerdem dazu geht es mir, abgesehen von der Seele, auch nicht gut. Es ist schändlich. Die Geschichte mit der Erfindung der Nicht-Euklidischen Geometrie im Jahr 1823 ist auch grauslich.[2] Kindi, mache es für Samstag, wenigstens für 1 Stunde möglich. *Brauche* Dich, das habe ich Dir bewiesen u. außerdem brauch ich Dich noch mehr. Es ist wirklich nicht zum Aushalten mehr.

12. 11. 20 Gestern[3] habe ich den Komplex schriftlich auseinandergelegt begründet, abgeschlossen u. versiegelt. Es sind 20 Seiten u. ich habe bis 4 h Früh daran gearbeitet, mir war grauslich zu Mute u. bin heute noch krank, wirklich krank. Immerhin war es notwendig – die getane Arbeit »erledigt« sich damit immer zum Teil. Vollständig wird die Erledigung wohl erst abgeführt sein, wenn Du diese 20 Seiten gelesen haben wirst. Sie sind auch für Dich bestimmt – denn als Monolog sind sie schließlich doch lächerlich – aber, das wurde mir beim Schreiben klar, ich kann sie Dir vorderhand nicht geben. Vielleicht wäre es gut jetzt schon – trotzdem ist die Gefahr, daß du für die Lektüre noch nicht »reif« genug bist, allzu groß. Hysterie ist der Komplex sicherlich nicht, auch nicht einmal Verranntheit – er ist vielleicht krankhaft in seinen körperlichen Begleiterscheinungen, ist aber sicherlich nicht krankhafter als das Dich-lieb-haben. Ich weiß zu genau Bescheid – obwohl man nie etwas wissen kann u. alles Wissen ein ärmlicher Faden ist – aber ich weiß doch, *was* der Komplex ist u. *was* das Dich-lieb-haben u. das absolute nur-Dich-wollen ist. Ich möchte jetzt nur schon bald weg sein mir Dir – den Brief bekommst Du allerdings nicht in Salzburg u. nicht in Meran sondern, wenn es bald ist, in einem Jahr. Heute Nacht habe ich, was selbstverständlich ist, nur etappenweise geschlafen, hingegen ein schlechtes Gedicht[4] gemacht, d. h. zu meiner Entschuldigung, es hat sich gemacht:

> Und immer später wird die Nacht,
> Nie hat ein Traum noch Licht gebracht;
> Du wanderst in die Dunkelheit
> Ein totes Irrlicht in der Zeit
> Und fahlem Raumgestrüpp –
>
> Und glaubst du an die lichte Rast,
> So hat die Leere dich erfaßt
> Und was dir klingt, das wird dir stumm
> Und sagt dir nicht warum, warum
> Du in dem Leid versinkst.
>
> Vielleicht, oh Herz, wirst du erlöst,
> Wenn du den Weg zu Ende gehst –
> Verlösche nicht zu früh.

Es gefällt mir nicht; irgendwie ist es »pappig«, aber ich lasse nichts unter den Tisch fallen.

Liebes Süßes,
Kindi, Du kochst den Kaffee u. ich lieb Dich: es wird *kein* schlechtes Ende nehmen; insolange Du aber nur an die *Möglichkeit* eines solchen glaubst, kann ich Dir die 20 Seiten nicht geben.[5]

1 Vgl. Anmerkung 28 zur 5. Eintragung.

2 Broch fürchtete damals, daß andere Wert- und Geschichtstheoretiker aus dem Umkreis des Neukantianismus ihm mit ihren Büchern zuvorkommen könnten. Er kam mit seinem Buch *Zur Theorie der Geschichtsschreibung und der Geschichtsphilosophie* aus zeitlichen Gründen nicht zu Rande, und er gab die Arbeit daran bald auf (vgl. KW 10/2, 94-154). Die Entdeckung der Nicht-Euklidischen Geometrie während des ersten Drittels des 19. Jahrhunderts durch drei Mathematiker (Karl Friedrich Gauß, Nikolaus Iwanowitsch Lobatschewskij und Farkas Bolyai) führte er als Beispiel dafür an, wie bestimmte Dinge in der Wissenschaft in der Luft liegen können und daß es darauf ankommt, die neuen Erkenntnisse zügig zu publizieren. Anders als Bolyai und Lobatschewskij hatte Gauß, der als erster die Nicht-Euklidische Geometrie entdeckte, seine diesbezüglichen Studien nicht publiziert.

3 »Gestern« ist hier nicht wörtlich zu nehmen. Broch meint seinen Brief vom 4./5. November 1920 (fünfunddreißigste Eintragung), den er Ea von Allesch im Lauf der nächsten acht Wochen zuschickte (vgl. Anmerkung 2 zur 42. Eintragung). Durch diesen Hinweis machte Broch Ea von Allesch neugierig auf den »Komplex«-Brief, und sie hat dann wohl darauf bestanden, das Dokument bald zu erhalten.

4 KW 8, 20.

5 Vgl. Anmerkung 3.

14. 11. 20 Hab Dir heute ein wirres Telegramm[1] geschickt, Kindi; wenn das außerdem noch verstümmelt ankommt, wirst du verwundert sein. Im übrigen bin ich wirklich verwirrt vor lauter Sehnen, Lieben u. Angst-um-Dich-haben. Wollte heute Mittag hinein, nachmittags heraus um mich von Deinem Dasein zu vergewissern, aber da kam gerade Lechner u. ich habe ohnehin ein schlechtes Gewissen wegen der Arbeit. Ich möchte nun gern Dienstag fahren, wenn ich wüßte, daß die Frau F. dann nicht mehr in Wien ist, dies umsomehr als ich jetzt eben Nachricht bekam, daß die Besprechung beim Elektrizitätswerk[2] auf Freitag oder Samstag verlegt werden soll. Ich würde also entweder Dienstag Nachmittag u. sodann Freitag Abend *nochmals* in Wien sein, *oder* vom Mittwoch Abend *bis* Freitag Abend in einem Zug dort bleiben. Zwei Abende hintereinander ist natürlich süß, es ist konsistenter, andererseits ist es bis Mittwoch entsetzlich lang. Kindchen, süßes, einziges ich [bin] wirklich in einer ganz wirren Verfassung, es ist wirklich eine Krankheit – Sehnen kann man dieses absolute Hin-gezogen-sein schon gar nicht mehr nennen; alles ist superlativ u. noch viel mehr u. vor allem anders. Das Dich-lieb-haben u. das um-Dich-leiden, obwohl das Letztere seit gestern – ich hab Dich *so* gespürt u. bin so froh, wenn Du sagst, daß Du [um] mein Dir-gehören weißt – etwas abgelagert ist. Vielleicht u. hoffentlich u. wahrscheinlich ist das Leiden als eine Art »Läuterung« auch notwendig, obwohl ich darauf verzichten könnte. Kindi, nie, nie, nie (man kann es nicht oft genug wiederholen) kann es nur eine Spur möglich werden, daß ich Dich nicht lieb haben könnte; schon weil es nicht möglich ist, daß irgendein zweibeiniges Geschöpf mir nochmals zur »Idee« des Menschen wird; Ideen sind nur einmalig, auch selbst wenn sie als Fiktionen aufgestellt werden. Du bist mir der Nebenmensch schlechthin u. mußt es daher auch immer bleiben. Kindi, aber bleib mir wirklich. So u. so. Ich kann sonst tatsächlich nicht arbeiten – es geht miserabel: entweder weil ich *unausgesetzt* mit Dir beschäftigt bin oder weil ich es mit der »Genialität« richtig berufen habe. Außerdem lese ich in einemfort dein Brief[1]. Kindchen, geliebtes, bleib mir erhalten, kann Dich nicht mehr entbehren; das wird mit jedem Tag wahrer. Wirst Du morgen anrufen? Liebstes, Liebsteslein, es ist nicht zum Aushalten, *wirklich*.

Expreß-Nachricht: Freitag, 19.11.1920[?][2]

Beim Elektrizitätswerk. Eigentlich ist mir leid um die Zeit, weil ich jetzt durch das Schreiben eine Elektrische versäume u. um das später komme. Du sollst aber morgen Früh wissen, daß ich Dir gehöre, Süßes.

1 Das Telegramm ist nicht erhalten geblieben.
2 Vgl. Anmerkung 12 zur 4. Eintragung.

Sonntag, 5. XII. Nachmittag. Du bist jetzt bei der Billy[1] u. spürst wahrscheinlich nicht, daß ich jetzt u. überhaupt seitdem gestern Du weg bist ununterbrochen an Dich denke. Denken ist viel zu wenig gesagt: Ich spüre ja auch nicht, ob Du bei mir bist, obwohl ich weiß, daß Du mich lieb hast, wohingegen allerdings ich mir nicht erlaube, es zu wissen. Das ist ja auch einer der Gründe des Komplexes, resp. des beanständeten »Mißtrauens«: irgendwie glaube ich zu fühlen u. versinke darin, daß bei Dir etwas Absolutes, Objektives, Endgültiges vorhanden ist, andererseits kann ich es nicht voraussetzen. Nicht weil ich an Dir eine landläufige, skeptische, banale Frauenpsychologie angewandt habe. Aber eben, weil Du mir sowenig »Frau« bist – weil das Dunkle, Unpersönliche, das sich mir früher (verzeih Kindi, daß ich davon spreche) mit dem Begriff Frau verbunden hat, mir weggewischt ist. Ich versinke in Deinem (hypostasierten) mich-lieb-haben und das ist absolut licht, es ist wirklich das »lichte Glück«. Und eben, weil ich in etwas versinke, das ich überdies nicht voraussetzen kann – hier kann man nur sagen: wer bin ich denn, daß Gott mich liebt?[2] – bin ich so hilflos.

Expreß-Nachricht: Samstag, 11. 12. 1920[3]

Baden, Kindchen, hübsch ist es hier, mit liegen-gebliebenem weißen Schnee. Nächste Woche, wenn es Dir – bitte schau dazu – gut geht, machen wir eine Landpartie.

Kindi, Süßes, ganz pathetisch u. mit ganz großen Gesten hab ich Dich lieb, ewig, immer u. immer mehr. Möchte so gern, daß Du weißt, *wie* viel das ist, überhaupt alles was ich bin ist Dich lieb haben u. Dir-gehören. Fürchte aber immer, daß das nichts ist, zu wenig, möchte Dir so viel geben können u. schreib immer dasselbe. Kindi, hab mich trotzdem lieb.

1 Sibylla Maria Blei – oder Bley – (1897-1962), die Tochter Franz Bleis. Sie wurde in Zürich geboren und behielt ihre Schweizer Staatsbürgerschaft bis zu ihrem Tod. Sibylla (Billy) Blei, die ihre Jugend in Wien verbrachte, hielt sich von 1917 bis 1921 häufig in Berlin auf und lebte dann ständig von 1921 bis 1932 in Wien. Von 1921 bis 1929 wohnte sie in der Widerhofergasse 8/13 im Neunten Bezirk bzw. Fischerstrand 9 im Zweiten Bezirk. 1926 heiratete sie den zweiundzwanzig Jahre älteren Wiener Bankier Ernst von Lieben, von dem sie sich 1929 wieder scheiden ließ. In den zwanziger Jahren frequentierte sie das Café Herrenhof und das Café Central, war Theater- und Filmschauspielerin und hatte u. a. Engagements in kleineren Rollen bei Max Reinhardt. In Brochs Komödien-Fragment »Kommentar zu Hamlet« von 1917/18 tritt sie als Ophelia auf (KW 6, 278-286). Während des Ersten Weltkriegs war Sibylla Blei eine von Brochs Geliebten, auf die er im Brief vom 4./5. November 1920 zu sprechen kommt. Zu ihrem Freundeskreis gehörten u. a. Rudolf Borchardt und Robert Musil. Auch nach seiner Hinwendung zu Ea von Allesch blieb die Freundschaft zwischen Broch und ihr erhalten, und auch Ea von Allesch selbst – eine Generation älter als sie – war mit ihr befreundet. Die Ehe mit Ernst von Lieben scheiterte nicht zuletzt an der Liebe Sibylla Bleis zu der Bildhauerin und Übersetzerin Sara (Sarita) Halpern (1898-1974), die ihre Kindheit und Jugend in Frankfurt am Main, Paris und Madrid verbracht hatte. Auch nach der Scheidung blieb von Lieben mit Sibylla Blei in Verbindung, unterstützte sie und besuchte sie mehrmals im portugiesischen Exil. Mit Sara Halpern zog Sibylla Blei 1932 nach Mallorca. Wegen des Spanischen Bürgerkriegs kehrten die Freundinnen 1936 nach Wien zurück, emigrierten dann aber gemeinsam 1937 nach Portugal. Sie wohnten auf einem Landgut in dem Fischerort Costa da Caparica am Tejo-Ufer, etwa fünfzehn Kilometer von Lissabon entfernt. Von 1938 bis zu seiner Emigration in die USA im Jahre 1941 wohnte auch Franz Blei dort. Ihren Lebensunterhalt verdienten Sibylla Blei und Sara Halpern sich mit der Herstellung von Naturkosmetika. Broch korrespondierte noch im amerikanischen Exil mit Sibylla Blei und schickte ihr seinen Roman *Der Tod des Vergil* nach Portugal mit folgendem handschriftlichen Widmungs-Gedicht: »Für Billy (aber auch für Sarita)/ Nun sind es drei Jahrzehnte,/ Und doch ist es wie heut',/ Denn was man sich ersehnte/ Ist nach wie vor gleich weit;/ Bis daß wir's langsam lernen:/ Schau lieber vorwärts nicht,/ Schau seitwärts – nicht in Fernen/ Siehst du des Freunds Gesicht./ In Liebe/ Hermann/ Juli 1945«. Dieser Band mit dem Widmungsgedicht befindet sich in der Buchsammlung, die Sibylla Blei und Sarita Halpern der Nationalbibliothek in Lissabon vermacht haben.

2 Anspielung auf ein Zitat von Augustinus. Vergleichbare Stellen kom-

men in den *Sermones, Errationes in Psalmos* und *Confessionum libri tredecim* vor.

3 Die Umschläge zu den Briefen Brochs sind – bis auf den Brief vom 8. Februar 1921 – nicht erhalten geblieben. In der Nachricht vom 11. Dezember 1920 verwandte Broch jedoch einen Faltbrief ohne Umschlag, bei dem man auf der Außenseite die Adresse angab und die Innenseite für die Briefbotschaft benutzte.

25. 12. 20., ich kann nicht arbeiten, Kindi, weil ich aus dem
in Angst vergehen nicht heraus komme. Ich bin so abergläubisch geworden, Süßes, u. fürchte jetzt, daß ich das »ich bin
so glücklich« geradwegs u. ohne Einschränkungen heraus
gesagt habe. Aber ich bin es wirklich (sagen wir zur Vorsicht
»fast«). Vorgestern war erst kein guter Tag, irgendwie zerris-
sen, aber wie Du Dich bei der Bescherung – beim Schreibtisch – in mich eingehängt hast, war es so eine Welle von
Glücksgefühl, Glücksgeborgenheit, Süßigkeit, Vertrautheit,
alles mögliche überhaupt, daß es, man kann nicht anders
sagen, »übermächtig« war. Es ist so viel, Kindi, was Du mir
gibst, daß es zum Verzweifeln ist, weil ich Dir nie das gleiche
geben kann – Kindi, glaub mir, ich möchte mein schäbiges
ganzes sogenanntes Leben drauf verwenden, Dir ein bißchen
Freude zu bringen. Und ich habe solche Angst, daß irgend
noch was dazwischen kommen könnte, daß Du mir so oder
so verloren gehen könntest. Denn, wenn Du mich nicht lieb
haben würdest, oder haben wirst, dann könntest Du es gar
nicht apperzipieren, wenn ich mich bemühe, Dir irgendwie
Freude zu machen. Kindi, nimm mir das nicht weg u. hab
mich, schon zu diesem Zweck, lieb. Ich hab sonst wirklich
nichts mehr auf der Welt zu tun. Das Schreckliche ist, daß
mir über diese Angst um Dich u. Dein lieb-haben sogar die
Arbeit gleichgültig wird. Es ist unnobel, Dich daran zu erinnern, daß Du gesagt hast, daß Du mich immer u. unter allen
Umständen lieb haben wirst, ich tu es aber trotzdem – irgendwie glaub ich daran, denn es *muß* irgend etwas da sein,
das uns zusammenpassend macht, denn sonst könnte es
nicht immer mehr u. mehr werden. Das mich-zu-Dir-gehö-
rig-fühlen schlägt irgendwie über mir zusammen – ich bin
irgendwie in Dir u. mit Dir u. ganz eingeschlossen, von allen
anderen abgeschlossen. Es ist so schwer, das zu sagen, ohne
pathetisch zu werden – aber jedenfalls, Kindi, wenn es auch
pathetisch klingt: mein Leben gehört Dir, für immer, u.

wenn das auch so niedergeschrieben eine Phrase ist, so möchte ich wenigstens, daß Du im Realen weißt, daß ich zu Dir halte u. daß ich außer dieser ein-eindeutigen Richtung keine andere mehr kennen kann. Kindi, aber behalt mich lieb, wenigstens bis nach Italien: es ist ein Plagiat, aber *das* möchte ich noch haben u. erleben, mit Deinem süßen Leben eingeschlossen, irgendwo allein zu leben. U. zw. Sizilien.[1] Dann meinetwegen wirklich sterben[2] – trotz der Arbeit (mir geht es jetzt sehr elendig). Deswegen habe ich ja auch die fürchterliche Angst, es könnte noch irgendwas dazwischen kommen: 1.) daß Du ganz krank wirst 2.) daß ich zusammenklappe 3.) sonstige Komplikationen. Letztere eigentlich nur, daß Du mich (was ja zu verstehen wäre) plötzlich nicht mehr magst – obwohl ich, wie gesagt, meine, allerdings nicht zu glauben mich getraue, daß zwischen uns keine Komplikationen mehr entstehen können u. daß es irgendwie ein Mangel an Gescheitheit wäre, wenn das noch möglich wäre. Wäre es der Fall, so könnten sie nur von außen hereingetragen werden – so wie der Komplex ein »außen« ist – aber wenn man sich *vollkommen* kennt u. also *vertraut* ist, gibt es kein Außen mehr. Der Komplex ist schließlich auch ein Rest von Nicht-kennen u. nicht-vertraut-sein: wahrscheinlich deswegen diese Sucht nach »Klarheit«. Aber schließlich kann es meinem Dir-gehören nichts mehr anhaben – bei mir gibt es keine Komplikationen mehr. Wenn ich es einmal wissen werde (hoffentlich werde ich es wissen, obwohl es *theoretisch* unmöglich ist), daß Dir die Unmöglichkeit von Komplikationen ebenso *bewußt* sein wird wie mir für meinen Teil, so *absolut gefestigt*, dann wird auch der Komplex endgültig erledigt sein. – Ich habe heute mit dieser Komplikationen-Angst so zu tun, weil wir heute Mittags davon gesprochen haben u. weil ich mir in meinem neuen Aberglauben sofort Nachmittags ein Omen konstruiert habe. Aber das erzähle ich Dir dann lieber. Kindchen, Vertrautes, ich bin absolut hypochondrisch u. kann mir alle Phasen eines nicht-mich-lieb-habens von Dir so gut ausmalen, schon weil es mir so plausibel erscheint. Es wäre einfach *entsetzlich*.

Sonntag Nacht, meine Mutter spricht heute den ganzen Tag von Telepathie – ich habe wieder Panik in Angst vor Komplikationen u. führe jetzt die Angst auf ein Fühlen bereits geschehener oder kommender Komplikationen zurück. Außerdem erzählte mir Nachmittags der Doctor[3] etwas von Wärndorfer[4], was einen Schimmer von Komplikationsmöglichkeit trägt u. da Du heute wahrscheinlich deren Besuch gehabt hast, etc.; ach, Kindi, ich möchte diese Ängste, die auch irgendwie stupid sind, nicht mehr haben. Aber da ich bei alldem nichts arbeiten kann – ekelhafte Sachen in der Fabrik, das Haus voller Leute u. Kinder, die Frau F. ist mit ihrer jetzt guten Laune sowenig auszuhalten wie [stets] u. außerdem geht es mir schlecht, also immerhin – u. ich dann erst recht glaube, daß Du sowas wie mich (ich kann mathematisch wirklich schon gar *nichts*) nicht lieb haben kannst, so ist Angst u. Panik schon begreiflich. Kindchen, ich wüßte wirklich nicht, was ich ohne Dich anfangen würde, ohne Dein geliebtes, geistiges, süßes atmendes Dasein. Ich hab Dir faktisch, wie der terminus technicus lautet, mein Leben geweiht u. wenn Du auch von der Weih nicht viel hast, Kindi, so hoff ich doch, daß ich Dir noch irgendwie Freude machen u. Dich froh machen kann. An irgend einer Stelle bin ich schon »wer«, trotz aller Ignoranzen u. sonstigen Schäbigkeiten, schon, daß ich Dir so gefestigt gehöre, macht mich zu »wem«. Kindi, Du weißt nicht, wie dankbar ich Dir bin, daß ich durch Dich zu einem »anderen Menschen« geworden bin. Nur, daß ich so abergläubisch dabei wurde, ist unangenehm. Süßes, Vertrautes, ich beneide mein Gestern; wirst Du mich morgen noch mögen?

---

1 Wie alle übrigen Reisepläne Brochs von 1920 blieb auch das Sizilien-Vorhaben unausgeführt. In den folgenden Jahren – zwischen 1923 und 1927 – unternahm Broch allerdings verschiedene Reisen mit Ea von Allesch nach Frankreich, Deutschland und in die Schweiz.

2 Anspielung auf die Redensart »Neapel sehen und sterben«, die man benutzt, wenn man in Begeisterung etwas Schönes erblickt hat.

3 Emil Mulatier.

4 August Wärndorfer war ein Fabrikdirektor, der in der Traungasse 1 im Dritten Bezirk Wiens wohnte.

Sonntag, 9. 1. 21. $^{1}/_{2}2$ h Nacht. Bis jetzt gearbeitet, Kindi, u. jetzt krähen ringsherum schon die Hähne, was mir merkwürdigerweise immer etwas unheimlich ist, obwohl ich es mir nicht gestatte u. außerdem weiß, daß sie nichts besseres zu tun haben. Es ist so traurig, daß ich Dir, d. h. man sich nur Worte schreiben kann. Auch die Arbeit ist, wenn man sie daraufhin ansieht traurig u. flatterhaft. Hinter allem ist – bekanntlich – viel mehr, aber fast kann man diesem »viel mehr« gar nicht trauen, weil [es] eben in seiner rationalen Auswirkung so meskin u. windig-dünn ist. Irgendwie, d. h. mehr als irgendwie arbeite ich für Dich, immerhin damit Du mich für eine solche Leistung lieb haben sollst, aber selbst wenn es weiß Gott was wird, so bleibt es doch eine dialektische omelette soufflée; es gibt keine Leistung, durch die man sich lieb-haben verdienen kann. Auch nicht einmal als Schachmeister[1], zu dem ich mich ausbilden werde; den ganzen Nachmittag hab ich damit vertan – aber ich war so müde u. hin, daß nichts anderes funktionierte. Warum ich dann einfach nichts anderes tu, als nur an Dich denken, ist unerfindlich; ich bin so ekelhaft geschäftig u. deswegen arbeite ich ja. Alle Geschäftigkeit ist rational; wenn sie Dir wenigstens was nützen würde. Ich bin unausgesetzt in der gleichen bohrenden Sorge, Kindi, süßes – Du hast so ein müdes Gesichterl, das ja süß ist in seiner Müdigkeit, aber anders sollte es doch sein. Kindi, schäfst du jetzt? es ist so sinnlos, nicht bei Dir zu sein. Kindchen, »Zärtlichkeit« ist ein Wort, was es ausdrückt, weiß man nicht, tun kann mans nicht, leider nie, aber ich möchte, daß Du spürst, wie gerne ich Dir furchtbar ungeheuer Zärtliches tun möchte; möchte überhaupt nur das. Kindi, schlaf gut, ich kann nicht mehr, mir brennen wirklich schon die Augen, daß ich nichts mehr seh.

1 Broch besuchte den Wiener Schachklub im Ersten Bezirk, Schaufler-gasse 2, und spielte auch Briefpartien. Zum Schachmeister hat er es nicht gebracht. Mit Beginn seiner literarischen Karriere, d. h. mit der Arbeit an der *Schlafwandler*-Trilogie im Jahre 1928, gab Broch das Schachspiel ganz auf.

TEESDORF Montag, seit gestern Kindi weiß ich, daß meine Vermutung mit Leipzig stimmt.[1] Du weißt es auch u. sagtest, daß Du gleichzeitig weißt, daß ich Dich lieb hab. *Wie* sehr, kannst Du allerdings nicht wissen. Der Komplex wäre damit also jetzt arrondiert u., hoffe ich, komplett. Ich bin froh, daß Du weißt, daß ich Dir gehöre – das ist das Wichtigste. Kindi, ich bin nicht eifersüchtig auf Dich, obwohl ich es sicherlich bin, aber ich leide sehr. Eifersucht ist feindlich – manchmal sage ich Dir, ich mag Dich nicht – aber hier ist keine Spur davon. Höchstens »werfts ihn hinaus, er bracht mer das Herz«.[2] Ich seh immer Dein zerstörtes vergewaltigtes kostbar-süßes Leben u. bin traurig, daß ich es Dir nicht aufbauen kann. Eifersucht ist auch immer Besitzerwahn, – deswegen beginnt sie für das Männchen meistens auch erst nach erfolgter Besitznahme; vorher ist ihm alles wurst – u. ich habe den Besitzerwahn sicher nicht, trotzdem ich nichts so sehr brauche, als daß Du mir gehörst. Ich hab in den letzten 2 Monaten seit den 20 Seiten[3] viel drüber nachgedacht, wie der Komplex zu erledigen ist. Allein kann ich es vielleicht, wenn ich *sehr* viel Zeit hab, aber Du kannst mir so leicht helfen. Das Ärgste ist Dein hysterisches Verstecken – ich weiß nicht, was Du noch versteckst. Wie Du neulich, wie der Name Lang[4] gefallen ist, in völlige Abwehr wieder verfallen bist, hatte ich die Empfindung, daß über meine Kombinationen hinaus noch Dinge vorhanden seien. Vielleicht hast Du zwischen Deinen beiden Ehen aus Deiner Hysterie heraus noch irgend eines oder mehrere Erlebnisse Dir zugezogen. Ich bin nicht tatsachenhungrig, aber ich weiß, daß ich Deine Stellung zu mir erst dann völlig begreifen werde u. das vollständige Zutrauen zu dem erstaunlichen Faktum, daß Du mich lieb hast, finden werde können, wenn sich alles, was in Dir noch verknotet ist, sich gelöst haben wird. Und da Knoten immer um Tatsachen geschlungen sind, so muß notgedrungen auf diese zurückgegangen werden. Kindilein, fürchte auch nicht (es ist zwar überhebend dies zu sagen), daß ich Dich durch irgend eine Tatsache weniger lieb haben könnte. Wenn *Du* mich aber lieb hast, dann hilf mir, daß zwischen uns nichts Dunkles u. Stummes mehr vorhanden ist. Wenn irgend etwas in meiner Arbeit wertvoll ist, so ist es eine gewisse Ehrlichkeit, *nichts* unbewiesen zu lassen – diese Angst vor dem Dunklen ist eigentlich das letzte Agens meines ganzen sogenannten Philosophierens.

Du bist für mich neben diesem Drang die einzige Realität. Das ist gewiß eine Fiktion u. jede Fiktion rächt sich, deswegen mußte ich, glaube ich, am Komplex »leiden«. Aber Du bist mir so sehr Lebensfiktion geworden, so sehr Realitätsmittelpunkt, daß das nicht mehr wegzubringen ist: ich gehöre Dir absolut. Wenn diese Fiktion nun, des mit-Dir-zusammen-gehörens nicht davon belastet mehr sein soll, dann muß sie das möglichst erreichbare Maximum an rationaler Klarheit u. Objektivität zumindest haben. Kindilein, ich glaub daß Du mich lieb hast, aber Du könntest mir unendlich helfen, wenn Du das Dunkle, die Angst vor dem Unpersönlichen, wegnehmen würdest. Ich habe auch so ziemlich die Angst verloren, daß damit Altes aufgerührt u. wieder lebendig werden würde. Im Gegenteil, ich meine, daß die Sachen dann endlich wirklich zur Bedeutungslosigkeit neutralisiert werden würden. Ich möchte einmal mit Dir nach Leipzig fahren. Es ist nicht wahr, daß das, was man vergessen oder verdrängt hat, nicht vorhanden ist. Sowohl Du wie ich vergessen nach einer Stunde, daß wir uns genommen haben – wenn Deine These also wahr wäre, dann hätte ich doch Recht, daß ich Dir nur Wiederholung bin.

Kindchen, Du kannst mir so sehr helfen – obwohl ich so sehr dagegen bin, von Dir, aus dem Titel, daß ich Dich lieb habe, etwas zu verlangen. Ob Du mir das Zusammenpressen über die Zerstörung u. Vergewaltigung Deines Daseins wegnehmen wirst können, ist fraglich. Je mehr ich mit Dir eins werde, desto arger wird dies. Ich glaube auch, daß Du das nie so verstehen wirst, weil man sich selber – leider – mit

eigenen u. damit anderen Augen anschaut u. speziell hinterher, besonders wenn man dazu geneigt im vorhinein ist,
bagatellisiert. Das ist fast meine Privatangelegenheit, obwohl ich vor Dir keine haben will. Aber andererseits kannst
Du mir auch darin helfen, wenn ich eben durch Klarheit klar
weiß, daß Du zu mir gehörst, wie ich zu Dir u. daß ich Dir
ein bißchen was geben kann. Ich möchte, daß Du es froh u.
»licht« hast.

Kindi, ich liebe Dich. Das ist ein Cliché, allerdings für
mich nicht. Wenn aber das, was ich will, nämlich absolute
Klarheit da ist, das ist die Fähigkeit alles auszusprechen u.
nichts im Dunklen u. Halbdunklen zu lassen (nicht nur Ver-
gangenes), dann gibt es überhaupt keine Clichés mehr.

Kindi, einen einzigen Wunsch habe ich: bleib mir erhalten
u. bleib ganz bei mir.

Expreß-Nachricht: Dienstag, 8. 2. 1921[?]

Mödling. Buchhandlung Thomas[5]. Hast Du mich jetzt auch
noch lieb? Hab im Belvedere u. auf der ganzen Fahrt Dein
Nacht-Briefi gelesen. Kindchen, weiß nur, daß ich Dich lieb
habe, daß [ich] Dir gehöre, daß das das Kontinuum meines
Seins ist. Ganz viel Liebes möchte ich Dir sagen, bin aber zu
ungeschickt dazu u. außerdem muß ich zum Zug. Kindi, behalt mich lieb, wüßte nicht wozu ich sonst in der Früh
aufstehen, arbeiten etc. würde. Auch die Arbeit ist für Dich –
hab Dich zu lieb, aber möchte es doch nicht anders haben.
Lieblingchen, hab mich lieb.

1 Vgl. Anmerkung 29 zur 35. Eintragung.
2 Von Salomon Rothschild (1774-1855), dem Gründer des Wiener
Bankhauses der Rothschilds, erzählte man folgende Anekdote: Rothschild empfing regelmäßig Bedürftige, die ihm über ihre Not berichte-
ten und die er nach Anhörung mit Almosen bedachte. Einmal, als einer
der Bittsteller die Schilderung seines Elends in den denkbar krassesten
Farben ausmalte und von steinerweichenden Leidenserfahrungen er-

zählte, reagierte Rothschild anders als erwartet. Statt wie gewöhnlich seinem Diener Johann den Wink zu geben, die Almosen-Schatulle zu öffnen, befahl er ihm: »Werfts ihn hinaus, er bracht mer das Herz!« (Werft ihn hinaus, er bricht mir das Herz!).

3 Seit Brochs Brief vom 4./5. November 1920 sind etwa zwei Monate vergangen. Obgleich dieser Brief nur mit »Montag« gekennzeichnet ist, läßt sich das Datum des 10. Januars 1921 mit ziemlicher Sicherheit festlegen. In seinem Brief vom 12. November 1920 (37. Eintragung) hatte Broch Ea von Allesch gegenüber angegeben, der Brief vom 4./5. November 1920 sei erst am 11. November 1920 fertiggestellt worden.

4 Nicht ermittelt.

5 Ea von Allesch hielt sich damals im Sanatorium – einer Wasserheilanstalt – in Prießnitztal bei Mödling auf, wie der Adresse auf dem zufällig erhalten gebliebenen Umschlag zu entnehmen ist.

6 Buchhandlung J. Thomas, Mödling, Hauptstraße 29.

Anhang

Nachwort

Hermann Broch: Tagebuch eines Eifersüchtigen

1. Die Tagebuchbriefe im kulturellen Kontext

Die Tagebuchbriefe, zu denen Ea von Allesch Hermann Broch 1920 anregte, gehören zu den selteneren Gattungen der Literaturgeschichte. Erinnert sei an die Tagebuchbriefe Goethes aus den ersten Wochen seiner italienischen Reise an Frau von Stein. Für Broch ergab sich diese Form als angemessen. Das Tagebuch hat grundsätzlich monologischen, der Brief prinzipiell dialogischen Charakter, wenngleich auch ein Tagebuch ohne dialogische und ein Brief ohne monologische Komponenten nicht vorstellbar ist. Ein Tagebuch für sich selbst bzw. für eine anonyme Nachwelt hat Broch nie geschrieben. Seiner ganzen geistigen und psychischen Konstitution nach war er ein Intellektueller, der für die Niederschrift seiner Eindrücke, für die Mitteilungen über das, was ihn bewegte und an dem er gerade arbeitete, Gesprächspartner brauchte. Nichtsdestoweniger summiert sich – wie im Falle Hofmannsthals – seine umfangreiche Korrespondenz mit zahllosen Adressaten zu einem Tagebuch bzw. Journal von erstaunlicher Lückenlosigkeit. Seitdem Broch 1930-32 mit der Veröffentlichung der *Schlafwandler*-Trilogie auf sich als Romancier aufmerksam machte, haben die Korrespondenzpartner seine Briefe aufbewahrt, und er selbst behielt von den meisten seiner schriftlichen Botschaften eine Kopie zurück. Durch diese Briefe kann man seine Biographie der letzten zwanzig Jahre seines Lebens recht genau rekonstruieren. In seinem Briefwerk geht Broch zwar auf die Dialogpartner ein, immer aber teilt er – wie in einem Diarium – auch mit, was ihn gerade beschäftigt, was ihn begeistert oder irritiert, wogegen er Partei ergreift und was er unterstützt, was seine dichterischen Intentionen sind, wie weit sein jeweiliges dichterisches, essayistisches, philosophisches, massenpsychologisches oder politologisches Projekt gediehen ist, und wir erfahren – je nach Korrespondenzpartner – auch Privates, Familiäres. Seine Briefe haben somit dialogischen wie monologischen Charakter, umgreifen die Charakteristika des Tagebuches und des Briefes.

Neuerdings wird das Tagebuch allgemein zu einer Grundlage dichterischer Gestaltung erklärt (MJ). Brochs literarische Arbeit sollte jedenfalls von seinen tagebuchartigen Briefen nicht getrennt werden. Hier reflektierte er die Brüche seines Lebenslaufes: den Übergang vom Industriellen zum Kulturphilosophen, vom Theoretiker zum Schriftsteller und vom Dichter zum Massenpsychologen. In diesem Briefwerk entwarf er seine Poetologie, schmiedete, diskutierte und verwarf literarische Pläne, erklärte und kommentierte er seine Arbeitsvorhaben. Die Übergänge zwischen Tagebuch, Brief und Dichtung waren zuweilen fließend. Beim Roman *Die Verzauberung* gehen Ich-Erzählung und Tagebuchform eine Synthese ein, und einige Arbeitsphasen am *Tod des Vergil* hat Broch als »eine Art privates Tagebuch« über seine »Auseinandersetzung mit dem Todeserlebnis« (HBB 220) bezeichnet.

Nur in den für Ea von Allesch geschriebenen Mitteilungen während des halben Jahres von Mitte 1920 bis Anfang 1921 hat Broch seinen Briefen den Charakter des Diariums im Sinne eines täglichen Berichts gegeben. Trotzdem unterscheiden sich die meisten seiner späteren Briefe nicht grundsätzlich von diesem Tagebuch. Selbst- und Zwiegespräch sind bei Broch immer miteinander verbunden: Das Monologische ist nie nur selbstbezogen und das Dialogische meint auch das eigene Ich. Das tendenziell Melancholische, Selbstkritische und bekenntnishaft Ungeschminkte des Tagebuchs verwebt sich mit dem Aktivistischen, Defensiven, Diplomatischen und Argumentativen des Briefes. So unterscheidet sich Brochs Tagebuch grundsätzlich von Ea von Alleschs eigenem, in der Folge zitierten Diarium: Es gab nichts, das Broch lediglich für sich selbst notiert hätte; sie aber bewegte vieles, das sie nur ihrem privaten Tagebuch anvertraute. Ea von Allesch war durch die Ich-Kultur der Jahrhundertwende geprägt, Broch hingegen richtete sich mehr an einer Ich-Du-Philosophie aus, wie Martin Buber sie formuliert hat. Im Fin de siècle hieß das neue Zauberwort »Ich«: entsprechend war es »der große Einzelne«, der damals wie ein Fixstern am ideologischen Firmament leuchtete. Es waren Werke des Ich-Kults, des Egotismus bzw. Egomanischen wie Nietzsches *Zarathustra*, Max Stirners *Der Einzige und sein Eigentum* oder Maurice Barrès' *Le culte du moi*, die als Identifikationsbücher die Gemüter der in den siebziger Jahren geborenen Generation bewegten. Leittypen der Jahrhundertwende-Kultur waren die aus der bürgerlichen Gesellschaft ausgestiegenen Dandy- und Bohémien-Figuren, deren Ziel individualistische Selbstverwirklichung war. Nietzsche hatte den Verlust der kulturellen Einheit zu Bewußtsein gebracht; Freud hatte die Relativität der Konvention sowie die Macht des individuellen Unbewußten verdeutlicht; Mach hatte die bisherigen Wahrnehmungstheorien verabschiedet; und die Marxisten prophezeiten den Untergang des Bürgertums. Gegen die zivilisatorischen Verunsicherungen, gegen den Verlust gesellschaftlicher Totalität und Geborgenheit schien die Behauptung und Nobilitierung des Ich ein probates Mittel zu sein (AF). Der Rückzug auf das Tagebuch als der individualistischen literarischen Form schlechthin war somit Teil einer auf das Ich konzentrierten kulturellen Disposition. Das Tagebuch erlebte im späten 19. und frühen 20. Jahrhundert einen ungeahnten Aufschwung, auch und gerade im Wiener Fin de siècle. Die Tagebuchautoren Arthur Schnitzler und Hermann Bahr seien hier stellvertretend genannt. Gleichzeitig kamen dem Ich-Kult entgegengesetzte Bewegungen auf: unter anderem die Jugendkultur des Wandervogels mit seiner Gemeinschaftsideologie (HB) und verschiedene sozialistische Assoziationen, die eine Wir-Philosophie propagierten. Schon wegen der völkischen Einsprengsel hat der junge

Broch nie eine Affinität zum Wandervogel verspürt, der in Österreich ja auch erst 1911 gegründet wurde, und innerhalb der marxistischen Strömungen war ihm nur die austromarxistische sympathisch, weil die Kantsche Ethik ein integraler Bestandteil von ihr war (NL).

In den Jahren vor dem Ersten Weltkrieg begann eine neue geistige Richtung die Aufmerksamkeit des assimilierten jüdischen Bürgertums, dem Broch entstammte, auf sich zu ziehen. In ihr reagierte man auf das Unbehagen in der Kultur anders als mit Ich-Kult, Gemeinschaftsideologie und Wir-Philosophie. Ihr Wortführer war Martin Buber, der in der Zeit nach der Jahrhundertwende die jüdische Frömmigkeit und Weisheit des Chassidismus seiner Generation neu erschloß. Eigenständiges Resultat seiner umfassenden Chassidismus-Studien war Bubers 1923 erstmals erschienenes Buch *Ich und Du*, mit dem er dem dialogischen Prinzip die philosophische Begründung gab (MB). Er wies nach, daß es keine rein individuelle Beziehung des Ichs zur Umwelt geben kann, daß sein Verhältnis von vornherein immer ein zwiefältiges ist. Das Wortpaar Ich-Du (eines von Bubers »Grundworten«) umgreift die Welt der Beziehung, und das Wortpaar Ich-Es die Welt der Erfahrung. Der Fehler des Ich-Kults liegt für Buber in der Konzentration auf die Ich-Es-Beziehung (also der Beziehung des Ichs zur Welt) bei Vernachlässigung der Ich-Du-Relation. Erst durch die Beziehung zu einem Du werde der Mensch zu einem Ich. Geist ist im Ich nicht unmittelbar vorhanden, sondern entsteht erst in der Beziehung zwischen Ich und Du. Buber beschwört die Gefahr eines »Herrn der Welt«, der die Dimension des Du nicht mehr kennt. Seine Herrschaft wäre der Beginn des Kulturtodes. Der Mensch, der kein Du kennt, kennt nach Buber auch kein Ich: das Ich realisiert sich erst in der Du-Beziehung. Als die höchste dieser Ich-Du-Relationen gilt die Beziehung zu Gott. Broch beschäftigte sich zur Zeit seiner Tagebuchbriefe mit dem Chassidismus, wie er durch Buber vermittelt wurde. Die Eintragungen haben mit ihrer monologisch-dialogischen

Doppelheit eine möglichst enge Verbindung von schreibendem Ich und angesprochenem Du zum Ziel. Wendungen, in denen er seiner Freude darüber ausdrückt, daß das Du der Geliebten ihm so nah wie sein eigenes Ich ist, durchziehen leitmotivartig seine Tagebuchbriefe.

Broch unternahm literarisch nichts, ohne es theoretisch zu begründen. Gleich in den ersten Zeilen wird die Syntheseform von Diarium und Brief mit ihrer Ich-Du-Ausrichtung deutlich, wenn es heißt: »Liebling, also das Tagebuch. Da ein Tagebuch etwas ganz Aufrichtiges sein muß, es sonst sinnlos wäre, ist es mir recht, daß Du es bekommst – es ist ein Teil des Dir-Gehörens.« Broch vergleicht sich als Tagebuchschreiber scherzhaft mit einer »Ellipse«, die zwei »Brennpunkte« hat: zum einen die Geliebte Ea von Allesch (»es wird ein Tagebuch um Dich herum«) und zum anderen »die Arbeit«. (1) Mit »Arbeit« ist keineswegs die Tätigkeit als Direktor in der Spinnfabrik Teesdorf gemeint, sondern sein in Entstehung befindliches (und nie abgeschlossenes) Buch über die *Theorie der Geschichtsschreibung und der Geschichtsphilosophie* (KW 10/2, 94-154). Die Ich-Du-Relation steht immer im Vordergrund. Er weiß, daß sich sein »Tagebuch [...] in Liebesbriefe auflöst« (5), und er will es so, weil ihm »der Monolog zu blöde vorkommt«. (35) Alles, was sich nicht um seine Geliebte oder um seine philosophische Arbeit dreht, ist ihm »schrecklich langweilig« (2) und daher nicht erwähnenswert. Dafür wird er von Ea von Allesch gerügt. Sie möchte mehr »Erlebtes« (4), mehr »Eindrücke« (31) erfahren. Aber Broch kann damit nicht aufwarten. Er entschuldigt sich und behauptet, Ea von Allesch sei sein »erstes ›Erleben‹« (4), und mit »Eindrücken« sei er nicht reich gesegnet, eine Tatsache, die er durch seine philosophische Arbeit zu kompensieren versuche. (31)

Über seine Tätigkeit als Fabrikdirektor berichtet Broch nur selten. Diese Arbeit sei zwar zuweilen »unterhaltsam«, doch werde man »dumm« (1) davon, weil »diese ganze Geschäftemacherei eine Geisteskrankheit« (10) sei. Öfter ist die

Rede von »lauter Unannehmlichkeiten« (18) bzw. »ekelhaften Sachen in der Fabrik« (40). Er erwähnt manchmal, daß er »in der Fabrik herumgelaufen« (10) bzw. »in der Fabrik u. im Dorf herumgerannt« (9) sei, aber er geht selten ins Detail. Immerhin erfährt man einiges: Kalkulationen müssen abgeschlossen, Buchhaltungen revidiert und Spinnpläne aufgestellt werden; es wird unausgesetzt telefoniert und oft mit dem Betriebsrat getagt; Broch rückt mit der Werksfeuerwehr aus, um einen Brand zu löschen; englische Industrielle tauchen wegen Geschäftsverhandlungen auf; ein Werkmeister muß eingekleidet und ein Elektriker entlassen werden, und er überwacht die Demontage eines Motors. Auf seine »Spinnereiorganisation« hält der kaufmännische Direktor Broch sich etwas zugute; sie »verdiene«, meint er, »in allen Fachschulen gelehrt zu werden«. (3) Von seinem kaufmännischen Verhandlungsgeschick erhält der Leser keinen ganz so positiven Eindruck. Nicht näher bezeichnete Unterhandlungen verlaufen ungünstig für ihn, und die Verwandtschaft läßt ihn ihr Mißfallen spüren. Broch faßte bereits damals die Liquidation der Spinnfabrik Teesdorf ins Auge, doch war der Widerstand der Familie und der Verwandtschaft gegen dieses Projekt noch zu groß, als daß er diesen Plan hätte realisieren können. Wenn Broch später in den *Schlafwandlern* die »Logik des Wirtschaftsführers« beschreibt, zu der es gehört, »die wirtschaftlichen Mittel mit äußerster Konsequenz und Absolutheit auszunützen, und, unter Vernichtung aller Konkurrenz, dem eigenen Wirtschaftsobjekt, sei es nun ein Geschäft, eine Fabrik, ein Konzern oder sonst irgendein ökonomischer Körper, zur alleinigen Dominanz zu verhelfen« (KW 1, 495 f.), so sprach aus dieser Analyse die eigene Erfahrung als Fabrikdirektor. Er wehrte sich dagegen, das zu werden, was er dort »einen Berufsmenschen« nennt, der »von der radikalen Logizität des Wertes, in dessen Fänge er geraten ist«, »aufgefressen« wird (KW 1, 499).

Noch weniger erfährt Ea von Allesch über den Alltag in Teesdorf. Die Rolle des Gastgebers (sieht man von den Besuchen Alfred Adlers ab) scheint ihm nicht sonderlich gefallen zu haben. Ein Abendessen samt Pokerpartie mit Ehepaaren aus dem Kreis der Honoratioren (Unternehmer, Arzt, Direktor, Ingenieur) wird als Aktion abgehakt, die »einmal erledigt werden mußte«. (36) Und die Teilnahme am »Volks- u. Wiesenfest« ist ihm ein »acte de présence«, den er »gezwungener Massen« auf sich nimmt. Immerhin findet er berichtenswert, daß ihm »wie gewohnt, daselbst vom Comité die Honneurs gemacht wurden« und daß auch die Fürstin Windisch-Graetz aus dem benachbarten Schönau dem Dorf die Ehre ihrer Anwesenheit erwies. Seinem neunjährigen Sohn zuliebe absolviert er das Kirmesprogramm mit »Kasperltheater, Ringkämpfern, Glücksrad, Tanzboden, Buschenschenken« und »Feuerwerk«. (7) Der Besuch des Bürgermeisters oder die Einweihung eines Kriegerdenkmals samt anschließendem Umtrunk im Wirtshaus scheinen nur dazu beizutragen, daß Broch »in einemfort müde« ist. (36) Als weniger anstrengend empfindet er die Hilfe, die er einem befreundeten Nachbarn, dem verwitweten Freiherrn von Bülow-Wendhausen, bei der Hilfe der Verwaltung seines kleinen landwirtschaftlichen Gutes angedeihen läßt. Angetan war Broch vor allem von den Besuchen im Salon von Hugo und Broncia Koller im benachbarten Oberwaltersdorf. Koller war ein erfolgreicher Industrieller und seine Frau eine damals bekannte Malerin. In ihrem Salon traf sich fast alles, was in der Künstlerszene Wiens Rang und Namen hatte. Dort begegnete Broch auch der jungen Anna Mahler, die in den frühen dreißiger Jahren eine seiner Geliebten werden sollte. Der Titel von Elias Canettis drittem Autobiographie-Band verdankt sich dem »Augenspiel« zwischen Hermann Broch und Anna Mahler (EC).

Schemenhaft bleiben auch Brochs Aktivitäten bei den häufigen Wien-Besuchen. Er hetzt von der Buchhandlung zum Antiquariat, vom Spinnerverein zur Elektrizitätsgesellschaft, vom Advokaten zum Wohnungsbüro, von Alfred Polgar zu Paul Schrecker, von Stefan Zweig zu Franz Blei, aber man erfährt nur selten, was er dort im einzelnen zu besorgen oder zu besprechen hat. Die ungarische Lyrikerin Edit Rényi-Gyömröi, mit der Broch befreundet ist, führte damals – es war nach der Auflösung der Räteregierung in Ungarn – einen kleinen Salon in Wien, in dem vor allem exilierte ungarische Künstler und Intellektuelle verkehrten, u. a. Georg Lukács. Broch erwähnt eine Begegnung mit Lukács und befürchtet, daß der seine werttheoretischen Ideen aufgreifen und verwenden könnte. (2) Es drängt sich das Bild eines Menschen auf, der ständig in Eile ist, ein Bild, das sich fünfzehn Jahre später Elias Canetti einprägte, und das er im *Augenspiel* festgehalten hat: »Die Eile, in der man ihn sah, wenn man ihn zufällig auf der Straße traf, war sein einziger Schutz. Er sagte als erstes – und obwohl es statt eines Grußes war, war es freundlich –, ›Ich bin in Eile‹ [...]. Es war eine doppelte Flucht, in der er sich so befand: von denen, mit denen er beisammen war, mußte er sich losreißen, denn er wurde erwartet, und auf dem Weg mußte er allen entlaufen, die ihm begegnen konnten und ihn festzuhalten suchten. Ich sah ihm manchmal nach, wenn er auf der Straße entschwand: seine Pelerine hob sich im Wind wie Flügel« (EC 39).

Erklärtermaßen ist die Philosophie einer der beiden »Brennpunkte« in Brochs Lebensellipse zur Zeit seiner Werbung um Ea von Allesch. Sie erfährt von ihm, daß er Spengler liest, dessen »ignorante Präpotenz« (2) ihn abstößt, daß er Hermann Cohen studiert, über den er »hinaus« ist (6), daß er Bücher Arthur Lieberts rezensiert, die er »langweilig« (18) findet, daß er »mit Zweck« die Lektüre der »Chassidim« betreibt (17), daß er »Kant« (7) sowie den Neukantianer Paul Natorp »exzerpiert«, um einmal »etwas Ernsthaftes im Tag getan zu haben« (12), und daß er in der »Kantischen Ethik« die Grundlage seiner Philosophie sieht. (35) Sonst aber sind die Tagebuchbriefe durchsetzt mit aphoristisch klingenden Thesen, die er in seinem damals entstehenden, fragmentarisch gebliebenen und erst postum publizierten

Buch *Theorie der Geschichtschreibung und der Geschichts-*
philosophie (KW 10/2, 94-154) näher ausführt. So streut er
einmal eine der Grundthesen seiner Werttheorie ein, die besagt, daß »ein Wert« erst »wirklich zum Wert u. damit
›wirklich‹« werde, »wenn er bewußt gewollt« worden, d. h.
»zum Bewußtsein gekommen« sei (7). Am »Dogmatismus«
– Gegenteil seines Wertbegriffs – stoßen ihn das Unreflek-
tierte, die »Phrase« und die »Dummheit« ab. (33) Diese
These benutzt er in der Folge, um seine reflektiert-voluntari-
stische Auffassung von der Liebe zu stützen. Ziel seiner
Werttheorie ist nicht zuletzt die Überwindung »alles Dogmatischen«. (35) In diesem Zusammenhang argumentiert er
auch gegen den »Bolschewismus«, vor dessen Sieg man sich
im Sommer 1920 in Westeuropa erneut fürchtet. Die Rote
Armee gewinnt entscheidende Schlachten in ihrem Krieg gegen Polen und droht von dort aus eine europäische Front
aufzurollen. »Die Revolution wird, das Proletariat hat,
u.s.f.«, schreibt Broch an seine Freundin, »diese Sentenzen
zitiert einer vom anderen u. je öfter sie zitiert werden, desto
mehr bekommen sie die Gestalt dogmatischer *Beweise*«.
(22) Aufschlußreich ist Brochs Rekurs auf sein »idealisti-
sches Erleben«, das er »schon mit 8 Jahren« gehabt habe.
Dieses Erleben sei die Entdeckung seines »Ich« gewesen.
Seitdem sei ihm sukzessive bewußt geworden, daß niemand
das Recht habe, ein »Ich« zu »beleidigen u. zu vergewaltigen«, weswegen er sich auch zu Kants Ethik bekenne. (35)
Broch erwog damals vorübergehend, Abgeordneter im Niederösterreichischen Landtag zu werden. »Politisch hätte es
einen Reiz irgendwas zu machen«, notiert er, »wenn man
gegen jede ›Vergewaltigung‹ des Menschen etwas ausrichten
könnte«. Aber er gibt zu, daß eine solche Maxime »noch
kein Programm« sei. (7) Abgeordneter ist Broch nicht geworden, aber seine häufig erwähnte und viel Zeit in An-
spruch nehmende Tätigkeit im sog. Einigungsamt in Wiener
Neustadt (hier ging es um die Schlichtung von Konflikten
zwischen Arbeitgebern und Arbeitnehmern) war seine Art,

ethische Grundsätze in der Praxis zur Geltung zu bringen. So wird in Umrissen zwar seine philosophische Grundposition deutlich, aber die sehr abstrakte, einem Nicht-Experten in Sachen Neukantianismus kaum zugängliche Werttheorie mußte der Leserin der Tagebuchbriefe ein Buch mit sieben Siegeln bleiben. Das war gewiß einer der Gründe, warum Ea von Allesch Broch darum bat, mehr aus seinem alltäglichen Erleben zu erfahren. Ausführlicher als seine philosophischen Überlegungen fallen seine Klagen über das Nicht-fertig-Werden seines Buches und seine selbstkritischen Äußerungen aus. »Ich schreibe immer dasselbe u. komme aus einem bestimmten Gedankenkreis [...] nicht heraus«, stellt er fest. (34) Wenn er Fachzeitschriften wie die *Kantstudien* durchsieht, erkennt er, daß man allenthalben seinen eigenen Ideen Vergleichbares publiziert. Er ist ziemlich sicher, »zu spät« zu kommen und will sich deshalb »erschießen«. (8) Solche Selbstmordpläne werden hier nicht ernsthaft erwogen, doch sie geben eine Vorstellung von Brochs Verzweiflung über den Doppelberuf des Industriellen und des Philosophen, über die Tatsache, daß ihm für die ihm wichtige geistige Arbeit kaum Zeit bleibt.

In den Tagebuchbriefen Brochs klingen ab und zu literarische Themen an. Die Dichtung steht keineswegs im Mittelpunkt seines Interesses, und doch merkt der Autor einmal an, daß auch dieser Bereich »zu seinem Recht« kommen will. (12) Warum rezensiert er so emsig literarische Neuerscheinungen für die *Moderne Welt* (über die er im Tagebuch allerdings nur selten ein Wort verliert); warum liest er Wilhelm Diltheys Essay »Die Einbildungskraft des Dichters« – den er aber »tot-langweilig« findet (3) –; warum ist er vom Briefwechsel Rahel Varnhagens so angetan; und warum schreibt er schließlich selbst eine Novelle, wenn das Literarische ihm nur Nebensache wäre? Nicht zuletzt die Literatur ist das, was ihn mit Ea von Allesch verbindet. Auch wenn ihn die zeitgenössische Romanliteratur nicht allzu sehr beeindruckte, nahm er offenbar gerne das durch sie vermittelte

Angebot an, die Besprechungen für die *Moderne Welt* zu schreiben (KW 9/1, 344 ff.). Es sind vor allem Bücher Wiener und Prager Autoren wie Hans Flesch-Brunningen oder Leo Perutz, die er zur Rezension erhält. Die Briefe Rahel Varnhagens erinnern Broch »in der Stilbeweglichkeit u. Leichtigkeit« an Ea von Alleschs Briefe und Feuilletons. (3) »Ich wollte, ich wäre ein Dichter u. hätte einen Stil, einen flüssigen«, notiert er einmal (33), und diese Stelle scheint seine geheimsten Wünsche aufzudecken. Ea von Allesch hatte offenbar begeistert auf Brochs »Novelle« (12) – es handelt sich um »Ophelia« – reagiert, was ihr literarisches Urteilsvermögen in einem guten Licht erscheinen läßt. »Wenn du willst, werde ich nur mehr freudig dichten« (16), war daraufhin Brochs bezeichnende Reaktion.

2. Ea von Allesch in Brochs Leben

Das Hauptthema der Tagebuchbriefe jedoch ist Ea von Allesch selbst bzw. Brochs Verhältnis zu ihr: seine Freundin ist ihm – neben der philosophischen Arbeit – ein »Brennpunkt« in der Ellipse seiner Existenz. Brochs seit etwas mehr als einem Jahrzehnt bestehende Ehe mit Franziska von Rothermann war 1920 bereits gescheitert. Das Ehepaar lebte zwar noch zusammen in jenem Haus, das sich auf dem Gelände der Spinnfabrik Teesdorf befand, aber Broch nahm jede nur denkbare Gelegenheit wahr, sich in Wien aufzuhalten, um von seiner Frau getrennt zu sein und seine Geliebte besuchen zu könnnen. Brochs Frau kommt im Tagebuch unter dem wenig schmeichelhaften Kürzel »Frau F.« vor. Sie wird als »turbulent u. lärmend«, mit ihrer Schwiegermutter »streitend«, »komisch« (3), »völlig unerträglich« (29), »grauslich« (30) und als nicht »auszuhalten« (39) geschildert. Broch sehnt das Ende »dieser Un-Ehe« (5) herbei, als deren »Märtyrer« er sich sieht. (32) Das Tagebuch ist durchsetzt mit Fluchtphantasien in Form von – nicht ausgeführten

– Ferienplänen. Wendungen wie solche überstürzen und wiederholen sich: »wir müssen weg« (6), »schau, daß wir bald
fortkommen« (7), »ich wollte wir wären schon weg« (11),
»daß wir bald wegfahren« (15), »möchte nur schon weg sein
mit Dir« (16), »möchte zu Dir flüchten« (29), »wenn wir
schon nur weg wären« (30), »ich möchte schon ruhig irgendwo weit weg mit Dir sein« (35), »*das* möchte ich noch
haben u. erleben, mit Deinem süßen Leben eingeschlossen,
irgendwo allein zu leben«. (40) Die Flucht- bzw. Urlaubs-
ziele wechseln: anfänglich ist häufig von Karlsbad die Rede,
dann von Meran oder von Abbazia, schließlich allgemein
von Italien und Sizilien. Als Broch zehn Jahre später während der Arbeit an den *Schlafwandlern* die Figur Esch schuf,
dessen Gedankenwelt sich um die große Flucht ins ganz Andere dreht, wofür er dort die Amerika-Metapher benutzte,
wußte er, wovon er sprach. Auch im Tagebuch wird an einer
Stelle vom Leben in Amerika geträumt. (14)

Wie Broch mit acht Jahren an sich die Entdeckung des
»Ich« erlebte, so erfährt er nun als Mittdreißiger in seiner
Liebe zu Ea von Allesch die Entdeckung des »Du«. Seine
Sehnsucht nach ihr ermöglicht ihm die »Durchbrechung der
Einsamkeit« (2), die Befreiung des »isolierten Ich« zur
»Zweisamkeit«. Er erfährt es – die Terminologie Bubers vor-
wegnehmend – als »beglückend«, daß »Du ein ›Ich‹ u.
trotzdem Du bist«. (5) Das »Dich-lieb-haben« empfindet er
als »absolut ausfüllend« (6) und »das Bewußtsein Deines
Ichs« als »absolute Objektivität«. (7) Das Adjektiv »absolut« wird von nun an fast jeder seiner zahllosen Liebeserklärungen hinzugefügt. Neben seinem eigenen Ich ist ihm das
»Du« Ea von Alleschs »das einzige Ich«, womit ihm erstmals
in ganzem Umfang – wie später Buber es in seiner »Ich und
Du«-Philosophie ähnlich formulieren wird – »die Idee des
Menschlichen« aufgeht. »Du bist irgendwie ›ich‹«, gesteht er
ihr, und dadurch habe er ein »Vertrautsein« kennengelernt,
das er früher nicht einmal »geahnt« habe. (33) Broch schildert in immer neuen Worten sein Erweckungs- und Konver-

sionserlebnis in der Liebe. »Vorher« habe er »niemandem gehört«; nun aber »gehöre« er, beteuert er, »*nur* Dir u. Deinem geliebten Dasein«. Er schildert ihr, wie ihm früher »jede Frau« lediglich »Exponent des Unpersönlichen« gewesen sei. (35) Mit dem »Begriff Frau« habe er bisher »das Dunkle, Unpersönliche« verbunden; sie dagegen erscheine ihm als das »Lichte« schlechthin. (39) (Die Dunkelheits- und Lichtmetaphorik, wie Broch sie hier anwendet, deutet voraus auf den identischen Bildgebrauch bei der Schilderung von Ruzena und Elisabeth im »Pasenow«-Teil der *Schlafwandler*. Pasenow projiziert in Ruzena Vorstellungen von der *femme fatale* und in Elisabeth von der *femme fragile*.) Das Erlebnis des Zusammenseins mit Ea von Allesch habe eine Lebenswende für ihn bedeutet: »Dann kamst Du«, so beschreibt er emphatisch die neue Beziehungsqualität, die gekennzeichnet sei durch »das Einssein mit dem anderen Ich«. »Dieses Versinken in ein anderes Dasein« ist ihm »etwas ganz Neues«. (35) Ea von Allesch sei ihm die erste Frau, die er als »absolut heimatlich, nah, unentbehrlich, einzig« empfinde. (36) Er faßt seine Erfahrungen und Empfindungen in das Bekenntnis zusammen: »Du wurdest meine erste Liebe.« (35)

Broch umgibt seine Liebeserklärungen mit einem derartigen Gestrüpp von angstvollen Beschwörungen, Eifersuchtsbekundungen und fiktionstheoretischen Erörterungen, daß die Adressatin wohl alle Mühe hatte, die Deklarationen auf gleiche Weise zu erwidern. Risse der Kontakt zu ihr ab, droht Broch, käme das dem »kompletten Zusammenbruch des ›Ichs‹« (36), dem Verschwinden in einem »schwarzen Vakuum« gleich. (20) Wenn Broch es als »meine alte Angst« bezeichnet, »daß Dein Kulturwillen erlahme«, sobald sie ihm »ein bißchen entfremdet« vorkommt (17), kann man sich vorstellen, wie ihm das Herz seiner Freundin zufliegt. Er selbst hält sich auf seinen »Kulturwillen« und seine Leistung in der philosophischen »Arbeit« etwas zugute und postuliert: »Kann ich aber etwas, dann verlange ich es rücksichtslos, daß du mich lieb hast.« (11) Solche verbiestert-autoritären Stellen werden allerdings entschärft durch eine Reihe selbstironischer Aperçus. So heißt es einmal: »Meine Seele ist eine einzige, äußerst empfindliche Wunde. Man wird sie noch ins Wasserbett legen müssen. Ich tu mir sehr leid u. müßte sehr viel weinen. Bald werde ich es wirklich tun. [...] Jeden Tag geh ich mehr in Dir auf; wahrscheinlich bleibt deswegen nichts von mir übrig.« (37) Und ein andermal umschreibt er seine Angst vor dem Beziehungsverlust zur Freundin mit einem plastischen Vergleich: »Du mußt mir erhalten bleiben, ich bin sonst herrenloses Gut u. muß aufs Fundamt. Hätte nie geglaubt, daß die Regenschirme dort unglücklich sein können, aber nach mir zu schließen, müßten sie es sein.« (28)

Das »Um und Auf aller Kulturprozesse«, so doziert Broch, sei der »Willen zur Fiktion«. Auch »das Liebhaben« sei als Kulturprodukt »künstlich« (17) und falle daher in den Bereich des Fiktiven: »Alles Lieb-haben« sei »Fiktion, Symbol, Unwahrscheinlichkeit, Unwirklichkeit« (11) und werde »real« nur durch das bewußte Wollen. Das »Lieb-haben« sei seine »Fiktion«, heißt es weiter »*d. i. ein Faktum*«, dessen »*Dasein nur teleologisch nicht aber kausal zu beweisen*« sei. Die »*rationale* Auseinanderlegung des Wertgebäudes«, das er um »das Dich-lieb-haben aufgeführt habe«, stellte Broch als Teil seiner »Seelenmaschinerie« hin, die Ea von Allesch »zur Kenntnis« nehmen müsse. »Das von-Dir-gekannt-sein« sei nämlich Teil des »Dir-gehörens«. (33) In der Postmoderne mögen solche Liebeserklärungen, die gleich die Meta-Ebenen und kulturellen Bedingtheiten dieser Beteuerungen mitliefern, akzeptabel erscheinen. Aber Ea von Allesch war eine Frau der Wiener Moderne, und es ist unwahrscheinlich, daß sie nach der Lektüre solcher Briefe noch zwischen Realität und Fiktion in Brochs Beteuerungen zu unterscheiden wußte. Wenig begeistert mag die emanzipationsbewußte Ea von Allesch auch davon gewesen sein, daß Broch sie – ganz unzeitgemäß – ausschließlich als *femme fragile* bzw. *femme enfant* sah. Stets ist bei dem Verfasser der Tagebuchbriefe von der Gefahr der Krankheit oder Überanstrengung seiner Freundin die Rede, und angesprochen wird die Verehrte durchweg als »Kindchen« oder »Kindi«. Einmal versteigt sich der Autor gar zu der Behauptung, Ea von Allesch, die elf Jahre ältere Mittvierzigerin, sei ein »Kindi zwischen 8 u. 10 Jahren«. (30) Broch konnte zwar in seiner Ophelia-Novelle das Bild einer unabhängigen und eigenständigen jungen Frau vermitteln, aber in der Lebenspraxis fiel es ihm offenbar schwer, sich von traditionellen Geschlechterrollen zu lösen. Er entschuldigt sich einmal für die von ihm benutzten »fürchterlichen Diminutive« (7), aber das hält ihn nicht davon ab, ständig vom »Brieferl« oder »Briefi«, »Handi«, »Stimmerl« oder »Stimmi« und »Kopfi« der Adressatin zu sprechen.

Ob Brochs Versuche einer psychologischen Selbst-Analyse den Eros seiner Freundin verzaubert haben, ist zu bezweifeln. Er erwähnt häufig seinen »Komplex«, bei dem es sich um eine tiefsitzende Angst vor dem Verlust menschlicher Beziehungen handelt. (Es ist nicht auszuschließen, daß diese Angst durch mangelnde Mutterliebe begründet werden kann, die Broch ein Leben lang als das große Defizit seiner Kindheit beklagte.) Diese Bangigkeit, sein angstvolles Leiden und seine leidensvolle Angst sind, wie Broch meint, bedingt durch seine »Verachtung des empirisch-Menschlichen«, durch seinen »Fiktionalismus« (10). In seiner Liebe zu Ea von Allesch glaubt er, erstmals das volle Ineins von Fiktion und Realität, von Idee und Empirie, von Seele und Körper erlebt zu haben. Und nun treibt ihn die Panik um, das Objekt dieser Liebe zu verlieren. Das Resultat ist eine maßlose Eifersucht, die nicht mit dem »Komplex« identisch, sondern ihr Resultat ist. Das für seine Partnerin Unangenehme ist, daß Broch sich als ihr Analytiker aufspielt. Es kann sein, daß Ea von Alleschs lebenslange Allergie gegen die Psychoanalyse auf die frühen Zumutungen Brochs zurückzuführen ist. In einer seiner Mitteilungen eröffnet er ihr, daß er es nicht mag, wenn in ihrem Leben »Dinge sind, die ich nicht kenne oder die Du, wie so oft, privat behältst« (9). Er wirft ihr eine »hysterische Furcht vor Aufrühren von Vergangenem« vor. Broch vermutet, daß Ea von Alleschs »beide Ehen [...] glatte Vergewaltigungen« gewesen seien, die bei ihr einen »Chok« hinterlassen hätten. »Traumatische Neurose nennt dies Freud«, belehrt der Amateur-Psychoanalytiker seine Patientin. Sie möge ihm doch alles aus ihrer Vergangenheit erzählen und endlich mit ihrer »Geheimniskramerei«, ihren »Verschlossenheiten« und dem »hysterischen Verstecken« aufhören. (35) Alles, was in ihr »noch verknotet« sei, müsse »gelöst« werden. (40) Wenn nicht das in ihr »Verdrängte« hervorgeholt werde, könne »jede zufällige Geheimnisenthüllung« für sie zur »katastrophalen Aufregung« werden. Dieser Zufall trat bald ein, doch war es Broch, den die »Geheimnisenthüllung« aufregte. Ihm waren einige Briefe Ea von Alleschs zu Gesicht gekommen, die sie während des Krieges an ihren Ehemann Johannes geschickt hatte. Danach stand Brochs Eifersucht in hellen Flammen. Das seien »absolut verliebte Briefe« gewesen, empört er sich, »mit *denselben* Namen, mit denen Du mich nennst«. Was ihn verstört, ist die Ahnung, daß es sich bei Eas Verhältnis zu ihm lediglich um eine »Wiederholung« (35) handeln könne, während er seiner Beziehung zu ihr eine revolutionäre neue Dimension zuspricht. Die »fürchterliche Angst« packt ihn, daß sie ihn »plötzlich nicht mehr mag«. (40) In seiner Eifersucht verliert er die Contenance und beschimpft Johannes von Allesch, offiziell immer noch Gatte seiner Freundin, als »pathetischen Nußschädel« und »bare Unmöglichkeit für Dich«. (35) Die Vorstellung, daß Ea von Allesch »Heiratspläne« mit Baron Viktor von Dirsztay schmiedet, verursacht ihm »Krämpfe«. (22)

Als Broch sein Eifersuchtsleiden beklagt, schreibt Sigmund Freud an seiner Studie »Über einige neurotische Mechanismen bei Eifersucht, Paranoia und Homosexualität«, die er 1922 in der *Internationalen Zeitschrift für Psychoanalyse* publizierte. Wäre Broch der Aufsatz bekannt gewesen, hätte er seine Beziehung zu Ea von Allesch als klassischen Fall von Eifersucht einstufen können. Freud unterscheidet drei verschiedene Arten der Eifersucht: die normal-konkurrierende, die projizierte und die wahnhafte. Er beschreibt die »normale« Eifersucht als haßerfüllte Reaktion auf die Befürchtung eines drohenden Verlusts und führt dazu aus: »Es ist leicht zu sehen, daß sie [die Eifersucht] sich wesentlich zusammensetzt aus der Trauer, dem Schmerz um das verlorengeglaubte Liebesobjekt, und der narzißtischen Kränkung, soweit sich diese vom anderen sondern läßt, ferner aus feindseligen Gefühlen gegen den bevorzugten Rivalen und aus einem mehr oder minder großen Beitrag von Selbstkritik, die das eigene Ich für den Liebesverlust verantwortlich machen will.« (SF 195) Die projizierte Eifersucht resultiert nach Freud aus der tatsächlichen Untreue des Eifersüchtigen oder aus dessen unterdrücktem Wunsch nach Untreue. Der Eifersüchtige projiziert also seine reale oder imaginierte Untreue auf die Partnerin, von der er annimmt, daß sie ebenfalls dem Wunsch nach Untreue nachgeben wird. Beide Eifersuchtsformen sind bei Broch zu konstatieren. Bei seinem und Ea von Alleschs Vorleben konnte keiner der beiden von der Treue des bzw. der Geliebten ausgehen. Die dritte Form der Eifersucht, die Freud beschreibt, nämlich die paranoide, sei auf unterdrückte homosexuelle Neigungen zurückzuführen. Es ist die am wenigsten plausible der drei Eifersuchtstheorien Freuds, und sie auf Broch anzuwenden hat wenig Sinn. Ea von Allesch war in ihrem Leben schon mit einer ganzen Galerie von literarischen Heldinnen verglichen worden. Sie war weder eine Lulu noch eine Ophelia und am wenigsten eine Desdemona. Broch muß das gemerkt haben, denn er gab seine anstrengende Othello-Rolle (die bei ihm die des Jago gleich mitenthielt) bald auf. Die Charge des Othello lag Broch entschieden weniger als die des Don Juan.

Nicht an seinem Othello-, sondern an seinem Don Juan-Komplex scheiterte letztlich die Beziehung zu seiner Freundin. Brochs Don-Juan-Verhalten erinnert allerdings mehr an das bei Max Frisch als bei Tirso de Molina geschilderte. Um einen Frisch-Titel abzuwandeln, liegt schon beim jungen Broch des Tagebuches das Phänomen »Don Juan oder Die Liebe zur Werttheorie« vor (MF). In seiner elliptischen Existenz bewegte Broch sich ständig zwischen den »Brennpunkten« ›Arbeit‹ und ›Frau‹, wobei das Verhältnis zu beiden »Brennpunkten« ein reflektiert-gewolltes war. Das wird schon im Tagebuch für Ea von Allesch deutlich, wenn es an einer Stelle heißt: ›Ich muß Dir gehören wollen müssen. Genau so eben, wie ich meine Arbeit wollen muß u. auch müssen will.‹ (36) Zwanzig Jahre später hat Broch die beiden Hauptthemen seines Lebens (Arbeit und Eros) in zwei autobiographischen Schriften behandelt. In seiner »Autobiographie als Arbeitsprogramm« (KW 10/2, 195 ff.) von 1941 hat er die Entwicklung als Philosoph und Schriftsteller nachgezeichnet, und in seiner »Psychischen Selbstbiographie« (uv., DLA) von 1942 hat er die Genese seines Verhältnisses zu Frauen zu erklären versucht. Sowohl seine Arbeitsgebiete wie seine Freundinnen wechselten. Was in der Arbeit gleich blieb, war die werttheoretische Orientierung, die auch das literarische Schaffen prägte; und was in seinem Verhältnis zu Frauen als Konstante zu betrachten ist, ist die Suche nach dem ›absoluten‹ Liebeserlebnis. In der Theorie war ihm klar, daß dieses ›absolute‹ Erleben nicht realisierbar ist, aber nichtsdestoweniger blieb es das Ziel seiner erotischen Erkundungen, wie er in seiner »Psychischen Selbstbiographie« bekannte. Im ersten Band der *Schlafwandler* hat Broch es als »Romantik« durchschaut und kritisiert, das Absolute im Irdischen erleben zu wollen. Seine Tagebuchbriefe sind der Versuch, sich und seiner Geliebten die absolute Liebeserfahrung glaubhaft zu machen. Wollte er das erreichen, blieb ihm letztlich nichts anderes übrig, als seine Geliebte zu vergöttlichen. Genau das geschah. Ea war ihm »das lichte Glück« und »Gott«. (39) Solche romantischen Potenzierungen der Gefühle (im »Pasenow« wird es vor Augen geführt) sind auf die Dauer nicht durchzuhalten. Ea von Allesch als erste Leserin dieser Tagebuchzeilen hat das so gut gewußt wie der heutige Leser.

Fünfundsiebzig Jahre sind seit der Niederschrift dieses Tagebuches vergangen. Es spricht den Leser aber immer noch an. Denn es ist das Dokument eines Intellektuellen in der Krise, in einer Erschütterung, die er im Beruf, in der Liebe, im politischen wie gesellschaftlichen Bereich durchlebte. Es ist auch das Dokument eines Leidens in der Krise. »Es schreibt keiner wie ein Gott, der nicht gelitten hat wie ein Hund«, heißt es einmal bei Ebner-Eschenbach (MEE 158). Nicht zuletzt von den Erfahrungen seiner Krisenzeit um 1920/21 leben Brochs spätere Bücher. Ohne die Erlebnisse und Reflexionen während der frühen Beziehung zu Ea von Allesch, ohne die Themen und Probleme, die Broch in seinen Tagebuchbriefen diskutiert oder andeutet, ist die *Schlafwandler*-Trilogie, die zehn Jahre später seinen Ruhm begründete, nicht denkbar.

Ea von Allesch: Von der *femme fatale* zur *femme emancipée*:

1. *Im Wien und Berlin der Jahrhundertwende*

Zwischen 1930 und 1932 erschienen in rascher Folge Hermann Brochs Romane *Pasenow, Esch* und *Huguenau*, d. h. die Bücher seiner Trilogie *Die Schlafwandler*, die als epochales Werk der Moderne unmittelbar Anerkennung fand. Vor dieser Publikation war Broch nur einem sehr kleinen Kreis von österreichischen Schriftstellern bekannt gewesen. In den literarischen Zirkeln Wiens – in den Kaffeehäusern und Salons – galt Broch nicht als Schriftsteller, sondern als Industrieller mit einem Faible für alles Kulturelle, mit einem genuinen Interesse an den zeitgenössischen philosophischen, politischen, künstlerischen, psychoanalytischen und schließlich auch literarischen Tendenzen. Als Alfred Döblin nach der *Pasenow*-Lektüre begeistert über den Roman an die gemeinsame Bekannte Genia Schwarzwald in Wien schrieb und den neuen Autor »schönstens grüßen« ließ, vermutete er richtig, daß Broch »kein junger Mensch« mehr sein könne (BB 101 A). Den ersten literarischen Ruhm erntete Broch als Mittvierziger.

Vor 1930 hatte Broch nur wenig publiziert: 1913/14 einiges Kunsttheoretische, Philosophische und ein Gedicht in Ludwig von Fickers *Der Brenner*; 1916 und 1918 pseudonym ein paar Geringfügigkeiten (eine Rezension, zwei Gedichtübertragungen) in Franz Pfemferts *Die Aktion*; 1917 und 1918 einige geschichtstheoretische und literaturkritische Versuche sowie eine Novelle in Franz Bleis *Summa*; 1918 und 1919 politische Pamphlete und volkswirtschaftliche Stellungnahmen in Bleis *Die Rettung*, Benno Karpeles' *Der Friede* und Karl Tschuppiks *Der Neue Tag* sowie 1920 bis 1922 einige dichtungstheoretische Überlegungen und eine Reihe von Rezensionen literarischer Neuerscheinungen in der *Neuen Rundschau*, der *Rettung*, der *Modernen Welt* und der *Prager Presse*. Keine dieser Publikationen wurde sonderlich beachtet, keine entfachte eine Diskussion oder gar einen Philosophie- bzw. Literaturstreit. Es handelte sich entweder um schwer verständliche Abschnitte aus größeren, nicht veröffentlichten philosophischen Abhandlungen, um tagespolitische Stellungnahmen oder um literarische Finger-übungen. Ludwig von Ficker, Franz Blei und Ea von Allesch hatten den jungen Broch bei seinen kulturkritischen und dichterischen Versuchen unterstützt und ihn zur weiteren Produktion ermuntert. Ficker und Blei waren in Österreich bekannte Herausgeber nahmhafter Kulturzeitschriften. Doch wer war Ea von Allesch?

Ea von Alleschs Weg zur Schriftsteller-Existenz verlief noch komplikationsreicher und war mit der Überwindung weit größerer, wenngleich anderer Hemmnisse verbunden. Broch stammte aus einer wohlhabenden, akkulturierten und weitgehend assimilierten Familie des jüdischen Bürgertums in Wien. Aus diesen Familien strebten immer wieder Ange-hörige der zweiten oder dritten Generation in künstlerische Berufe und fanden bei Eltern und Verwandten häufig auch Verständnis und Unterstützung (CS). Brochs persönliches Mißgeschick war es, daß sein Vater ohne schöngeistige Nei-gungen war und den Söhnen eine Karriere als Textilindu-strielle vorschrieb. Ein gut Teil seiner Energie hatte Broch für die Emanzipation von den väterlichen, den familiären Be-rufserwartungen aufzubringen, und er war bereits vierzig Jahre alt, als er 1927 seinen Wunsch durchsetzen konnte, das Familienunternehmen, die Spinnfabrik in Teesdorf bei Wien, zu verkaufen. Mit dem ihm zustehenden Anteil am Erlös hatte Broch sich die finanzielle Basis geschaffen, um seine Zeit ungeteilt den kulturkritischen und literarischen Arbei-ten widmen zu können. Damals frequentierte er seit über zehn Jahren Wiener Kaffeehäuser, in denen er Malern, Jour-nalisten, Schriftstellern, Schauspielern, Künstlern, Philoso-phen und Studenten jeglicher Couleur begegnete. Sehr bald verband ihn eine Freundschaft mit Alfred Polgar, der schon als junger Mann ein anerkannter zeitkritischer Essayist, Parodist, Feuilletonist, Übersetzer und Theaterkritiker war. Broch bewunderte an Polgar sowohl den eleganten und ironischen Stil wie die ethisch-kritische Position, von der aus er urteilte. Durch Polgar lernte er 1917 im Café Central Ea von Allesch kennen. Er war fasziniert von dieser Frau, und in den nächsten Jahren wurde die Beziehung zu ihr die wohl leidenschaftlichste seines Lebens.

Ea von Allesch war ihre Rolle als »Königin des Café Central« nicht an der Wiege gesungen worden. Als Emma Elisabeth Täubele wurde sie am 11. Mai 1875 in Ottakring (Quergasse 12) geboren, also im Arbeiter-Viertel Wiens. Die Eltern des Vaters stammten aus Schwaben, die Vorfahren der Mutter – eine geborene Fichtinger – aus Niederösterreich und dem Sudetenland (DG). Fünf Tage später wurde sie in der Alt-Ottakringer römisch-katholischen Pfarrkirche Zur Erhöhung des Heiligen Kreuzes getauft (in derselben Kirche waren ihre Eltern dreizehn Jahre zuvor getraut worden). Die Kombination von Ort, Zeit und Geschlecht war die denkbar ungünstigste Voraussetzung für eine erfolgreiche Laufbahn im bürgerlichen oder künstlerischen Leben. Der Wiener Liberalismus hatte durch eine fatale Wirtschaftskrise einen Rückschlag erlitten, von dem er sich nicht mehr erholen sollte. Dem amerikanischen Traum vom Tellerwäscher zum Millionär hing man auch in den europäischen Metropolen der Gründerzeit nach, doch hatte die Wirtschaftskrise gezeigt, daß die Umkehrung dieses Karrierentraums nicht minder möglich war. Immerhin aber waren die Entfaltungsmöglichkeiten im späten neunzehnten Jahrhundert unverhältnismäßig größer für Männer als für Frauen. Der Vater Karl, der bei Emmas Geburt einundvierzig Jahre alt war, verdiente sein Geld als Drehermeister, die Mutter Aloisia (Luise genannt) – fünf Jahre jünger als ihr Mann – hatte mit ihren zwölf Kindern, von denen Emma das neunte war, alle Hände voll zu tun. Karl Täubele hatte den Meistertitel in seinem

Handwerk erworben und zählte damit zur gehobenen Arbeiterschicht mit kleinbürgerlichen Ansprüchen. Man verkehrte unter sozial Gleichen. Im Gegensatz zu den Kindern aus den untersten Arbeiterschichten besuchte Emma Täubele das Realgymnasium in Ottakring bis zur Mittleren Reife. Über die ersten Jahrzehnte aus dem Leben Ea von Alleschs ist wenig bekannt, die biographischen Forschungen sind unzulänglich. Nur vorläufig läßt sich der Lebenslauf rekonstruieren.

Zwischen dem sechzehnten und neunzehnten Lebensjahr arbeitete Emma Täubele im Miederwarengeschäft der Schwester Antonie und war zudem ein beliebtes Aktmodell (man nannte sie ›das Tauberl‹) in Wiener Malerateliers. In jener Zeit scheint sie – wie es von Schnitzler her bekannt ist – das »süße Mädel« gewesen zu sein: naiv, unverheiratet und für Galanterien empfänglich. Der Rolle des »Tauberl« wurde sie bald überdrüssig; durch eine Ehe wollte sie wie ihre Schwester Antonie, die einen Rechtsanwalt heiratete, den Aufstieg in die bürgerliche Gesellschaft erreichen. Mit neunzehn Jahren lernte sie durch eine Heiratsannonce den vier Jahre älteren, aus Sachsen stammenden Buchhändler Carl Theodor Rudolph kennen. Sie heiratete ihn im Frühjahr 1895 und trat – ihr Mann war Protestant – aus der Katholischen Kirche aus. Das Ehepaar Rudolph zog nach Leipzig, wo ein Jahr später ihr einziges Kind Ella geboren wurde. Während der Leipziger Zeit versuchte sie, wenngleich vergeblich, das Abitur nachzuholen, interessierte sich für Kunstgeschichte, nahm Klavier- und Gesangsstunden. Nach drei Jahren schon war die bürgerliche Existenz einer bildungsbewußten Gattin und Mutter zu Ende: 1898 geriet das Geschäft ihres Mannes in wirtschaftliche Schwierigkeiten. Emma trennte sich von ihm, wohnte kurze Zeit in Berlin und kehrte in der ersten Jahreshälfte 1899 nach Wien zurück.

Seit der Rückkehr nach Wien verdiente sich Emma Rudolph ihren Lebensunterhalt als Telegraphistin und arbeitete wieder sporadisch als Modell in Malerateliers. Sie suchte

den Kontakt zur Kunstszene und verkehrte in den Kaffeehäusern der Stadt. Mit ihrer schlanken, hochgewachsenen
Gestalt, der hellen Haut, den roten Haaren und den grau-
grünen Augen übte sie auf ihre Umgebung eine hypnotische
Wirkung aus. »Das Gesicht ist von nervöser Blässe, aber eher
flächig, grob, sehr offen, naturkindhaft, slawisch-kräftige
Nase, großer, apart geschnittener Mund, hohe Wangenkno-
chen: ein bäurisch-böhmischer Zug und ein Hauch fin de
siècle-décadence. [...] Sie ist modebewußt, kleidet sich ele-
gant, avec délicatesse« (EA 21-22). Sie war nun der
Schwarm Alfred Polgars. Aus der Sommerfrische in Prein an
der Rax schrieb im Juli 1899 der frisch verliebte, fünfundzwanzigjährige Polgar an die knapp zwei Jahre jüngere
Emma Rudolph: »Es gibt hier Frauen und Mädchen, die einem als interessant oder schön gezeigt werden. Aber das ist
auch eine Erdgeist-Consequenz von Ihnen, liebstes Wesen,
daß mir alle verwaschen, gewöhnlich, plump und als das
ordinärste G'lumpert vorkommen« (UW 34). In der Wiener
Jahrhundertwende war man mit modischen Erdgeist- bzw.
Lulu-Assoziationen rasch bei der Hand. Die Uraufführung
von Frank Wedekinds *Erdgeist* hatte im Jahr zuvor (am
25. 2. 1898) im Leipziger Kristallpalast stattgefunden. Es ist
wahrscheinlich, daß Emma Rudolph das Wedekindstück
dort gesehen hat und daß es Gegenstand von Diskussionen
in Kaffeehausgesprächen war, an denen sie und Polgar teil-
nahmen. *Erdgeist* ist der erste Teil der sogenannten *Lulu*-
Tragödie, deren Fortsetzung und Schluß unter dem Titel *Die
Büchse der Pandora* erst 1902 erschien und 1904 uraufgeführt wurde. *Erdgeist* zeigt den gesellschaftlichen Aufstieg
einer so faszinierenden wie ungehemmt triebhaften jungen
Frau, der alle Männer, die ihr begegnen, verfallen. Daß zu
diesen liebestodgeweihten Verehrern ein Maler gehört, der
sie porträtiert, versteht sich von selbst. Die berühmten, von
einem Tierbändiger gesprochenen Prologzeilen »das wahre
Tier, das wilde, schöne Tier« charakterisieren die Heldin als
femme fatale und bündeln – vergleichbar den Darstellungen

der Medusa und Salome in der zeitgenössischen Malerei und Dichtung – die männlichen Angstphantasien des Fin de siècle (JMF 53 ff.). Der sexuell aggressive, sadistische Vamp hat vorzugsweise rotes Haar, glühende Augen und dämonische Züge. Hier finden Abwehrhaltungen gegenüber den neuen Emanzipationsbewegungen der Frauen in Europa ihren Ausdruck. Alban Berg, ein Schulfreund Hermann Brochs, hat mehr als drei Jahrzehnte später die Oper *Lulu* – nach Wedekinds Tragödie – komponiert.

Mit ihrer Erscheinung, in der sich Sinnlichkeit und Fragilität, Majestätisches und Elfisches, Respektheischendes und Kindliches aufs eigenartigste mischen, ist Emma Rudolph aber auch Projektionsfigur jener Männerphantasien, die sich an der – im Fin de siècle nicht minder verbreiteten – Vorstellung der *femme fragile* bzw. *femme enfant* entzünden. Dieser – tendenziell masochistische – Frauentyp hat einen blassen, durchscheinenden Teint, große, faszinierende Augen, übervolles Haar und eine vergeistigte, kränkliche Konstitution. Der ambivalente Eindruck, den ihre Persönlichkeit auf die Umgebung machte, wird auch in der Erinnerung einer ihrer Freundinnen, der Journalistin Helga Malmberg, angesprochen. In ihren Memoiren notierte sie: »Ihre Erscheinung, ihr Gang waren königlich. [...] Wie Diana, jungfräulich und kühl, schritt sie durch die Reihen ihrer Bewunderer. [...] Diese junge Frau hatte sich [...] Kindlichkeit, Freiheit des Herzens und des Geistes [...] bewahrt« (HM 137, 138). *Femme fatale* und *femme fragile/enfant* sind zwei Seiten ein und derselben Medaille. In beiden Fällen wird die Frau nicht als gleichberechtigt, als Partner, als reale und realitätstüchtige Persönlichkeit gesehen, sondern als fremd, exotisch, distanziert, ja unnahbar: entweder als Ungeheuer, Dämon oder Hetäre gefürchtet oder als Heilige, Madonna und Unschuldskind glorifiziert. Von Jugend an war Ea von Allesch modeorientiert. Sie muß ein medialer Typ gewesen sein, der die Frauenvorstellungen der Zeit akzeptierte und mitverkörperte. Im *circulus vitiosus* der Angst- und Wunschträume der zahlreichen Verehrer war Emma Rudolph mehr Opfer als Täterin (UW 38). Auch von den *femme fragile*- und Heiligen-Projektionen zeugen Polgars Liebesbriefe. Wie das Bekenntnis eines Wallfahrers, der endlich den Gnadenort erreicht hat, lesen sich diese Briefe, die den Ton von Gebeten, Psalmen, religiösen Episteln annehmen: »Vom Tage, da ich Dich kennen lernte, beginnt mein Leben. Alles vorher war der Zug durch die Wüste, Einsamkeit, Leere, Seelen-Noth. Ich bin angekommen, Emma. Es gibt keine weiteren Ziele. *Nach* Dir kommt das Sterben, wie *mit* Dir das Leben gekommen ist. [...] Du bist die Herrlichste! Geheiliget werde Deine Schönheit, zu uns komme Dein Reich, Du sei Herrin über unsere Seele wie über unseren Körper« (UW 35). Polgar blieb in einer Verehrungsdistanz zu Ea von Allesch befangen; den Schritt vom Platonismus zur konkret-körperlichen Liebe zu vollziehen, gelang ihm nicht (UW 37). In einer Tagebuchnotiz von 1905 hielt Arthur Schnitzler eine Szene fest, die die männliche Deutung von Emma Rudolphs Doppelcharakter als *femme fatale* und *femme fragile* dokumentiert. Schnitzler erinnerte sich an einen Moment aus den Jahren 1899 oder 1900, als Polgar die ersten Gefühle auf dem Altar der Liebe seiner Göttin darbrachte: »Vor etwa 5, 6 Jahren trat ich aus meinem Haus – vorbei die sog. Wasserleiche (Frau R.) eingehängt rechts Grossmann, links Polgar, fahren (warum?) wie sie mich sehn, auseinander« (AS 165, 166). Was hier interessiert, ist weniger, daß Emma Rudolph mit zwei Verehrern gleichzeitig auftauchte (mit Polgar und dem Publizisten Stefan Großmann), sondern daß »Frau R.« als »Wasserleiche« bezeichnet wird. Zwei damals bekannte Bilder werden hier assoziiert: Gustav Klimts »Wasserschlangen (Freundinnen) II« von 1904 (1907 überarbeitet) und John Everett Millais' ein halbes Jahrhundert zuvor präraffaelitisch gemalte »Ophelia«. Das Ophelia-Bild zeigt die Figur aus Shakespeares *Hamlet*. Wie eine verklärte Heilige schwimmt sie mit geöffneten Armen und Madonnengesicht im flachen Wasser, überwölbt von Schilf, Gebüsch und Blumen. Wüßte man nicht um den literarischen Kontext, fiele es einem schwer, diese Ophelia als Leiche zu erkennen. Für Millais' »Ophelia« – in der Wiener Moderne ein viel beachtetes Bild (UW 38) – hatte Elizabeth Siddal Modell gestanden, die wenige Zeit später Millais' Maler-Freund Dante Gabriele Rossetti heiratete. Eine gewisse Ähnlichkeit der Millaisschen Ophelia mit Ea von Allesch ist nicht zu verkennen. Für Klimts »Wasserschlangen« hatte Emma Rudolph das Modell für jene Hauptfigur abgegeben, die den Betrachter anschaut. Mit geradezu photographischer Genauigkeit hat Klimt Emma Rudolph hier porträtiert. Diese Wasserschlange verkörpert in ihrer Nacktheit und mit ihren intensiv-sinnlichen Gesichtszügen (den halbgeschlossenen Augen, dem leicht geöffneten Mund) wiederum die Lulu-Gestalt. In den Augen ihrer Umgebung war Emma Rudolph beides: fatale Klimtsche »Wasserschlange« und fragile Millaissche »Wasserleiche«.

1903 lernte Emma Rudolph in Wien den englischen Musikstudenten und späteren Pianisten James Henry Skene kennen. Skene war zwei Jahre jünger als sie. Mit ihren beiden Verehrern Polgar und Skene bezog Emma Rudolph im Herbst 1903 für etwas mehr als ein Jahr eine Wohnung in der Armbrustergasse 15 des Neunzehnten Bezirks, also im vornehmen Cottage-Viertel Wiens. Skene scheint ihre erste große Liebe gewesen zu sein. Noch ein Vierteljahrhundert später notierte Ea von Allesch in ihrem Tagebuch (7. 1. 1929), daß beim Hören eines im Radio übertragenen Beethoven-Konzerts die Erinnerung an Skene wiederkehrte und daß sie »sehr arbeiten mußte um nicht zu zeigen, dass ich weine«. »So erinnert alles an Skene«, heißt es weiter in dieser Eintragung, »der gewiß meine Heimat war – die endgültig verloren ist« (uv. DÖL). Nach diesem Jahr zu dritt zog Emma Rudolph aus der Wohngemeinschaft aus, erholte sich im Winter 1904/1905 an der Riviera, um dann ihren Wohnsitz für ein Jahrzehnt nach Berlin zu verlegen. Ab und zu besuchte sie Bekannte in Wien. Skene blieb noch zwei weitere Jahre dort und kehrte dann nach London zurück; er fiel als englischer Kriegsteilnehmer im Alter von siebenunddreißig Jahren zu Anfang des Ersten Weltkriegs.

Emmas Mann Carl Theodor Rudolph wohnte damals ebenfalls in Berlin. Geschieden waren die beiden Eheleute noch nicht, doch lebten sie getrennt. In Berlin lernte Emma Rudolph Robert Musil kennen, der von 1903 bis 1908 Philosophie und Psychologie an der Friedrich-Wilhelm-Universität studierte. Durch Musil wurde sie mit Johannes von Allesch bekannt, einem Studienfreund Musils. Allesch stammte aus einer Grazer Offiziersfamilie und studierte wie Musil Philosophie und Psychologie in Berlin. In Berlin gehörte auch der Klaviervirtuose und Komponist Eugen d'Albert zu ihren Verehrern. Den Lebensunterhalt verdiente sie sich mit Zeitungsartikeln über die Damen-Mode. Angeregt durch Gespräche mit den beiden Psychologiestudenten Musil und Allesch, begann Emma Rudolph damals mit der Lektüre von Graphologie-Büchern. Seit den zwanziger Jahren dann betrieb sie Graphologie auch erwerbsmäßig.

Anfang Februar 1915 kehrte Emma Rudolph nach Wien zurück. Von ihrem Ehemann Carl Theodor ließ sie sich offiziell scheiden, verlobte sich mit dem sieben Jahre jüngeren Johannes von Allesch und heiratete ihn am 28. Februar 1916. Die Trauung fand – standesgemäß – im Stephansdom statt. Vor der kirchlichen Zeremonie kehrte sie am selben Tag offiziell zur Katholischen Kirche zurück. Emma Rudolph hieß von nun an *Ea von Allesch, Edle von Allfest*. Aus ihrem Vornamen hatte sie die beiden mittleren Buchstaben entfernt. Vielleicht klang »Emma« nicht aristokratisch genug. Wahrscheinlich ist, daß bei der Hochzeit zwei damals berühmt werdende Autoren anwesend waren: Robert Musil und Rainer Maria Rilke. Musil war Johannes von Alleschs engster Studienfreund, und Rilke, der während der ersten Jahreshälfte von 1916 in und bei Wien seinen Militärdienst ableistete, lernte damals über die gemeinsame Freundin Mary Gräfin Dobrzensky Ea von Allesch kennen. Zehn Tage

nach der Hochzeit verehrte Rilke ihr einen Band seiner –
erstmals 1907 erschienenen – *Neuen Gedichte* mit folgendem Widmungspoem, das er auf das Titelblatt schrieb:

O Menschenangesicht: aus solcher Fluth
von immer Irrthum immer wieder tauchend,
nichts, nur ein wenig Bleibens brauchend,
trotz allem grüßend, gebend, beinah gut –
O Menschenangesicht aus solcher Fluth.

Und über Dir nur Züge, kein Gesicht
aus Maaßen, daß du dich dazu bezögest;
und wenn dus von den Bergen niederbögest:

Ach über Dir nur Züge, kein Gesicht.

Rilke versah die Verse mit der Widmung: »(Geschrieben für
Frau von Allesch zum ersten und anderen Theil der neuen
Gedichte) Rainer Maria Rilke (Wien, am 10. März 1916)«
(EA 136). Der Kontakt zu Rilke blieb kurz, und in die Gale-
rie adliger Damen, deren Freundschaft zum Dichter in einer
Korrespondenz dokumentiert wäre, gehörte Ea von Allesch
nicht.

Seit Kriegsbeginn diente Johannes von Allesch als Leut-
nant in einem österreichischen Infanterieregiment. Drei Monate nach der Heirat wurde er nervenkrank. Den Freundinnen und Freunden des Paares war klar, daß es sich nicht um
eine Liebesheirat handelte (KC 305), und niemand ging davon aus, daß die Ehe so ungleicher Partner von Dauer sein
würde. Seit Oktober 1917 befand sich die neue Wohnung
des Ehepaares in der Salesianergasse 8/6 im Dritten Bezirk.
Johannes von Allesch kam nur im Urlaub nach Wien, und
mehr denn je wurde seine Frau von Verehrern belagert. Zu
ihnen gehörten Egon Friedell, Peter Altenberg und Eugen
d'Albert. Mit d'Albert blieb sie bis zu seinem Tod im Jahre
1932 in Verbindung. Zu ihren unglücklichsten masochisti-

schen Liebhabern gehörte Peter Altenberg. Ea von Allesch war inzwischen über vierzig, doch sah sie um vieles jünger aus. Seit ihrer Rückkehr aus Berlin war sie die »Königin des Café Central«. Helga Malmberg erinnert sich: »Es war selbstverständlich, daß sie sich wunderbar anzog. Ihre Erscheinung, ihr Gang waren königlich. Wenn sie die Stufen aus dem Säulensaal hinunterschritt, folgten ihr bewundernde Blicke« (HM 138, 139). Im sozialen Biotop der Kaffeehauswelt waren Ea von Allesch die Königin und Peter Altenberg ihr alleruntertänigster und loyalster Diener. Seine leidvoll-entsagungsreich-platonische (von Ea von Allesch mehr geduldete als gewünschte) Verehrung ging so weit, daß er sich eine Sammlung von Ea-Photos zulegte, die er mit Epigrammen versah (KC 307). Nach wie vor aber wurde Ea von Allesch nicht als Persönlichkeit anerkannt, sie blieb das Projektionsobjekt männlicher Phantasien. Bewundert wurde sie weiterhin (in jeweils unterschiedlicher Gefühlsmischung) von Alfred Polgar und Robert Musil, von dem Maler Anton Faistauer, Franz Blei, Oskar Kokoschka, dem Schriftsteller und Privatgelehrten Baron Victor von Dirsztay und dem Verleger Paul Zsolnay. Zu Ea von Alleschs Freundinnen gehörten die Schauspielerin Sibylla Blei (die Tochter Franz Bleis), die Gutsbesitzerin Mary Gräfin Dobrzensky (auf deren Schlößchen im böhmischen Dorf Polstejn sie öfter zu Gast war und mit der sie regelmäßig Reisen an die Riviera unternahm) sowie die Schriftstellerin Annette Kolb.

2. *Die Modeschriftstellerin in den zwanziger Jahren*

Ein Jahr nach ihrer Heirat machte Alfred Polgar die Strohwitwe Ea von Allesch mit Hermann Broch bekannt. Broch hatte inzwischen zahlreiche Frauenbekanntschaften hinter sich. Das Don-Juan Thema hat Broch als Autor noch im Alter beschäftigt (siehe seinen Roman *Die Schuldlosen*). Seine Ehe mit der Fabrikantentochter Franziska von Rothermann bestand seit 1916/17 nur noch zum Schein. Um die Jahreswende 1917/1918 schrieb er bereits eine Reihe von Briefen an Ea von Allesch, die auf die Anbahnung eines Verhältnisses hindeuten (KW 13/1, 35-43). Noch benutzte Broch in der Anrede das förmliche »Sie«. Ab 1918 intensivierte sich die Beziehung. Broch wohnte damals mit seiner Frau und dem acht Jahre alten Sohn Hermann Friedrich (Armand) in Teesdorf bei Wien. Ihr Haus – das auch von seinen Eltern bewohnt wurde – befand sich auf dem Gelände der Spinnfabrik Teesdorf, die sein Vater 1906 erworben hatte und in die Broch 1909 als Verwaltungsrat eingetreten war, um im Lauf der Zeit die kaufmännische Leitung des Betriebs zu übernehmen. Das war 1915 der Fall, als Broch den Titel eines Leitenden Verwaltungsrats erhielt. Seit 1906 hatte die Firma auch ein Wiener Stadtbüro samt Wohnung (Gonzagagasse 7 im Ersten Bezirk). Brochs Direktorenamt brachte es mit sich, daß er häufig in Wien zu tun hatte (Verhandlungen mit anderen Unternehmen, mit Ämtern, Berufsgenossenschaften, Interessenvertretungen etc.). So pendelte er – per Bahn – zwischen Wien und Teesdorf. Bei seinen Besuchen in der Stadt traf er seit 1917 regelmäßig mit Ea von Allesch zusammen, zunächst in Kaffeehäusern (Central, Museum, Herrenhof), dann in ihrer Wohnung in der Salesianergasse. Diese Adresse wird im Tagebuch häufig erwähnt. Hier war das Liebesnest zur Zeit der stürmischen Werbung Brochs; noch dreißig Jahre später erinnerte der Autor sich der Adresse auf liebevolle Weise, als er sie in seinem kulturhistorischen Essay »Hofmannsthal und seine Zeit« erwähnte. In der Salesianergasse, in »dieser so ungemein wienerischen Umgebung«, befand sich nämlich Hugo von Hofmannsthals Geburtshaus, Grund genug, die Erinnerung an diesen Winkel der Stadt aufleben zu lassen. Anders als beim Haus der Hofmannsthals (Salesianergasse 12) handelte es sich bei Ea von Alleschs Bleibe allerdings nicht um eine »Herrschaftswohnung« mit »mindestens vier Gassenzimmern«, sondern um ein Souterrain-Appartement mit kleinem Fenster zur

Straße hin. »Das war eine jener stillen Wiener Nebengassen«, schreibt Broch aus der Erinnerung, »in denen groß- und kleinbürgerliche Wohnstätten nachbarlich mit Adelspalästen abwechselten; gegenüber den Hofmannsthalschen Fenstern befand sich das kleine Barockpalais der Vetseras (deren achtzehnjährige Tochter Mary 1889 mit dem Kronprinzen Rudolf in den Tod gehen sollte), und wo die Salesianergasse beim berühmten Metternich-Palais in die Hauptstraße, den ›Rennweg‹, einmündete, da waren hinter dem Salesianerinnenkloster der Schwarzenberg-Palast und der des Belvedere sichtbar« (KW 9/1, 181).

Zuweilen suchte Broch seine Freundin auch in der Redaktion der *Modernen Welt* auf, einer Ende 1918 gegründeten neuen Wiener Kulturzeitschrift mit einem zwanzig Seiten umfassenden Modeteil, »Die Kunst der Mode«, der auch separat zu beziehen war. Für den Modeteil hatte der Verleger des Blattes, Arnold Bachwitz, Ea von Allesch engagiert, die in den ersten drei Jahren der Zeitschrift die wichtigsten Beiträge schrieb, und zwar unter dem Pseudonym »Eva« (E.v.A.). Zu Hause in der Salesianergasse besaß Ea von Allesch kein Telefon, und so rief Broch sie in der Redaktion an. Das Büro der *Modernen Welt* befand sich in einem stattlichen Jugendstilbau, dem Palais des Beaux Arts, im Dritten Bezirk (Ecke Löwengasse/Paracelsusgasse). Ea von Alleschs zahlreiche Artikel zu Themen der Mode in verschiedensten Zeitschriften sind heute vergessen. Niemand hat sie bisher systematisch gesammelt und ediert. In germanistischen Arbeiten wird Ea von Allesch immer nur – nach dem Titel einer Musilschen Komödie – als »Freundin bedeutender Männer« am Rande erwähnt. Doch Mode war für sie nicht eine von sozialen Wandlungen, von Veränderungen der Beziehungen zwischen den Geschlechtern und von politischen Gegebenheiten zu trennende, rein ästhetische Angelegenheit. Ihre Beiträge sind witzig formuliert, voller Anspielungen auf Zeitgeschichtliches, auf Aktuelles aus der Kunstszene. In Heft 1 der *Modernen Welt* von Ende 1918 heißt es z. B. in ihrem Kurzessay »Modespaziergang durch den Herbst«: »›Enger wird die Welt mit jedem Schritt.‹ Da wir leider in keiner Hinsicht große Sprünge machen können, ist es wohl nur in der Ordnung, daß uns die Mode 1918 den engen Rock wieder schenkt.« Anfang 1920 fuhr Ea von Allesch nach Berlin, um die Frühjahrskollektion zu besichtigen und darüber in der *Modernen Welt* zu berichten. In Heft 4 dieses Jahrgangs publizierte sie den Beitrag »Modespaziergang durch Berlin«: »Berlin hat sich zweifellos merklich verändert. Der es seit der Vorkriegszeit nicht gesehen hat, konstatiert das mit ungläubigem Staunen. Wo ist [...] die Exaktheit jedes öffentlichen Betriebes, die märchenhaft findige und schnelle Post [...]? Wenn jetzt nicht der Anschluß erfolgt, kommt er nie; sie wurden hier nämlich gut österreichisch, und wir haben keinerlei Konkurrenz mehr zu fürchten und sind *ein* Volk. Der Untergang eines Volkes aber beschäftigt die Mode nicht sonderlich, und mithin kann man sich in Berlin ebenso schick und dernier-cri-mäßig anziehen wie in Wien.« Im 8. Heft desselben Jahrgangs findet sich ihr Aufsatz »Luxusmoden«; ein gutes Beispiel für ihre Art kultursoziologischer Analyse: »Wenn jede Äußerung einer Zeit dieselbe wiedergibt, so sind wir erstaunt, durch die herrschende Mode zu erfahren, wie glänzend es uns geht [...]. Man ist geneigt, anzunehmen, daß noch niemals eine Mode so viele Gesichter zeigte; aus allen verflossenen Jahrhunderten nimmt sie sich, was ihr paßt, und verändert es zu einem ganz neuen Ganzen. Merkwürdigerweise soll nach den spielerischen Varianten des Rokoko nun das strengere Mittelalter an die Reihe kommen. Eine Schiebergattin oder -freundin in einem keuschen, schlichten Gewande mit hohem Kragen [...] kann man sich kaum vorstellen. Zu ihnen paßte die radikale Entschlossenheit der jetzigen kurzen Mode [...] schon eher. Und aus diesem Grunde wird das anliegende schlichte Minnefrauengewand sich wohl erst sehr verändern müssen, ehe es akzeptiert werden wird. Es ist die Kateridee einiger Pariser Modehäuser.«

In Ea von Alleschs Beiträgen sind hier und da Anregungen Brochs nachzuweisen. Wenn sie schreibt, daß »jede Äußerung einer Zeit dieselbe wiedergibt«, so klingt eine Vorstellung an, wie Broch sie um 1919 in seinem – nie abgeschlossenen – Buch *Zur Erkenntnis dieser Zeit* (KW 10/2, 11-77) am Beispiel des Stils entwickelte und wie er sie ein Jahrzehnt später in der Essayfolge »Zerfall der Werte« in den *Schlafwandlern* darlegte. Aber umgekehrt gibt es auch Einflüsse von Ea von Allesch auf Broch. Sie vermittelt ihm Buchrezensionen für die *Moderne Welt*. Diese Besprechungen zu literarischen Neuerscheinungen weisen einen bei Broch neuen ironischen Zug auf, eine Gewandtheit und Gefälligkeit der Formulierung, die man bisher bei ihm nicht kannte. Broch bewunderte den leichten, eingängigen Stil seiner Freundin, und gerne ließ er sich durch sie – mittels der Besprechungen zeitgenössischer Romane – näher an die Literatur heranführen. Er hatte immer schon eine Affinität zur Literatur, wichtiger aber war ihm die Arbeit des Philosophen, als den er sich verstand. Brochs Traumberuf in dem Jahrzehnt zwischen 1916 und 1926 war der des Kulturphilosophen. Ea von Allesch konnte mit den in der Fachsprache des Neukantianismus verfaßten wert- und geschichtstheoretischen Traktaten Brochs nur wenig anfangen. Seine Gedichte aber, die Komödienfragmente und die ersten Versuche auf dem Gebiet der Novelle schätzte sie, und so bestärkte sie ihn in dem Wunsch, Schriftsteller zu werden. Damit hatte wohl auch zu tun, daß sie Broch Mitte 1920 bat, ein Tagebuch zu führen. Sie versprach sich zum einen ein besseres Kennenlernen ihres Freundes, zum anderen eine Bewegung weg von den Abstrakta der Theorien hin zur bildhaft-literarischen Sprache. Noch dreißig Jahre später erinnerte Broch sich, daß Ea von Allesch »eine Frau von großen Anlagen, mit einem außerordentlichen Sinn für Nuancen, mit einer ebenso raschen wie zarten Aufnahmefähigkeit« gewesen sei (HBB 83).

Nach 1918 schrieb sie nicht nur für die *Moderne Welt*, auch für die *Vogue*, die *Prager Presse* und eine Reihe von

Tageszeitungen, etwa für die *Wiener Mittagspost*. Als Anfang 1921 in Prag die deutschsprachige Tageszeitung *Prager Presse*, die der tschechoslowakischen Regierung nahestand, begründet wurde, engagierte man Ea von Allesch als Feuilletonistin für den Bereich der Damenmode. Kurz vorher erfuhr sie von den Aufgabengebieten ihrer beiden Freunde Polgar und Musil im Feuilleton der Zeitung und beschwerte sich bei Arne Laurin, dem neuen Chefredakteur, in einem Brief, der sowohl ihre Sachkenntnis wie ihre Resolutheit in praktischen Dingen belegt: »Wie kamen Sie auf den Einfall Musil als Kritiker u. Polgar als Skizzenmitarbeiter zu engagieren [...]? Zur Kritik gehört *Witz* als erstes und [...] Routine als zweites u. als drittes Gewohnheit *rasch* zu arbeiten. Alle 3 Punkte treffen bei Polgar zusammen u. fehlen bei Musil u. Musil kommt als langsamer Arbeiter für andere Sachen doch auf ein viel höheres Niveau, als als Kritiker« (BP 9). Musil hoffte, daß seine Frau Martha als Illustratorin der Beiträge Ea von Alleschs Auftragsarbeiten bekäme. Daraus aber wurde nichts, wie einem Brief Ea von Alleschs an Laurin vom 10.3.1921 zu entnehmen ist. Sie schrieb über Martha Musils Besuch bei ihr im Wiener Büro der *Modernen Welt*: »Soeben war Frau Musil hier in meiner Redaktion. Sie wollte von mir erfahren, was sie zeichnen soll, respektive was jetzt modern wäre und war, wie ich glaube, sehr unangenehm berührt, daß ich ihr nicht Vorlagen (wie französische Blätter oder Modeblätter von Bachwitz hier im Haus) zur Verfügung stellen konnte. Ich kann aber doch nicht Zeichnungen meines hiesigen Chefs abzeichnen lassen – das ist doch unfair –, abgesehen davon, daß er es erfahren würde und ich einen schönen Palawatsch hätte« (BP 95). Ea von Allesch schrieb also bei der *Prager Presse* über den gleichen Themenkreis wie Milena Polak (Jesenská), die 1918 einige Monate lang Brochs Freundin gewesen war, bei der Prager *Tribuna*. Wie bei der *Modernen Welt*, so vermittelte Ea von Allesch auch Brochs Kontakt zur *Prager Presse*, in der er 1921 und 1922 Artikel über Franz Blei, Alfred Polgar und

Arthur Liebert veröffentlichte. Um der Einschätzung des Kritikers Polgar Nachdruck zu verleihen, mobilisierte sie Broch, einen positiven Artikel über den gemeinsamen Freund zu verfassen. Das fiel Broch nicht schwer, war doch schon im Jahr zuvor in der *Neuen Rundschau* (KW 9/1, 49-51) und in Franz Bleis *Die Rettung* (KW 9/2, 36-41) von ihm ein Loblied auf Polgar erschienen. Sein 1922 in der *Prager Presse* publizierter Polgar-Aufsatz war eine erweiterte Fassung des Artikels in der *Neuen Rundschau*, in den er einzelne Gedanken aus dem Beitrag in der *Rettung* übernahm (HJB). Auch Brochs lobender Artikel über Franz Blei – zu dessen 50. Geburtstag geschrieben –, wird wohl Ea von Allesch veranlaßt haben (KW 9/1, 53-57). Wie Brochs Tagebuchbriefen zu entnehmen ist, hielt er damals nichts von Blei. Blei verkörperte für ihn den »ästhetischen Menschen«, den er als Antipoden des »ethischen« verachtete (33). Doch Blei gehörte zu Ea von Alleschs ältesten Verehrern, und so verschloß Broch sich ihrer Bitte nicht. Brochs ausführliche Rezension über zwei Bücher Arthur Lieberts (KW 10/1, 257-263) erschien ebenfalls über die Vermittlung Ea von Alleschs in der *Prager Presse*.

Ea von Alleschs zwischen 1921 und 1927 in der Sonntagsbeilage »Dichtung und Welt« der *Prager Presse* erscheinende Beiträge behandelten das Modethema auf neuartige Weise. Sie ging von der Kritik am konventionellen Rollenverständnis der Geschlechter und an der bürgerlichen Moral aus. Sie opponierte gegen einen Konservatismus, der im Wandel der Mode etwas moralisch Tadelnswertes sieht. Sie drehte den Spieß gleichsam um und warf den Modegegnern Dogmatismus und Kitsch vor. So hieß es im Essay »Paradoxa der Mode« vom 12. 6. 1921 in der *Prager Presse*: »Hüte dich vor dem Menschen, der gegen die Mode ist und in irgendeiner ›Tracht‹ herumgeht. In seiner Seele lebt die Verlogenheit und Bösartigkeit des Kitsches.« Hier sind Spuren von Brochs späterer Auseinandersetzung mit dem Thema des Kitsch-Menschen wahrzunehmen – vgl. seinen Essay »Das Böse im Wertsystem der Kunst« (KW 9/2, 119-156) –, und es ist schwer zu sagen, ob Broch hier Themen weiterdachte, die auf Diskussionen mit Ea von Allesch zurückgehen, oder ob seine Freundin hier Vorstellungen auf den Bereich der Mode übertrug, die er ihr in einem anderen Kontext auseinandergesetzt hatte. Wenn sie sich zum Thema »Pathos« äußert, wird deutlich, als wie unangenehm-aufdringlich sie die meisten der sie umwerbenden Männer empfand. In dem Feuilletonbeitrag »Der Flirt«, der am 19.6.1921 in der *Prager Presse* erschien, liest man, daß man »auch einen inneren Vollbart tragen« könne, und der heiße »Pathos«. Im Gegensatz zum »Antrag« samt »werbendem Fußfall« sei der Flirt »unpathetisch«, spreche »gar nicht von Liebe«, habe vielmehr »die Ehrlichkeit der Skepsis«, der es bewußt sei, »daß die höchste Vereinigung [...] fast eine Unmöglichkeit ist«. Der Flirt wisse »von der Verzückung der Leidenschaft«, wisse aber auch, daß sie nur »letztes Sehnsuchtsziel« bleiben könne, und deshalb vermeide er »die hochstaplerische Geste des Pathos«, die dieses Ziel »unehrlich [...] antizipiere«. Es scheint fast, als mache sie hier ihrem Ärger Luft über das Absolutheitspathos in Briefen ihrer Verehrer – nicht zuletzt in denen Brochs. Freimütig äußerte sie ihre Kritik an der männlich dominierten bürgerlichen Gesellschaft. Von Jugend an liebte sie die Faschingsfeiern mit ihrer Umkehrung bzw. Nichtbeachtung der Konventionen. In ihren »Interviews über den Fasching«, die am 27.1.1924 in der *Prager Presse* erschienen, zog sie gegen die Männerwelt vom Leder. An diesem Feuilleton hätte die frühe Alice Schwarzer ihre Freude gehabt: Die Männer seien, »wo immer sie gehen, stehen [...] unmögliche Gestalten«, die »ihre Inferiorität durch ›Leistungen‹ [...] verdecken«. »Im Beruf«, liest man weiter, »im Sport, im sogenannten Leben überhaupt, überall, ja selbst in der Liebe sind sie ›Leister‹ und suchen uns durch ihre Leistung zu imponieren.« Und sie resümiert: »Wir Frauen sind dumm genug, auf diesen Leistungsschwindel herein zu fallen, uns imponieren zu lassen und diese lächerlichen Gestalten ernst zu nehmen.«

Broch wußte seit Jahren von Ea von Alleschs Engagement für die Frauenemanzipation. 1920 (als er das Tagebuch für sie führte) schrieb er die Novelle »Ophelia« (KW 6, 24-36). Hier werden die konventionellen Leser-Erwartungen von einer Ophelia-Figur, wie man sie seit Shakespeares *Hamlet* kennt, enttäuscht bzw. in ihr Gegenteil verkehrt. Die Novelle will eine Antwort geben auf die Frage, »warum sich Ophelia dem Hamlet versagt hat«. Allerdings soll die Titelfigur in »neuem Kostüm auftreten«, d. h., sie muß agieren und empfinden wie der neue Frauentypus des 20. Jahrhunderts. Die Novelle ist überraschend modern geschrieben: Im Erzählrahmen wird auf anti-illusionistische Weise das Thema festgelegt, und modernistisch sind auch die Kino-, Musik- und Traummotive. Pastichehaft werden zudem Figuren aus der Weltliteratur (Hamlet, Don Juan, Parzival) zitiert und umfunktioniert. Für das Fin de siècle war Ophelia die Inkarnation der *femme fragile*, und Ea von Allesch selbst war damals mit Ophelia in Verbindung gebracht worden. Brochs Ophelia von 1920 demonstriert, wie sich die *femme fragile* der Jahrhundertwende zur emanzipierten Frau der Nachkriegszeit gewandelt hat. Während bei Shakespeare »sich Ophelia dem Hamlet versagt«, weil ihr Vater Polonius es so anordnet, entscheidet sich bei Broch die selbstbewußte Ophelia gegen ihren »Verlobten« Hamlet, nachdem sie einen »Fremden« kennengelernt hat. Brochs Ophelia weiß nichts von Liebesschmerz, Geistesverwirrung und Selbstmord. Im Gegenteil, nach der Trennung von ihrem Verlobten fühlt sie sich von einer »beglückenden Sicherheit« durchdrungen, »die sie als Freiheit und Vollkommenheit und Freizügigkeit empfindet«. Der Wille zur Überlegenheit gegenüber und Trennung von ihrem Verlobten spiegelt sich in ihren Träumen. Sie drängt Hamlet in die passive Rolle und übernimmt selbst den ehemals ihm zugedachten aktiven Part. Was Ophelia anstrebt, ist »das Glück der Sicherheit«, aus »der Logik« ihres »Wesens gerade aufschießen zu können«. Die Logik eines solchermaßen »sicheren Menschen« sei »die Logik alles Gewachsenen«. Am Schluß der Novelle faßt sie ihre Überzeugung in das feministische Credo: »Man muß jeden Weg allein gehen können.« Liest man die Novelle auf der Folie von Brochs Biographie, erinnert Ophelia an Ea, der ›Verlobte‹ an Johannes von Allesch und der ›Fremde‹ an Broch selbst.

In jener »Beilage« zur *Prager Presse*, in der Ea von Allesch ihre Feuilletons und Artikel zur aktuellen Mode publizierte, veröffentlichte Robert Musil Anfang 1923 (Nr. 11) unter dem Titel »Die Freundin bedeutender Männer« einen Vorabdruck seiner »leichten Komödie« *Vinzenz und die Freundin bedeutender Männer*, die er im selben Jahr fertigstellte. Eines der Vorbilder für die weibliche Hauptfigur Alpha war Ea von Allesch. Wie eine Vorwegnahme ihres männerkritischen Seitenhiebs vom Jahr darauf liest sich hier Musils Selbstcharakterisierung Alphas: »[...] ich bin eine Anarchistin. Solang ich lebe. [...] Und diese, von diesen Männern gemachte Welt soll ich ernst nehmen?« Anders als Brochs Ophelia ist Musils Alpha jedoch nicht nur Verkörperung der emanzipierten Frau. Alpha ist für die Schar ihrer Verehrer nach wie vor eine Mischung aus *femme fatale* und *femme fragile*. In seiner Posse karikiert Musil sowohl Ea von Allesch als auch die Verehrer: An Franz Blei erinnert ›Vinzenz‹, an Egon Friedell ›der Gelehrte‹, an Eugen d'Albert der ›Musiker‹, an Johannes von Allesch ›Apulejus Halm‹ und an Hermann Broch ›ein junger Mann‹. Alpha hält ihre Verehrer in erotischem Schwebezustand zwischen Vertrautheit und provokanter Abweisung. Musils Komödie ist ein parodistischer Abgesang auf die Wedekindsche Lulu-Welt des Fin de siècle. Die Weiblichkeitsvorstellungen der Männerwelt seiner Zeit werden parodiert und Alpha als Produkt eines lächerlichen maskulinen Projektionsmechanismus gezeigt. So erhellend und befreiend diese Posse zu ihrer Zeit wirkte, so sehr hat sie wegen der allzu simplen Identifizierung Alphas mit Ea von Allesch bei ihren Interpreten zur Charakter-Verzeichnung von Brochs Freundin beigetragen.

Die Zeit von Brochs Tagebuch (Mitte 1920 bis Anfang 1921) waren die Monate seiner intensivsten Werbung. Damals rang er um ihre Gunst und suchte die Konkurrenten zu überbieten. Für Broch war die Werbung ein Eroberungskampf, in dem es ihm darum ging, die von so vielen verehrte, ja angebetete Frau für sich zu erobern. Berühmte Komponisten, Schriftsteller und Aristokraten aus dem Felde zu schlagen war kein Kinderspiel. Brochs Ehrgeiz war auf keinem Gebiet und zu keiner Zeit gering, und so muß ihm die Gewinnung der geliebten Frau eine große Genugtuung gewesen sein. Sein Ziel war, Ea von Alleschs Gefühle der Verehrung und Liebe auf sich zu vereinigen. Dabei wurde er vor Eifersucht fast krank. 1921/22 stabilisierte sich ihr Verhältnis. Als 1921 Ea von Alleschs Schwester Antonie Holzknecht, Witwe eines Rechtsanwalts, starb, erbte sie die Wohnung im fünften Stock eines modernen Gebäudes in der Peregringasse 1 (im Neunten Bezirk, auf der Grenze zum Ersten Bezirk). Dieses große, lichte Appartement, von dem man einen schönen Blick auf die Börse, auf den Ring und auf die Altstadt mit dem Stephansdom hatte, war ganz nach beider Geschmack. Anfang März 1922 zog Ea von Allesch um, und Broch richtete sich in der neuen Wohnung ein Zimmer ein, das bis 1928 sein Hauptwohnsitz blieb. Ea von Allesch ließ sich im Frühjahr 1921 von Johannes von Allesch scheiden, und Brochs Ehe wurde zwei Jahre später geschieden. Zwischen 1923 und 1927 waren Broch und Ea von Allesch Lebensgefährten, ohne jedoch ihre Verbindung durch eine Heirat legitimieren zu lassen. Sie besuchten gemeinsam Salons, Theater, Opern und unternahmen zusammen Reisen in die Schweiz, nach Frankreich und Italien.

3. Jahre zunehmender Entfremdung

Das Jahr 1927 bildete den Wendepunkt in Brochs Leben: Er verkaufte die Spinnfabrik Teesdorf; er begab sich bei der

Freud-Schülerin Hedwig Schaxel-Hoffer in psychoanalytische Behandlung; er lernte Anna Herzog kennen, die Freundin der nächsten Jahre. Ausgerechnet in der Zeit, da Broch sein Ziel erreichte, sich ungehindert durch die Verwaltung der Firma der schriftstellerischen Arbeit widmen zu können, begann die Entfremdung von jener Frau, mit der er dieses Lebensziel angestrebt hatte. 1927 war für Ea von Allesch kein gutes Jahr: nicht nur, weil Broch sich von ihr abwandte, sie verlor auch ihre Stelle als Mode-Redakteurin bei der *Prager Presse*. Obgleich Ea von Allesch Brochs dichterisches Talent erkannt hatte, war sie doch nicht in der Lage gewesen, ihn von der Priorität literarischer Arbeiten zu überzeugen. Erst durch die psychoanalytische Behandlung fand er zu dieser Einsicht. Anna Herzog war dann die Freundin, die ihn als Schriftsteller akzeptierte. In ihrer Wiener Wohnung bzw. Villa entstand die Romantrilogie *Die Schlafwandler*. 1927 war Ea von Allesch zweiundfünfzig Jahre alt. Die Entfremdung vollzog sich langsam und war für sie ein schmerzlicher Prozeß. Einen offiziellen Bruch führte Broch nicht herbei. Bis zur Emigration im Jahre 1938 traf er sie regelmäßig: jetzt zunehmend seltener in ihrer Wohnung und wieder häufiger in Kaffeehäusern.

Zwischen 1929 und 1935, d. h. in den für sie schwierigen Krisenjahren der Abwendung Brochs, führte Ea von Allesch sporadisch ein Tagebuch (uv. DÖL), in dem Broch als negativer Held (als verhaßte oder bedauerte Person) figuriert. Eigentlich war das Tagebuch nur für das Jahr 1929 gedacht, denn es ist in einem *Diary* genannten Kalender der Londoner Firma T. J. & J. Smith für das Jahr 1929 geführt. Ob Ea von Allesch auch in früheren Jahren Tagebuch schrieb, ist nicht mit Sicherheit zu sagen; erhalten hat sich nur dieses eine Exemplar. Da die Eintragungen nicht regelmäßig vorgenommen wurden, blieb in diesem umfangreichen Kalender viel Platz, und so benutzte sie den Band ab und zu auch in den folgenden sechs Jahren für Tagebuch-Eintragungen. Sie vermerkte dann die Jahreszahl und veränderte die Bezeichnung der Wochentage entsprechend. Am Anfang des Diariums ist ein Überblickskalender für das Jahr 1929 abgedruckt, und dort sind insgesamt sieben Geburtstage von Freunden und Freundinnen markiert. Aus dem Kreis der männlichen Verehrer und Liebhaber sind nur noch die Geburtstage von »Polgar« (17. 10.) und »Hermann« (1. 11. All Saints' Day) vermerkt. Die Person, die im Diarium neben Hermann Broch am häufigsten genannt wird, ist ihre – vierzehn Jahre jüngere, 1970 verstorbene – Freundin »Mary« (die Gräfin Dobrzensky). Auf deren kleinem Schloß im tschechischen Dörfchen Polstejn hielt Ea von Allesch sich auf, als sie am 1. Januar 1929 mit ihren Tagebucheintragungen begann. Aus ihrem Freundes- und Bekanntenkreis werden im Tagebuch neben Polgar und Broch (und dessen Verwandten) noch erwähnt: Annette Kolb, Eugen d'Albert, James Henry Skene (aus der Erinnerung), Ossip Schulin, Franz Blei, Billy Blei, Baron von Lieben, eine Gräfin Hanna, George Saiko, Georg Kirsta, Genia Schwarzwald, Robert Musil, Felix Braun und René Schickele. Von den männlichen Bekannten wird nur Broch stehts mit Vornamen genannt (meistens mit »H.« abgekürzt), während alle anderen (ob Polgar, d'Albert oder Musil) immer mit ihren Familiennamen erwähnt werden. Die Eintragungen aus Polstejn von Anfang 1929 belegen, wie sehr sie die Briefe von Broch und an ihn »aufregen«. Die gemeinsamen Interessen scheinen auf das Lotteriespiel reduziert zu sein. Mit einem Brief hatte Broch ihr die Ziehungsliste geschickt (»nichts gewonnen«). Sie legt ihrem »Zorn« keine Zügel an, schimpft über »seine Dummheit« und seine Unverfrorenheit, »noch getröstet« werden zu wollen, ob seines »harten Lebens«, wo ihn »Milliarden von Menschen nur zu beneiden« hätten (5. 11. 1929). Sie ist – wie ihre Eintragung vom 7. 1. 1929 zeigt – so deprimiert, daß sie an Freitod denkt: »Gott gebe«, schreibt sie, »daß ich mich aufraffen kann, aber am liebsten würde ich jetzt in Wien meinen Tod vorbereiten. Am liebsten in dieser Zeit, die ich nicht ertragen kann u. will. Nie hätte ich mir so ein Resultat träumen lassen.« Und einen Tag später schimpft sie weiter über Broch und scheut sich dabei auch nicht vor antisemitischen Äußerungen: »Er ist ein Egoist, u. ein Dummkopf u. was die Familie u. alle jüdischen Bonzen anbelangt außerdem ein Feigling u. ein Fußabwischer. Zu tiefst ordinär u. roh – wo er es sein kann – natürlich als Ausgleich. Keine Spur von Gentleman oder Gott bewahre Ritterlichkeit. Die Leute hatten halt doch alle recht – mein Gott was für ein Unterschied zu Skene, ja sogar zu A[llesch]. Wäre ich nur aus Wien weggegangen – wie rächt sich das jetzt! [...] Schrieb H. nur ganz kurz, ich weiß nicht wie u. was man schreiben könnte. Ich fühle, daß was ich oben schrieb wahr ist, aber ich kann es nicht ertragen, daß es wahr sein soll.« Eine Woche darauf, am 15. 1. 1929 (sie ist zurück in Wien), nährt sie ihre Abneigung gegen den ehemaligen Lebensgefährten mit weiteren Argumenten: »Daß H. mir so unverständlich ist rsp. Dinge tut, die ich für blöd halte, macht ihn mir fremd. ›Daheim‹ fühlt man sich eben, wo man bestätigt wird.« Das Gefühl einer »Vergewisserung der Existenz« habe Broch ihr nie vermittelt, was ihr aber – »wo ich mich eigentlich selber so gar nicht mag« – besonders wichtig gewesen wäre. Das »›Publikum‹ bilden für einander« mache »die glückliche Ehe oder Freundschaft aus«. »Wir bestätigen uns gar nicht«, resümiert sie, »au contraire«. Broch benutzte sein Zimmer bei Ea von Allesch immer seltener. Entweder wohnte er in der Gonzagagasse 7 oder bei Anna Herzog. 1929/30 überließ Broch seinem Sohn Armand das Zimmer bei Ea von Allesch. So kam es, daß bei den noch zustande kommenden Treffen der neunzehnjährige Sohn meistens anwesend war. In ihren Eintragungen vom 17. bis 19. Januar 1929 erwähnt sie gemeinsame Mahlzeiten mit dem »großen und dem kleinen Hermann«. Am 19. 1. setzt sie ihr Schimpfen über Broch fort. Sie mokiert sich darüber, daß Broch »so auftrumpfe«; er sei »total verdorben« und »glaube nicht mehr an eine besondere Geistigkeit«. Zwar habe er »einen prachtvollen Stil« und »dürfte ein ausgezeichneter Essayist« werden, aber seine

»minderwertige [...] Kaffeehaus-Überlegenheit« habe »er noch immer nicht abgelegt«. Eine Woche später – wieder in Polstejn – bemängelt sie an Broch, daß er »keinen Widerstand, keine Disziplin, kein Programm« kenne (25.1.1929). Besonders unangenehm ist ihr Brochs Vertrauen in die Freudsche Psychoanalyse. Erschwerend kommt in ihren Augen hinzu, daß er nun auch seinen Sohn in die Analyse gegeben hatte (zu August Aichhorn bzw. einem seiner Schüler). Am 10.2.1929 ist ihr »Eindruck«, »daß H. verloren ist«. Denn »wenn ein Mensch in einem derartigen Ausmaß solchen Vereinsphilistern erliegt«, könne er »gar keine wirkliche geistige Substanz besitzen«. Broch gebe sich mit »Widerschein u. Abklatsch von Ideen« zufrieden, und zudem sei die Psychoanalyse nicht einmal als »Idee« zu bezeichnen. »Wenn er sein Geld behält«, vermutet sie, »wird er vielleicht irgendein Buch schreiben, das sein Selbstgefühl beruhigen« werde. Wenn er das aber nicht schaffe, werde »er ein armseliges Hascherl« bleiben, »das er eigentlich immer« gewesen sei. »Neugierig« sei sie auch, »ob u. wann er sein Doktorat machen« werde. Diese Tagebucheintragungen zeigen, daß Broch seine Pläne nicht mehr im einzelnen mit Ea von Allesch diskutierte. Die Absicht, an der Universität im Fach Philosophie zu promovieren, hatte er inzwischen aufgegeben. Broch schrieb damals auch nicht »irgendein Buch«, sondern jene Romane, die er bald zur Romantrilogie *Die Schlafwandler* verbinden wird. Über das Romanprojekt war Ea von Allesch informiert. Ihrer Eintragung vom 23.2.1929 ist zu entnehmen, daß Broch – vermittelt durch Frank Thiess – gerade vom Verlag J.Engelhorns Nachf. in Stuttgart für den *Huguenau*-Band (erste Fassung) ein Angebot von viertausend Mark erhalten hatte und daß der Verlag sich auch für die wissenschaftlichen Manuskripte Brochs interessierte. Zu einem Abschluß kam es nicht, da der Autor mit der Ursprungsfassung des *Huguenau* (KW 6, 37-126) nicht mehr zufrieden war und sie noch mehrfach überarbeitete. Als Ea von Allesch von dem Verlagsangebot aus Stuttgart erfuhr,

kehrte momenthaft ihre Loyalität wieder und sie notierte:
»So froh darüber. Vielleicht macht ein bißchen äußerer Erfolg H. gesund u. sicherer – es wäre so gut.« Zuweilen, z. B.
am 15. 4. 1929, verbrachte Broch einen Abend in Ea von
Alleschs Wohnung. Es heißt unter diesem Datum, daß es sich
um den »letzten Abend« handle – d. h. vor ihrer Abreise mit
ihrer Freundin Mary an die Riviera – und daß Broch »den
ganzen Abend gelesen u. Radio gehört« habe. »Nicht ein
Wort mit ihm gesprochen«, hält sie lakonisch fest. Am folgenden Tag reiste sie nach Nizza ab, und Broch begleitete sie
zum Wiener Ostbahnhof. »Beim Abschied« habe er, »als er
noch einmal heraufschaute« ein »schrecklich altes müdes,
trauriges Gesicht« gehabt: »Es verfolgte mich die ganze
Fahrt« (16. 4. 1929). In Nizza hatte sie sich mit Eugen d'Albert verabredet, doch scheint er diesmal verhindert gewesen
zu sein. Enttäuscht von d'Albert, vermerkte sie bei ihrer
Rückreise während eines Paris-Aufenthalts am 2. 6. 1929,
daß »Mary« und »Hermann« offenbar die beiden »einzigen
Leute« seien, »denen ich momentan noch etwas bin, oder die
es sich oder mir einreden«.

Ea von Allesch führte ihr Tagebuch fast nur, wenn sie auf
Reisen war. So setzte sie es erst ein Jahr später fort, als sie
sich im April und Mai 1930 in Nyon im Schweizer Kanton
Waadt aufhielt. Von Wien bis Zürich hatte Alice Schmutzer,
eine Cousine Brochs, sie begleitet. Sie schrieb zuweilen literarische Rezensionen für die *Neue Freie Presse*, war also
Feuilletonistin wie Ea von Allesch. In deren Augen war
Brochs Verwandte, die in Wien einen beliebten Salon führte,
»nichts« als »eine verschmockte Jüdin«, bei der »jedes Wort,
das sie über ›Literatur‹ sprach, ausgeliehen« geklungen habe.
»Gearbeitet« nenne »sie ihren Schund«. Was Ea von Allesch
am meisten kränkte, war, »daß H. ihr alles erzählt«
(28. 4. 1930). Nach einem weiteren Jahr setzte sie das Tagebuch erneut fort. Sie hielt sich wieder an der Riviera auf
(Cap d'Ail). Auch diesmal hatte Broch sie zur Bahn begleitet,
worüber sie in der Eintragung vom 29. 4. 1931, dem Abrei-

setag, berichtet. Hier kommt erstmals die Eifersucht auf Brochs Freundin Anna Herzog zum Ausdruck. »Beim Abschied habe ich Dummheiten gesagt«, hält sie fest, und das habe im Zusammenhang mit Brochs »Anspielung auf die ›Hilfe‹ der Herzog« gestanden. Zum 11. Mai 1931, ihrem 56. Geburtstag, schickte Broch ihr ein Glückwunschtelegramm. Wie wenig sie die Trennung von ihm verschmerzt hatte, geht aus ihrer Notiz vom 13. 5. 1931 hervor: »Nichts von H. gehört seit dem Geburtstagstelegramm, es ist gräßlich alles, versuche es wegzuschieben, aber ich bin sicher diese ganze Unsicherheit macht mich krank – u. ich bin krank jetzt – dieses schwarze Schwindelgefühl vom Hinterkopf aus – u. *diese* Überreiztheit.«

Wenn Broch keine Zeit für Briefe an Ea von Allesch fand, bedeutet das nicht, daß sie ihn nicht beschäftigte. Als sie im Mai 1931 über ihre Migräne klagte, arbeitete Broch gerade an den Parallelgeschichten des »Huguenau«-Teils der *Schlafwandler*, deren subtilste wohl die Erzählung von Hanna Wendling ist. In dieser Figur setzte Broch seiner ehemaligen Freundin ein literarisches Denkmal. So wenig wie Alpha in Musils Komödie ist Hanna in Brochs Roman ein direktes Porträt Ea von Alleschs. Aber es ist keine Frage, daß er Hanna Wendling Züge Eas verliehen hat. Er versetzt sich in das Jahr 1918 – das Jahr der Handlung des »Huguenau« – zurück. Wie Ea ist Hanna eine Schönheit, die von den Männern ihrer Umgebung bewundert wird; wie Ea ist Hanna alleine, weil ihr promovierter Ehemann Johannes bzw. Heinrich als Offizier seinen Dienst im Krieg versieht; wie Ea fürchtet sich Hanna vor den Heimaturlauben des ihr fremd gewordenen Gatten; wie Ea leidet Hanna unter Migräne-, Schwindel-, Müdigkeits- oder Nervositäts-Anfällen; wie Ea ist Hanna für die Innenarchitektur begabt (Ea hatte d'Alberts Wiener Wohnung eingerichtet) und für die Mode; wie Ea wird Hanna als ein verkrampfter Mensch beschrieben, der zwischen Verschlossenheit und Enthemmung schwankt; und wie Ea ist Hanna von der Furcht vor dem Bolschewis-

mus besessen (KW 1, 405 ff.). Den Namen Hanna Wendling
wählte Broch wahrscheinlich deshalb, weil das Mode-Atelier
Hanna und die Modeartikelfirma Wendling (Sonnenschirme
etc.) im Wien der Nachkriegszeit bekannte Unternehmen
waren, die man mit Damenmoden assoziierte. In der *Moder-*
nen Welt hatte Ea von Allesch im Heft 7 des Jahrgangs 1919
vier Photos ihrer Freundin Sibylla Blei lanciert, die die
Schauspielerin beim Vorführen neuer Hüte aus dem Atelier
›Hanna‹ zeigen. Broch hat aber auch einer anderen Roman-
figur aus den *Schlafwandlern* einige Züge Ea von Alleschs
verliehen, nämlich Mutter Hentjen aus den »Esch«- und
»Huguenau«-Teilen der Trilogie. Äußerlich ähneln sie sich
überhaupt nicht, doch wenn Broch von Eas »nervöser Abneigung gegen das Sexuelle« und ihren »hysterischen Erstarrungen« spricht, von den »Verhemmungen u. doch dem
Geschlechtlichen ausgeliefert-sein«, dem »hysterischen Zurückweichen«, das »sich schließlich im Körperlichen doch
auflöst« (35), so erinnern ähnlich lautende Stellen über Mutter Hentjen in Brochs Trilogie an Ea.

Drei Jahre vergingen ohne Tagebuch-Notizen. Aus dem
Frühjahr 1934 ist aber die literarische Momentaufnahme
einer Begegnung zwischen Broch und Ea von Allesch im Café
Museum in Wien erhalten. Die Beschreibung verdanken wir
Elias Canetti; sie findet sich im dritten Band seiner Autobiographie: *Das Augenspiel*. Es muß sich um einen Tag Ende
Februar oder Anfang März 1934 gehandelt haben; Brochs
Stück *Die Entsühnung* war, wie Canettis Bemerkungen zu
entnehmen ist, vom Schauspielhaus Zürich zwar bereits angenommen, aber noch nicht aufgeführt worden. (Die Aufführung fand am 15.3.1934 statt.) Canetti erinnert sich,
daß er damals einmal mit Broch ins Café Museum aufbrach,
um dort Ea von Allesch zu treffen, mit der Broch verabredet
war. »Er schien mir nicht ganz frei«, hält Canetti fest, »er
sprach anders als sonst und er hatte sich *stark* verspätet.«
Das Zuspätkommen war Broch offenbar peinlich, denn er
»ging rascher« als sonst, und »zum Schluß war es beinahe,

als flöge er durch die Drehtüre und zöge mich dabei mit sich ins Lokal hinein«. Canetti – wie Brochs Bekanntenkreis allgemein – glaubte, daß Ea von Allesch nach wie vor »die Freundin Brochs« sei. Seine dichterische Skizze von der achtundfünfzigjährigen Ea von Allesch liest sich so: »Sie mochte in ihren Fünfzigern sein, sie war nicht jung, sie hatte den Kopf eines Luchses, aber aus Samt, mit rötlichen Haaren. Sie war schön, und ich dachte etwas bestürzt, *wie* schön sie erst gewesen sein müsse. Sie sprach leise und sanft, aber doch so eindringlich, daß man sich gleich ein wenig vor ihr fürchtete. Es war, als hätte sie, ohne es zu merken, ihre Krallen in einen geschlagen. Diesen Eindruck hatte man aber nur, weil sie Broch widersprach. Nicht einen einzigen seiner Sätze ließ sie gelten.« Auch Canetti entdeckte also bei Ea von Allesch einen Zug ins Vampirhafte, wie man ihn mit der *femme fatale* verband. Es mag sein, daß Broch dieses Vampirhafte im Auge hatte, als er 1949 die Figur Hildegard in *Die Schuldlosen* schuf. Hildegard dringt mit ihren »harten, spitzen Fingernägeln« in A.s Kopfhaut und leckt vampirhaft die dabei entstehenden »Blutbächlein« auf (KW 5, 219). In den *Schuldlosen* scheint Broch die unterschiedlichen Rollen, die Ea von Allesch im Lauf ihres Lebens für ihre Verehrer verkörpert hat, auf vier Figuren verteilt zu haben: Melitta ist das »süße Mädel« – sie wird im Roman als »süßes kleines Mädchen« bezeichnet (KW 5, 194) –, Hildegard ist die *femme fatale*, die Baronin W. die *femme fragile* und Zerline die sich emanzipierende Frau. Ea von Allesch, die Broch fünfzehn Jahre zuvor gerade zu seinen literarischen Versuchen ermuntert hatte, wollte 1934 von ihrer Hochschätzung des Dichters Broch nichts mehr wissen. Canetti zitiert ihre Broch bewußt verletzenden Bemerkungen bei dieser Begegnung: »Seit einiger Zeit bilde sich der Broch nämlich ein, daß er schreiben müsse. Wer ihm das nur eingeredet habe, eine Frau wahrscheinlich. Es tönte sehr sanft, beinah einschmeichelnd, aber es war niemand da, in den sie sich einschmeicheln wollte und es war vernichtend. Denn sie fügte hinzu,

sie habe ihm schon aus der Schrift gesagt, daß er kein Schriftsteller sei, sie sei nämlich Graphologin und es genüge, seine
Schrift mit der von Musil zu vergleichen, um zu wissen, daß
der Broch kein Schriftsteller sei« (EC 33-35). Wie beleidi-
gend diese Bemerkungen in Brochs Ohren geklungen haben
müssen, kann ermessen, wer um die damalige Rivalität zwischen Broch und Musil weiß. Beide hatten den Ehrgeiz, ihrer
Zeit im Roman die große Epochenanalyse zu liefern. Auch
unterließ Ea von Allesch es bei dieser Gelegenheit nicht,
Broch zu kritisieren, indem sie mit Verachtung von der
Psychoanalyse sprach, die Broch so schätzte. Dabei versuchte sie Alfred Adler, von dem sie viel hielt, gegen Freud
auszuspielen. Unter den Schriftstellern ist es nur Canetti, der
sich Ea von Allesch erinnernd, ihre negativen Seiten betont.
Ernst Schönwiese und Milan Dubrovic erwähnen sie in ihren
Rückblicken auf das Wien der späten zwanziger bzw. frühen
dreißiger Jahre als »eine der interessantesten Frauen jener
Tage« (ES 86) bzw. als Frau von »beachtlichem Format«
(MD 100).

Erst im Juli 1934 finden sich wieder Eintragungen in Ea
von Alleschs Tagebuch. Wieder bricht sie zu einer Ferienreise
auf. Seit Jahrzehnten ist sie regelmäßig an die Riviera gefahren, jetzt aber reichen die Mittel dazu nicht mehr. So reist sie
nach Bad Ischl im österreichischen Salzkammergut. Broch
bringt sie, wie sie festhält, »recht gleichmütig auf die Bahn«
(14. 7. 1934). Vier Monate zuvor war Brochs Drama *Die
Entsühnung* am Schauspielhaus Zürich uraufgeführt worden. Ea von Allesch fühlte sich gekränkt, daß sie dazu nicht
eingeladen worden war. In ihrer Eintragung vom 13. 7. 1934
schreibt sie: »Herzog war in Zürich bei der Premiere – man
hat dann eine Lustreise mit ihr nach Locarno gemacht – alle
Angaben seinerseits stinkende Lüge – ewig Lüge. Auch seine
Mutter hilft mich betrügen – widerliche Gesellschaft. – Dabei vollkommen ausgeliefert.« Sie gesteht sich ihre »Unfä-
higkeit« ein, über Brochs Abwendung von ihr »hinwegzu-
kommen«, und klagt sich an, »diese Dinge nicht vorausgese-

hen« zu haben, obwohl sie »*so* gewarnt worden« sei. Wie fünf Jahre zuvor drehen sich ihre Gedanken um den Tod: »Erwarte meinen baldigen Tod ohne Selbstmord, denn der würde ja auch nur infam unterlegt werden. Er erpreßt ihn aber ohne Pause von mir – tut u. sagt nur Solches, daß man eigentlich nicht anders darauf antworten kann. Trotzdem tue ich [es] nicht.« In Bad Ischl notiert sie am 23.7.1934 einen aufschlußreichen Traum: »Merkwürdigen Traum gehabt – Lag im lila Bademantel in einer Wohnung Polgars auf einem Diwan – Polgar sah mich nicht, H. war in einem Vorraum, wollte wissen was P. zu mir sage (daß ich seltsamer Weise hier sei) aber P. hielt mich für ein eigenes Phantom nahm mich nicht zur Kenntnis.« Der Traum rief eine Zeit in Erinnerung, die lange zurücklag, denn in der Gegenwart war Ea von Allesch zwar nur mit einem Bademantel verhüllt, doch nicht in Polgars Wohnung vorstellbar. Für den jungen Polgar war Ea von Allesch eine Abstraktion, eine Art Phantom gewesen, obwohl sie in seiner Wohnung ein und aus gegangen war und zeitweise mit ihm das gleiche Appartement geteilt hatte. Es gibt Photos (uv. DÖL), die Emma Rudolph in Polgars Wohnung (samt Diwan) zeigen. Broch war im Anfang seiner Beziehung zu Ea von Allesch der eifersüchtige Überwacher ihrer Beziehungen zu anderen Verehrern gewesen, hatte damals aber gleichsam im »Vorraum« der Psyche seiner Freundin verharren müssen. In ihrer Eintragung vom 7.1.1929 erinnerte sich Ea von Allesch, »wie wenig« sie »anfangs« Broch »bejaht« habe.

Wiederum ein Jahr später, im August 1935, fährt sie in die Ferien nach Bad Aussee in der Steiermark, wo sie ihre Freundin Mary Gräfin Dobrzensky trifft. Sie hatte vor, Broch in Gössl am Grundlsee zu besuchen, doch blieb er länger als geplant in München, wo ihn ein Verhältnis mit Auguste von Horváth zurückhielt. Davon wußte Ea von Allesch nichts. Ihre Eifersucht richtete sich – zu Unrecht – nach wie vor auf Anna Herzog. In wenig vornehmen Wendungen bringt sie ihre Vorstellung davon zu Papier, wie am Grundlsee »der

›große Dichter‹ mit dem jüdischen Flitscherl da in großer seelischer Aufmachung u. Wichtigtuerei herumflaniert« (25.8.1935). Drei Tage später ärgert sie sich über Brochs ständige Wohnwechsel: jetzt wolle er plötzlich nach Mösern in Tirol. Ea von Alleschs letzte Tagebuch-Eintragung stammt vom 30. August 1935. Sie ist inzwischen sechzig Jahre alt. Ihre Schimpferei auf Broch nimmt einen immer schärferen Ton an. Ob sie auf dessen »homöopathische Kur«, auf seine »Analyse« oder auf einen Brief eingeht, den Broch an Frank Thiess schickte: alles wird als »Idiotismus« oder »widerlichste Schmockerei« abqualifiziert. Trotzdem wurde die Beziehung aufrechterhalten. Ea von Allesch war (wie auch Broch selbst) finanziell in Schwierigkeiten geraten. Ihre Reise nach Bad Aussee hatte sie »3. Classe in einem ›Hundecoupé‹« unternommen (23. 8. 1935), und Brochs Umsiedlung nach Mösern, wo er äußerst billig leben konnte, hatte ebenfalls monetäre Gründe. Den Tagebucheintragungen vom August 1935 ist zu entnehmen, daß Broch Ea von Allesch finanziell unterstützte. 1934 schaffte Broch seine Teesdorfer Bibliothek in ihre Wohnung in der Peregringasse, und er trug sich bereits damals mit dem Gedanken, seine Bücher zu verkaufen. 1938 emigrierte Broch – nach einer Zwischenstation in England bzw. Schottland – in die USA. Er vereinbarte mit Ea von Allesch, daß seine in Wien verbleibende Mutter sein Zimmer in ihrer Wohnung übernehmen könne. Das Verhältnis zwischen Ea von Allesch und Brochs Mutter war nie herzlich gewesen, und während des Krieges wurde es nicht besser. Doch schützte sie die Jüdin Johanna Broch vor Anfeindungen der Nationalsozialisten, so lange sie konnte. Festnahme und Abtransport in das Konzentrationslager Theresienstadt, wo Johanna Broch 1942 ums Leben kam, konnte sie nicht abwenden. Als Gegenleistung für das Wohnrecht von Brochs Mutter erhielt sie die Mieteinnahmen zweier Häuser, die der Familie Broch gehörten. In den Kriegsjahren 1939 bis 1945 wechselten Broch und Ea von Allesch keine Briefe. Von Anfang 1946 bis Ende April 1951

– also bis kurz vor seinem Tod – schrieb Broch ihr eine Reihe von Mitteilungen aus dem amerikanischen Exil, in denen es vor allem um die Klärung von Besitzverhältnissen und die Herüberschaffung seiner Bibliothek in die USA ging. Broch hätte Ea von Allesch im Sommer 1951 in Wien wiedergesehen, wäre er nicht am 30. Mai jenes Jahres in seinem amerikanischen Domizil (New Haven, Connecticut) bei den Reisevorbereitungen einem Herzschlag erlegen. Sie überlebte ihn um etwas mehr als zwei Jahre. Am 30. Juli 1953 starb sie im Alter von 78 Jahren im Lainzer Versorgungsspital, einem Wiener Armenkrankenhaus. Ihr Grab befindet sich auf dem Wiener Zentralfriedhof. Das geplante Wiedersehen von 1951 hätte genau dreißig Jahre nach Brochs heftiger Werbung um ihre Liebe stattgefunden. Sich ein solches Wiedersehen auszumalen, ist nicht Sache des Biographen, der hier nur jenen Rezeptions-Appell wiederholen kann, wie ihn Broch am Ende des »Pasenow«-Teils der *Schlafwandler* formulierte: »Nach den gelieferten Materialien zum Charakteraufbau kann sich der Leser dies auch allein ausdenken« (KW 1, 179).

Im Frühjahr 1994   P. M. L.

Editorische Notiz

Mitte 1920 bat Ea von Allesch, wie ausgeführt, ihren Freund
Hermann Broch um ein Tagebuch; die täglichen Eintragungen sollten nicht, wie üblich, beim Schreibenden verbleiben,
sondern ihr, Ea von Allesch, geschickt werden. Das Tagebuch sollte ihr einen genaueren Einblick in den Alltag ihres
Freundes geben. Broch führte das Tagebuch ein halbes Jahr
lang bis Anfang 1921.

Ea von Allesch sammelte die handschriftlichen Tagebuchbriefe Brochs in einer eigens dafür vorgesehenen Schachtel.
Insgesamt wurden es 188 Blätter, einseitig beschrieben, mit
Tinte. Nach Ea von Alleschs Tod gelangte die Schachtel mit
den vollständigen Eintragungen als Teil des Nachlasses in
den Besitz von Eas Nichte Hermine Pötzl in Wien, die sie
1968 der dortigen Dokumentationsstelle für neuere österreichische Literatur übergab.

In Form und Inhalt unterscheidet sich dieses Tagebuch
von den früheren und späteren Briefen, die Broch der Freundin schickte. Angesichts der formalen Eigenart und der
thematischen Geschlossenheit wird Brochs Tagebuch für Ea
von Allesch als eigenständige Publikation behandelt.

Der Text – d. h. Zeichensetzung, Schreibweise, Gramma-
tik, Stil – entspricht dem Original; nur wenige Korrekturen
wurden im Fall von Schreibfehlern stillschweigend vorgenommen, wenn sie zum Verständnis notwendig waren. Ein
irrtümlich ausgelassenes Wort, ist sinngemäß – durch eckige
Klammern gekennzeichnet – ergänzt.

Oftmals sind Brochs Briefe zusammenfassende Berichte
über einzelne Tage einer vergangenen Woche. Die Briefe
wurden von mir kursiv numeriert; ebenso wurden Wochentage und Daten der Briefe kursiviert hinzugefügt.

Für die Genehmigung zur Veröffentlichung habe ich Anne
Marie Meier-Graefe Broch (gestorben am 27. 1. 1994) und
H. F. Broch de Rothermann (gestorben am 15. 6. 1994) zu

danken. Heinz Lunzer, Direktor des Literaturhauses in Wien, wo sich die Dokumentationsstelle für neuere österreichische Literatur befindet, sei gedankt für die Genehmigung zur Veröffentlichung des Fotos von Ea von Allesch. Die Dokumentationsstelle ist im Besitz einer Kopie jenes Tagebuchs, das Ea von Allesch selbst zwischen 1929 und 1935 führte.

Das Personenregister bezieht sich auf Brochs Tagebuchbriefe und auf das Nachwort des Herausgebers. Personennamen, die in Firmenbezeichnungen oder in Buch- bzw. Aufsatztiteln vorkommen, wurden nicht erfaßt.

H. F. Broch de Rothermann bin ich für die Überlassung des Broch-Photos sowie für Informationen dankbar, die die familiären beziehungsweise die verwandtschaftlichen Verhältnisse Brochs zur Zeit der Niederschrift des Tagebuchs betreffen. Für Hinweise bei der Kommentierung habe ich auch Klaus Amann (Klagenfurt), Maria A. Pinto Correia (Lissabon), Frauke Severit (Berlin) und Ulrich Weinzierl (Wien) zu danken. Ferner gilt mein Dank den zahlreichen Ämtern, Bibliotheken, Verbänden und Archiven, die mir bereitwillig Auskunft erteilten. Besonders dankbar bin ich Elisabeth Borchers. Sie hat die Edition durch ihr genuines Interesse an der Sache und durch gute Ratschläge gefördert.

P. M. L.

Verzeichnis der Abkürzungen

Auf die Zitatquellen wird im Nachwort, in den Anmerkungen und im biographischen Abriß durch Siglen hingewiesen, die hier in alphabetischer Reihenfolge angeführt und entschlüsselt werden. Die der Sigle folgende Ziffer verweist auf die Seitenzahl bzw. – im Falle von »BB« – auf die Briefnummer. Eine einfache Zahl in Klammern verweist auf die Nummer des Tagebuchbriefes in der hier vorliegenden Edition.

AF: *Fin de siècle. Erzählungen, Gedichte, Essays*, hrsg. v. Wolfgang Asholt und Walter Fähnders (Stuttgart: Reclam, 1993). Vgl. ferner: *Die Wiener Moderne*, hrsg. v. Gotthart Wunberg (Stuttgart: Reclam, 1981); Jacques Le Rider, *Modernité viennoise et crises de l'identité* (Paris: Presses Universitaires de France, 1990).

AS: Arthur Schnitzler, *Tagebuch 1903-1908* (Wien: Verlag der Österreichischen Akademie der Wissenschaften, 1991).

BB: *Hermann Broch – Daniel Brody. Briefwechsel 1930-1951*, hrsg. v. Bertold Hack und Marietta Kleiß (Frankfurt am Main: Buchhändler-Vereinigung, 1971).

BP: Robert Musil, *Briefe nach Prag*, hrsg. v. Barbara Köpplova und Kurt Krolop (Reinbek bei Hamburg: Rowohlt, 1971).

CS: Carl E. Schorske, *Wien. Geist und Gesellschaft im Fin de Siècle* (Frankfurt am Main: S. Fischer, 1982). Vgl. ferner: Allan Janik and Stephen Toulmin, *Wittgenstein's VIENNA* (New York: Simon and Schuster, 1973).

DG: Dietmar Grieser, »Briefi von Kindi. Hermann Broch und Ea von Allesch«, in: *Eine Liebe in Wien* (St. Pölten und Wien: Niederösterreichisches Pressehaus, 1989), S. 111-118.

DLA: Deutsches Literaturarchiv, Marbach am Neckar.

DÖL: Dokumentationsstelle für neuere österreichische Literatur, Wien.

EA: Elisabeth Albertsen, »Ea oder die Freundin bedeutender Männer. Porträt einer Wiener Kaffeehaus-Muse«, in: *Musil-Forum* 5.1 (1979), S. 21-37 und 5.2 (1979), S. 135-153.

EC: Elias Canetti, *Das Augenspiel. Lebensgeschichte 1931-1937* (München: Hanser, 1985).

ES: Ernst Schönwiese, *Literatur in Wien zwischen 1930-1980* (Wien, München: Amalthea, 1980).

FS: Frauke Severit, *Ea von Allesch – Ein Frauenleben zwischen Konvention und Selbstbestimmung*. Magisterarbeit, Freie Universität Berlin (Fachbereich Germanistik), 1994.

HB: Hans Blüher, *Wandervogel. Geschichte einer Jugendbewegung* (Prien: Kampmann & Schnabel, 1922). Vgl. ferner: Otto Neuloh, *Die Wandervögel. Eine empirisch-soziologische Untersuchung der frühen deutschen Jugendbewegung* (Göttingen: Vandenhoeck & Ruprecht, 1982).

HBB: Paul Michael Lützeler, *Hermann Broch. Eine Biographie* (Frankfurt am Main: Suhrkamp, 1985).

HBM: Hermann Broch-Museum, Teesdorf/Niederösterreich.

HJB: Hermann J. Broch, »Typus des Kritikers. Alfred Polgar«, in: *Prager Presse* (10. September 1922), S. II-III.

HM: Helga Malmberg, *Widerhall des Herzens. Ein Peter Altenberg-Buch* (München: Langen-Müller, 1961).

JMF: Jens Malte Fischer, *Fin de siècle. Kommentar zu einer Epoche* (München: Winkler, 1978). Vgl. ferner: Ariane Thomalla, *Die ›femme fragile‹. Ein literarischer Frauentypus der Jahrhundertwende*

(Düsseldorf: Bertelsmann-Universitätsverlag, 1972); Bram Dijkstra, *Les idoles de la perversité. Figures de la femme fatale dans la culture fin de siècle* (Paris: Seuil, 1992).

KA: Klaus Amann, Helmut Grote, *Die Wiener Bibliothek Hermann Brochs. Kommentiertes Verzeichnis des rekonstruierten Bestandes* (Wien, Köln: Böhlau, 1990).

KC: Karl Corino, *Robert Musil. Leben und Werk in Bildern und Texten* (Reinbek bei Hamburg: Rowohlt, 1988).

KW: *Kommentierte Werkausgabe Hermann Broch*, hrsg. v. Paul Michael Lützeler (Frankfurt am Main: Suhrkamp, 1974-1981). KW 1: *Die Schlafwandler*; KW 2: *Die Unbekannte Größe*; KW 3: *Die Verzauberung*; KW 4: *Der Tod des Vergil*; KW 5: *Die Schuldlosen*; KW 6: *Novellen*; KW 7: *Dramen*; KW 8: *Gedichte*; KW 9/1+2: *Schriften zur Literatur*; KW 10/1+2: *Philosophische Schriften*; KW 11: *Politische Schriften*; KW 12: *Massenwahntheorie*; KW 13/1+2+3: *Briefe*.

MB: Martin Buber, *Ich und Du* (Leipzig: Insel, 1923).

MD: Milan Dubrovic, *Veruntreute Geschichte. Die Wiener Salons und Literaturcafés* (Frankfurt am Main: Fischer Taschenbuch, 1987).

MEE: Marie von Ebner Eschenbach, *Eine Auswahl aus ihren Werken* (Königstein: Langewiesche, 1953).

MF: Max Frisch, *Don Juan oder Die Liebe zur Geometrie. Komödie in fünf Akten* (Frankfurt am Main: Suhrkamp, 1953).

MJ: Manfred Jurgensen, *Das fiktionale Ich. Untersuchungen zum Tagebuch* (Bern und München: Francke, 1979). Vgl. ferner: Peter Boerner, *Tagebuchs* (Stuttgart: Metzler, 1969) und Rüdiger Görner, *Das Tagebuch* (München, Zürich: Artemis, 1986). Zum autobiographischen Aspekt des Tagebuchs vgl. auch: Philippe Lejeune, *Le Pacte autobiographique* (Paris: Seuil, 1975), Bernd Neumann, *Identität und Rollenzwang: Zur Theorie der Autobiographie* (Frankfurt am Main: Athenäum, 1970) und James Olney, *Metaphors of Self: The Meaning of Autobiography* (Princeton: Princeton University Press, 1972).

NL: Norbert Leser, *Zwischen Reformismus und Bolschewismus. Der Austromarxismus als Theorie und Praxis* (Wien, Frankfurt, Zürich: Europa Verlag 1968).

PML: Paul Michael Lützeler.

SF: Sigmund Freud, »Über einige neurotische Mechanismen bei Eifersucht, Paranoia und Homosexualität«, in: *Gesammelte Werke. Chronologisch geordnet*, Band 13 (Frankfurt am Main: S. Fischer, 1972), S. 193-207. Vgl. ferner: Hildegard Baumgart, *Jealousy. Experiences and Solutions* (Chicago und London: The University of Chicago Press, 1990).

uv.:   unveröffentlicht.

UW: Ulrich Weinzierl, *Alfred Polgar. Eine Biographie* (Wien und München: Löcker, 1985).

WK: *Das Wiener Kaffeehaus*. Hrsg. v. Kurt-Jürgen Heering (Frankfurt am Main: Insel, 1993).

P. M. L.

Zeittafel

Genannt werden die wichtigsten biographischen Daten (in Kursivdruck) und die Titel von Brochs Schriften, wie sie in der Kommentierten Werkausgabe (KW) vorliegen. Folgende Abkürzungen wurden benutzt: A: Ansprache; B: Betrachtung; Br: Brief; D: Drama; E: Erzählung; F: Fragment; Fi: Filmskript; G: Gedicht; Gu: Gutachten; I: Interview; K: Kurzgeschichte; M: Miszelle; N: Novelle; Na: Nachruf; P: Pamphlet; R: Roman; Re: Rezension; St: Studie; V: Vortrag. Es folgt die Quellenangabe der Erstpublikation und die entsprechende Seitenangabe der KW. Hat Broch die Arbeit selbst nicht veröffentlicht, folgt nur die Seitenangabe aus der KW.

1886 *Am 1. November wird Hermann Broch in Wien geboren. Der Vater, Josef Broch, ist Textilgroßhändler; er stammt aus einer armen jüdischen Familie in Proßnitz/Mähren. Die Mutter, Johanna Broch, geb. Schnabel, ist Tochter eines jüdischen Ledergroßhändlers aus Wien. Die Brochs wohnen im I. Bezirk Wiens, im sog. Textilviertel.*

1889 *Am 17. Dezember wird Brochs Bruder Friedrich geboren.*

1892-1897 *Im Herbst 1892 wird Broch in der Volksschule des I. Bezirks in Wien angemeldet. Er erhält Privatunterricht während der ersten vier Jahre.*

1897-1904 *Besuch der K.K. Staats-Realschule im I. Bezirk Wiens. Realschul-Matura im September 1904. Brochs Hauslehrer sind David Bach (bis 1900) und August Lechner.*

1904-1906 *Besuch der Höheren Lehr- und Versuchsanstalt für Textilindustrie in Wien. Gasthörer der Philosophie, Mathematik und Physik an der Universität Wien im Wintersemester 1904/1905, u.a. bei Ludwig Boltzmann.*

1906-1907 *Fortsetzung und Abschluß des Studiums zum Textilingenieur an der Oberen Spinn- und Webeschule zu Mülhausen im Elsaß. Erfindung und Patentierung einer Baumwoll-Mischmaschine (mit Heinrich Brüggemann). Geschäftsreise in die USA (New York und Atlanta/Georgia) zur Information über die Baumwollproduktion (Anfang Oktober bis Mitte November 1907). Ende 1907 tritt Broch als Assistenzdirektor in die Spinnfabrik Teesdorf (in Teesdorf bei Wien) ein, die sein Vater ein Jahr zuvor erworben hatte. Gleichzeitig kauft Josef Broch eine Etage des Hauses Gonzagagasse 7 (I. Bezirk Wiens) als Wohnung und Verwaltungsgebäude.*

1909 *Militärische Ausbildung als Einjährig-Freiwilliger von Mai bis Oktober bei den Ulanen in Wien und bei den Kanonieren in Agram (Zagreb); Abschied aus gesundheitlichen Gründen. Übertritt zum katholischen Glauben im Juli. Im Herbst wird Broch Verwaltungsrat in der Spinnfabrik ›Teesdorf‹. Heirat mit Franziska von Rothermann, der Tochter eines Zuckerfabrikanten aus Hirm/Burgenland am 11. Dezember in Baden bei Wien.*

    – Kultur 1908/1909 (St), KW 10/1, S. 11-30.

    – Sonja (Teil eines R), KW 6, S. 267-276.

1910 *Geburt des Sohnes Hermann Friedrich Maria am 4. Oktober.*

1911   – Ornamente: Der Fall Loos (M), KW 10/1, S. 32-33.

1912   – Notizen zu einer systematischen Ästhetik (St), KW 9/2, S. 11-31.

1913 *Publikation erster Arbeiten in der von Ludwig von Ficker herausgegebenen Innsbrucker kulturellen Zeitschrift ›Der Brenner‹:*

    – Philistrosität, Realismus, Idealismus der Kunst (St). In: Der Brenner 3/9 (1. 2. 1913), S. 399-415. KW 9/1, S. 13-26.

    – Antwort auf eine Rundfrage über Karl Kraus (M). In: Der Brenner 3/18 (15. 6. 1913), S. 849-850. KW 9/1, S. 32-33.

    – Mathematisches Mysterium (G). In: Der Brenner 4/3 (1. 11. 1913), S. 136. KW 8, S. 13.

1914 *Seit September Leitung eines Rote Kreuz-Lazaretts für Leichtverwundete, das sich auf dem Gelände der Spinnfabrik ›Teesdorf‹ befindet.*

    – Ethik. Unter Hinweis auf H. St. Chamberlains Buch ›Immanuel Kant‹ (St). In: Der Brenner 4/14 (1. 5. 1914), S. 684-690. KW 10/1, S. 243-248.

    – Beginnende Liebe (G). KW 8, S. 14.

1915 *Leitender Verwaltungsrat der Spinnfabrik ›Teesdorf‹.*

    – Vier Sonette über das metaphysische Problem der Wirklichkeitserkenntnis (G). KW 8, S. 15-17.

1916 *Autodidaktisches Studium der Werttheorie. Stammgast im Café Central und im Café Herrenhof in Wien.*

    – Otto Kaus, Dostojewski. Zur Kritik der Persönlichkeit. Ein Versuch. In: Die Aktion 6 (1916), S. 578-579. KW 10/1, S. 250-251.

1917 *Bekanntschaft mit Franz Blei, Gina Kaus, Robert Musil, Paul Schrekker, Alfred Polgar und Ea von Allesch. Beiträge für Franz Bleis Kulturzeitschrift ›Summa‹:*

    – Zolas Vorurteil (St). In: Summa 1/1 (1917), S. 155-158. KW 9/1, S. 34-38.

    – Morgenstern (St). In: Summa 1/2 (1917), S. 150-154. KW 9/1, S. 41-47.

    – Zum Begriff der Geisteswissenschaften (St). In: Summa 1/3 (1917), S. 199-209. KW 10/1, S. 115-129.

1918 *Freundschaft mit Edit Rényi und Milena Jesenksá.*

    – Eine methodologische Novelle (N). In: Summa 2/3 (1918), S. 151-159, KW 6, S. 11-23.

    – Bitteres, spätes Gebet; nach Edit Rényi »Keserü, késö imádság«

(G). In: Die Aktion 8/31-32 (10. 8. 1918), S. 410-411. KW 8, S. 75-76.
– Schmerzloses Opfern; nach Edit Rényi »Vermaró télböl havazik a lelkem ...« (G). In: Die Aktion 8/37-38 (1. 9. 1918), S. 479. KW 8, S. 78.
– Heinrich von Stein: Gesammelte Dichtungen (Re). In: Summa 2/3 (1918), S. 166-169. KW 9/1, S. 337-341.
– Konstruktion der historischen Wirklichkeit (St). In: Summa 2/4 (1918), S. I-XVI. KW 10/2, S. 23-40.
– Die Straße (Offener Brief an Franz Blei). In: Die Rettung 1/3 (20. 12. 1918), S. 25-26. KW 13/1, S. 30-34.

1919-1921 *Bekanntschaft mit Georg Lukács, Karl Mannheim und Béla Balázs. Broch verkehrt im Salon von Hugo und Broncia Koller in Oberwaltersdorf. Zahlreiche Rezensionen über literarische Neuerscheinungen für die ›Moderne Welt‹, eine Wiener illustrierte Zeitschrift für Kunst, Literatur und Mode (vgl. KW 9/1, S. 344-378). Vorstandsmitglied des Fachverbandes der Textilindustrie Österreichs. Studium der Mathematik und Ökonomie an der Technischen Hochschule Wien im Wintersemester 1919/1920. Ehrenamtliche Tätigkeit am Gewerbegericht in Wiener Neustadt in einer Kommission zur Beilegung von Konflikten zwischen Arbeitern und Unternehmern (bis 1922); für diese Arbeit erhält Broch den Titel eines Kommerzialrates. Seit 1920 mathematische Studien mit Ludwig Hofmann (bis 1925). Verhältnis mit Ea von Allesch.*
– Kommentar zu Hamlet (D, F). KW 6, S. 278-286.
– Antlitz des Alltags (G). KW 8, S. 18.
– Zur Erkenntnis dieser Zeit (St). KW 10/2, S. 11-77.
– Konstitutionelle Diktatur als demokratisches Rätesystem (P). In: Der Friede 3/64 (11. 4. 1919), S. 269-273. KW 11, S. 11-23.
– Wasserkräfte und Abfallenergien im Wiener Überlandnetz (St). In: Der Neue Tag (Wien). Nr. 159 (31. 8. 1919), S. 11.
– Ophelia (N). KW 6, S. 24-36.
– Und immer später wird die Nacht (G). KW 8, S. 20.
– Der Theaterkritiker Polgar (St). In: Neue Rundschau 31/1 (Mai 1920), S. 655-656. KW 9/1, S. 49-51.
– Der Kunstkritiker (Dem Theaterkritiker A. P.) (St). In: Die Rettung 2/6 (1920), S. 78-80. KW 9/2, S. 36-41.
– Theorie der Geschichtsschreibung und der Geschichtsphilosophie (St). KW 10/2, S. 94-154.
– Das Teesdorfer Tagebuch für Ea von Allesch.
– Der Schriftsteller Franz Blei (Zum fünfzigsten Geburtstag). In: Prager Presse (20. 4. 1921). KW 9/1, S. 53-57.
– Lorenz von Stein: Geschichte der sozialen Bewegung in Frankreich (Re). KW 10/1, S. 255-256.

1922 – Die Tänzerin (G). KW 8, S. 21.
    – Die erkenntnistheoretische Bedeutung des Begriffes ›Revolution‹ und die Wiederbelebung der Hegelschen Dialektik. Zu den Büchern Arthur Lieberts (Re). In: Prager Presse (Beilage ›Dichtung und Welt‹) 2/206 (30.7.1922), S. III-IV. KW 10/1, S. 255-262.
    – Typus des Kritikers. Alfred Polgar (St). In: Prager Presse (10.9.1922), S. II-III.
    – Max Adler: Marx als Denker, Engels als Denker (Re). In: Kantstudien 27/1-2 (1922), S. 184-186. KW 10/1, S. 264-267.
1923-1924 *Die Ehe mit Franziska von Rothermann wird am 13. April 1923 in Wien geschieden. Broch widmet sich wieder verstärkt seiner Arbeit als Industrieller.*
1925-1926 *Studium der Philosophie (Positivismus des Wiener Kreises), der Mathematik und Physik an der Universität Wien (bis 1930) bei Moritz Schlick, Rudolf Carnap, Wilhelm Wirtinger, Hans Hahn; u.a. Bekanntschaft mit Karl Bühler. Broch verkehrt in Wiener Salons von Genia Schwarzwald, Bertha Zuckerkandl und Alma Mahler-Werfel.*
    – Genesis des Wahrheitsproblems innerhalb des Denkens und seine Lokalisierung im Rahmen der idealistischen Kritik (St). KW 10/2, S. 207-232.
1927 *Verkauf der Spinnfabrik ›Teesdorf‹ an den Jugendfreund Felix Wolf. Beginn der psychoanalytischen Behandlung bei Hedwig Schaxel. Broch lernt Anna Herzog kennen.*
1928-1929 *Entstehung der Romantrilogie ›Die Schlafwandler‹. Freundschaft mit Frank Thiess.*
    – Huguenau (N). KW 6, S. 37-126.
    – Albert Spaier: La pensée et la quantité (Re). In: Annalen der Philosophie (Literaturbericht), Bd. VII (1928), S. 112. KW 10/1, S. 268.
    – Die sogenannten philosophischen Grundfragen einer empirischen Wissenschaft (St). KW 10/1, S. 131-145.
1930-1931 *Vertrag mit Daniel Brody, Leiter des Rhein-Verlags in München und Zürich, über die Publikation der ›Schlafwandler‹.*
    – Die Schlafwandler. Der erste Roman. Pasenow oder die Romantik. 1888 (R). (München–Zürich: Rhein-Verlag, 1931 [statt richtig 1930]). KW 1, S. 11-179.
    – Franz Blei: Formen der Liebe (Re). KW 9/1, S. 379-380.
    – Die Schlafwandler. Der zweite Roman. Esch oder die Anarchie. 1903 (R) (München–Zürich: Rhein-Verlag, 1931). KW 1, S. 181-381.
    – Nachruf auf Georg Heinrich Meyer (Na). KW 9/1, S. 380.
    – Logik einer zerfallenden Welt (St). In: Wiedergeburt der Liebe. Die unsichtbare Revolution. Hrsg. v. Frank Thiess (Berlin: Zsolnay, 1931), S. 361-380. KW 10/2, S. 156-171.

1932　Die ›Schlafwandler‹ werden von der Kritik stark beachtet, sind aber kein Verkaufserfolg. Vortrag ›James Joyce und die Gegenwart‹ am 22. April an der Volkshochschule Ottakring in Wien. Mitte Juli zieht Broch um von Wien nach Gößl am Grundlsee (Salzkammergut), wo er bis Ende September wohnt. Hier entsteht das Drama ›Die Entsühnung‹ (KW 7, S. 11-234). Im Herbst lernt er in München Auguste von Horváth kennen. Arbeit am Fragment gebliebenen ›Filsmann‹-Roman (KW 6, S. 287-325).

– Die Schlafwandler. Der dritte Roman. Huguenau oder die Sachlichkeit. 1918 (R) München–Zürich: Rhein-Verlag, 1932). KW 1, S. 383-716.

– Landschaft (G). KW 8, S. 22.

– Schattenhaftes Liebeslied (G). KW 8, S. 23.

– Verwandlung, nach Edwin Muir: ›The Threefold Place‹ (G). In: Die Literarische Welt 8/36-37 (2. 9. 1932), S. 5. KW 8, S. 80.

– Leben ohne platonische Idee (St). In: Die Literarische Welt 8/32 (5. 8. 1932), S. 1, 4. KW 10/1, S. 46-52.

– Pamphlet gegen die Hochschätzung des Menschen (P). KW 10/1, S. 34-44.

– Zur Geschichte der Philosophie (St). KW 10/1, S. 147-166.

– Das Unmittelbare in Philosophie und Dichtung (St). KW 10/1, S. 167-189.

1933　Vortrag ›Das Weltbild des Romans‹ (KW 9/2, S. 89-117) am 17. März in der Volkshochschule Ottakring. Zwischen Juli und November entsteht der Roman ›Die Unbekannte Größe‹, der am Jahresende bei S. Fischer in Berlin erscheint (KW 2, S. 11-142). Broch schreibt sechs ›Tierkreis‹-Erzählungen:

– Eine leichte Enttäuschung. In: Neue Rundschau 44/1 (April 1933), S. 502-517. KW 6, S. 127-144.

– Vorüberziehende Wolke. In: Frankfurter Zeitung 77/294-296 (21. 4. 1933), S. 9. KW 6, S. 144-154.

– Ein Abend Angst. In: Berliner Börsen-Courier Nr. 363, 2. Beilage (6. August 1933), S. 9-10. KW 6, S. 155-162.

– Die Heimkehr. In: Neue Rundschau 44/2 (Dezember 1933), S. 765-795. KW 6, S. 162-196.

– Der Meeresspiegel. In: Die Welt im Wort 1/13 (28. Dezember 1933), S. 3-4. KW 6, S. 196-205.

– Esperance. KW 6, S. 205-221.

– Da ich dich nicht mehr erkenne (G). KW 8, S. 26.

– Im brennenden Antlitz der Erde (G). KW 8, S. 27.

– Nachtwiese im September (G). KW 8, S. 30.

– Denkerische und dichterische Erkenntnis (St). In: Kölnische Zeitung, Nr. 381, 2. Sonntagsausgabe (16. 7. 1933). KW 9/2, S. 43-49.

– Neue religiöse Dichtung? (St). In: Berliner Börsen-Courier, Nr. 462 (3. 10.1933), S. 7. KW 9/2, S. 53-57.

– Das Böse im Wertsystem der Kunst (St). In: Neue Rundschau 44/2 (August 1933), S. 157-191. KW 9/2, S. 119-156.

– Einleitung zu einer Canetti-Lesung (M). KW 9/1, S. 59-61.

– Zwei Bücher von Franz Kafka (M). In: Die Welt im Wort (Beiblatt) (21. Dezember 1933), S. 2. KW 9/1, S. 381.

– Die Kunst am Ende einer Kultur (V). KW 10/1, S. 53-58.

1934 *Uraufführung des Dramas ›Die Entsühnung‹ am 15. März im Schauspielhaus Zürich. Regie: Gustav Hartung. Freundschaft mit Elias Canetti, Anna Mahler, Karola und Ernst Bloch, Ernst Krenek und Fritz Wotruba. Auf Einladung des Wiener Kulturbundes hält Broch am 18. April im Österreichischen Museum den Vortrag ›Geist und Zeitgeist‹ (KW 9/2, S. 177-200). Im Frühjahr und Sommer entstehen die beiden – damals nicht aufgeführten – Komödien ›Aus der Luft gegriffen oder die Geschäfte des Baron Laborde‹ (KW 7, S. 235-309) und ›Es bleibt alles beim Alten‹ (KW 7, S. 311-400). Im Herbst Umzug nach Baden bei Wien, wo er bis Anfang 1935 wohnt.*

– Im goldenen Licht die Hügel (G). KW 8, S. 31.

– Such ich dich (G). KW 8, S. 34.

– Mitte des Lebens (G). KW 8, S. 36-38.

– Erneuerung des Theaters? (M). In: Wiener Zeitung, Nr. 314 (11. 11. 1934), S. 3. KW 9/2, S. 58-60.

– Theologie, Positivismus und Dichtung (St). KW 10/1, S. 191-238.

– Gedanken zum Problem der Erkenntnis in der Musik (St). In: Almanach. ›Das 48. Jahr‹ (Berlin: S. Fischer, 1934), S. 53-66. KW 10/2, S. 234-245.

1935 *Anfang des Jahres Umzug von Baden bei Wien nach Laxenburg bei Wien, wo Broch von dem befreundeten Ehepaar Ferand in der Schule Hellerau (im Laxenburger Schloß) ein Zimmer angeboten bekommt. Er lebt dort bis Anfang Juli. Nach einem kurzen Zwischenaufenthalt in Wien und einem siebenwöchigen Besuch bei den Brodys in München zieht er Anfang September nach Mösern/Tirol, um sich ganz der Arbeit an seinem neuen Roman ›Die Verzauberung‹ (KW 3) widmen zu können. Er wohnt dort bis Juli 1936. Gedichte in: ›Patmos. Zwölf Lyriker‹. Hrsg. v. Ernst Schönwiese (Wien: Johannes-Presse, 1935):*

– Eh ich erwacht, S. 57. KW 8, S. 33.

– Über die Felswand, S. 58. KW 8, S. 24.

– Helle Sommernacht, S. 59. KW 8, S. 25.

– Sommerwiese, S. 60. KW 8, S. 29.

– Schon lichtet der Herbst den Wald, S. 61. KW 7, S. 93.

– Die Waldlichtung, S. 62. KW 8, S. 35.

- Später Herbst, S. 63. KW 8, S. 39.
- Nachtgewitter, S. 64. KW 8, S. 28.
- Lago Maggiore, S. 65-66. KW 8, S. 40.
- Das Nimmergewesene, S. 67. KW 8, S. 32.
- Das Unbekannte X (Fi). KW 2, S. 145-240.
- Mythos und Dichtung bei Thomas Mann (M). KW 9/1, S. 30-31.
- Stiller Frühlingsmorgen (G). KW 8, S. 41.
- Allein, nach James Joyce' ›Alone‹ (G). In: das silberboot 1/1 (Oktober 1935), S. 31. KW 8, S. 82.

1936 *Broch stellt die erste uns bekannte Fassung des Romans ›Die Verzauberung‹ im Januar in Mösern/Tirol fertig. Danach beginnt er mit der Überarbeitung des Buches. Für diese zweite Fassung, die Fragment bleibt, erwägt er den Titel ›Demeter oder die Verzauberung‹. Nach einem Zwischenaufenthalt in Wien zieht Broch Anfang Oktober um nach Altaussee (Steiermark), wo ihm das befreundete Ehepaar Geiringer sein Landhaus zur Verfügung stellt. Broch wohnt dort – mit Ausnahme der Sommermonate – bis zum März 1938.*
- Morgen (B). KW 6, S. 326-332.
- Widerschein vom müden Tage (G). KW 8, S. 42.
- Morgen am Fenster, nach T. S. Eliot ›Morning at the Window‹ (G). In: das silberboot 2/3 (Juni 1936), S. 105. KW 8, S. 84.
- Präludien I, II, nach T. S. Eliot ›Preludes I, II‹ (G). KW 8, S. 86.
- Wenn Krieg um Krieg das Leben tief beschatten..., nach Stephen Spender ›Who live under the shadow of a war...‹ (G). KW 8, S. 88.
- James Joyce und die Gegenwart (St) (überarbeitete Fassung der Rede von 1932): Wien, Reichner, 1936. KW 9/1, S. 63-91.
- Robert Musil – ein österreichischer Dichter? (M). In: Weihnachtskatalog der Buchhandlung Martin Flinker, Wien (Dezember 1936). KW 9/1, S. 95.
- Die besten Bücher des Jahres (Re). In: Die Auslese. Almanach der Buchhandlung Flinker, Wien (1935/36), S. 9-11. KW 9/1, S. 382-383.
- Erwägungen zum Problem des Kulturtodes (St). In: das silberboot 1/5 (Dezember 1936), S. 251-256. KW 10/1, S. 59-66.
- Werttheoretische Bemerkungen zur Psychoanalyse (St). KW 10/2, S. 173-194.

1937 *Seit Ende 1936 zeitraubende familiäre Erbschaftsstreitigkeiten in Wien. Die Urfassung des Vergil-Romans, Die Erzählung ›Die Heimkehr des Vergil‹ (KW 6, S. 248-259) entsteht Anfang des Jahres. Broch schreibt die antifaschistische Völkerbund-Resolution (KW 11, S. 195-231). In Zusammenarbeit mit Hans Vlasics verfaßt er Haussprüche (KW 8, S. 97-112).*

1938 *Broch arbeitet an der ›Erzählung vom Tode‹, der dritten Fassung des Vergil-Romans, als er am 13. März von Nationalsozialisten in Altaussee verhaftet wird. Während seiner Haftzeit in Bad Aussee, die bis zum 31. März dauert, entsteht ein weiterer Teil dieser Erzählung (MTV, S. 160-169). Im Juli erhält Broch — nicht zuletzt durch die Hilfe von James Joyce und Stephen Hudson — ein Visum nach England. Am 24. Juli erreicht er London. Nach einem kurzen Aufenthalt in London wohnt Broch bis Ende September bei seinen Übersetzern, dem Ehepaar Muir in St. Andrews/Schottland. Auf Betreiben Thomas Manns und Albert Einsteins erhält Broch ein Visum in die USA. Am 9. Oktober kommt er in New York an.*

— Alfred Polgar: Handbuch des Kritikers (Re). In: Maß und Wert 5 (Mai/Juni 1938), S. 817-818. KW 10/1, S. 269-270.

— Nun da ich schweb im Ätherboot (G). KW 8, S. 43.

1939 *Broch wohnt im April im Landhaus seines Freundes Henry Seidel Canby in Killingworth/Connecticut. Dort und während des Aufenthalts in der Künstlerkolonie Yaddo in Saratoga Springs/New York (Ende Juni bis Anfang August) arbeitet er weiter an der vierten Fassung des Vergil-Romans (›Die Heimfahrt des Vergil‹). In Yaddo lernt Broch Jean Starr Untermeyer kennen, die den Roman ins Englische übersetzt. Broch unterstützt die von Hubertus Prinz zu Löwenstein geleitete American Guild for German Cultural Freedom bei ihrer Hilfe für Flüchtlinge aus Deutschland. Freundschaft mit der amerikanischen Schriftstellerin Frances Colby Rogers. Wohnung abwechselnd in Princeton und New York City.*

— Wohin gehen wir (G). KW 8, S. 44.

— Jeder wandert (G). KW 8, S. 45.

— Robert Musil und das Exil (Gu). KW 9/1, S. 96-97.

— Nachruf auf Richard A. Bermann (Na). KW 9/1, S. 100-103.

— Maurice Bergmann: Die Lage der arbeitenden Klasse in Deutschland (Gu). KW 10/1, S. 271.

— Politische Tätigkeit der ›American Guild for German Cultural Freedom‹ (P). KW 11, S. 399-410.

— Zur Diktatur der Humanität innerhalb einer totalen Demokratie (St). KW 11, S. 24-68.

— Vorschlag zur Gründung eines Forschungsinstitutes für politische Psychologie und zum Studium von Massenwahnerscheinungen (St). KW 12, S. 11-42.

1940 *Im März stellt Broch die vierte Fassung des Vergil-Romans fertig. Von Mitte 1940 bis Mitte 1941 erhält er ein Stipendium der Guggenheim Foundation in New York zur Arbeit an seinen beiden Romanen ›Die Verzauberung‹ und ›Der Tod des Vergil‹. Mitarbeit an einem von Giuseppe Antonio Borgese geleiteten Projekt: The City of Man. A*

Declaration on World Democracy (New York: The Viking Press,
1941). In der zweiten Jahreshälfte widmet er sich gemeinsam mit
Viktor Polzer der Beschaffung von Visen und Affidavits für Flücht-
linge aus dem besetzten Frankreich. Von Juni bis Mitte September
wohnt er in New York City, danach in Cleveland Heights/Ohio bis
Januar 1941.

- Auf der Flucht zu denken (G). KW 8, S. 46.
- Während wir uns umarmten (G). KW 8, S. 47-48.
- Diejenigen, die im kalten Schweiß (G). KW 8, S. 49.
- In die Kindheit zurückerinnernd (G). KW 8, S. 50-51.
- Das Überlieferte (G). KW 8, S. 52.
- Wo suchst du hin (G). KW 8, S. 53.
- Der nächtliche Urwald (G). KW 8, S. 54.
- Isaak Eckstein: Shakespeare (Gu). KW 9/1, S. 385.
- ›Gone with the Wind‹ und die Wiedereinführung der Sklaverei in Amerika (Re). KW 9/2, S. 237-246.
- Ethische Pflicht (M). In: The Saturday Review of Literature 22/26 (19. 10. 1940), S. 8. KW 11, S. 411-413.

1941 *Broch wohnt in New York City. Erneute Freundschaft mit Anne Marie Meier-Graefe.*

- Autobiographie als Arbeitsprogramm (St). KW 10/2, S. 195 ff.
- Entwurf für eine Theorie massenwahnartiger Erscheinungen. KW 12, S. 43-66.

1942 *Im April wird Broch ein mit tausend Dollar dotierter Preis der American Academy of Arts and Letters in New York verliehen für die vierte Fassung des Vergil-Romans. Zur Förderung seiner Arbeit an der Massenwahntheorie (KW 12) erhält er von Mai 1942 bis April 1943 über das Office of Public Opinion Research in Princeton ein Stipendium, das aus Mitteln der Rockefeller Foundation finanziert wird. Das Stipendium wird bis Ende 1944 verlängert. Im Juli zieht Broch in das Haus seines Freundes Erich von Kahler in Princeton, wo er sechs Jahre lang bis zum Juni 1948 wohnen wird. Tod der Mutter am 28. Oktober im Konzentrationslager Theresienstadt.*

- Das Vertraute (G). KW 8, S. 55.
- Nachruf auf Robert Musil (Na). KW 9/1, S. 98-99.
- Berthold Viertel: Fürchte dich nicht (Re). In: Aufbau (New York) 7/5 u. 6 (30. 1. 1942 u. 6. 2. 1942), S. 11 u. 25. KW 9/1, S. 385-391.

1943 *Paul Federn wird Brochs Psychoanalytiker. Massenwahntheorie.*

- Vom Worte aus (G). KW 8, S. 56.
- Zum Beispiel: Walt Whitman (G). KW 8, S. 57.
- Helle Mitternacht, nach Walt Whitman ›A Clear Midnight‹ (G). KW 8, S. 90.

– Ein Studie über Massenhysterie. Beiträge zu einer Psychologie der Politik. Vorläufiges Inhaltsverzeichnis (St). KW 12, S. 67-97.

1944 *Am 27. Januar wird Broch amerikanischer Staatsbürger. Für die Publikation des ›Tod des Vergil‹ erhält Brochs Verleger Kurt Wolff ein Darlehen der Independent Aid-Stiftung in New York.*

– Altersheimkunft (G). KW 8, S. 59.

– Sonett vom Altern (G). KW 8, S. 60.

– Das Unauffindbare (G). KW 8, S. 58.

– Robert Pick: The Terhoven File (Re). In: Aufbau (N. Y.) 10/43 (27. 10. 1944), S. 9. KW 9/1, S. 391-393.

– Letzter Ausbruch eines Größenwahnes. Hitlers Abschiedsrede (E). In: The Saturday Review of Literature 27/43 (21. 10. 1944), S. 5-8. KW 6, S. 333-343.

– Bemerkungen zum Projekt einer ›International University‹, ihrer Notwendigkeit und ihren Möglichkeiten (St). KW 11, S. 414-425.

1945 *Von Anfang 1945 bis Mitte 1947 erhält Broch Honorarvorschüsse bzw. Stipendien der Bollingen Foundation zur Fertigstellung der Massenwahntheorie. ›Der Tod des Vergil‹ (KW 4) erscheint auf deutsch und auf englisch bei Pantheon Books in New York. In den USA wird der Roman stark beachtet, in Europa zunächst kaum. Im August Urlaub mit AnneMarie Meier-Graefe in Provincetown/Massachusetts.*

– Bemerkungen zur Utopie einer ›International Bill of Rights and of Responsibilities‹ (St). KW 11, S. 243-276.

– An die Phantasie. Für Thomas Mann (G). KW 8, S. 61.

– Vom Schöpferischen (G). KW 8, S. 62.

– Vergilsche Landschaft (G). KW 8, S. 63.

– Rundfunkansprache an das deutsche Volk (A). KW 11, S. 239-241.

– Hanns Sachs: Freud, Master and Friend (Re). In: Aufbau (N. Y.) 11/1 (5. 1. 1945), S. 7. KW 10/1, S. 273-274.

– Die mythische Erbschaft der Dichtung (St). In: Neue Rundschau. Sonderband zu Thomas Manns 70. Geburtstag am 6. 6. 1945, S. 68-75. KW 9/2, S. 202-211.

1946 *Hilfeleistungen für Freunde und Bekannte in Österreich und Deutschland. Arbeit an der Massenwahntheorie (KW 12).*

– Echosinn (G). KW 8, S. 64-65.

– Der Urgefährte (G). KW 8, S. 66.

– Jean-Paul Sartre: L'Être et le Néant (Gu). KW 10/1, S. 275-278.

– Einige Bemerkungen zur Philosophie und Technik des Übersetzens (V). KW 9/2, S. 61-86.

– Philosophische Aufgaben einer Internationalen Akademie (St). KW 10/1, S. 67-112.

– Bemerkungen zu einem ›Appeal‹ zugunsten des deutschen Volkes (P). KW 11, S. 428-448.

1947 *Im April vierwöchiger Aufenthalt im Princeton Hospital wegen eines gebrochenen Armes.*

– Dantes Schatten (G). KW 8, S. 67.

– Nacht-Terzinen (G). KW 8, S. 68.

– Milder Herbstmorgen (G). KW 8, S. 69.

– Weil das Gestern wir im Heute (G). KW 8, S. 70.

– Mozart-Vierhändigspielen, nach Jean Starr Untermeyers ›Duets at the MacDowell Colony‹ (G). KW 8, S. 92.

– Rede über Viertel (V). In: Plan 2/5 (1947), S. 297-301. KW 9/1, S. 104-110.

– Mythos und Altersstil (St). In: Rachel Bespaloff: On the Iliad (New York: Pantheon Books, 1947), S. 9-33. KW 9/2, S. 212-232.

– George Saiko: Auf dem Floß (Gu). KW 9/1, S. 393.

– Ernst Kaiser. Die Geschichte eines Mordes (Gu). KW 9/1, S. 394-398.

– Ernst Bloch: Das Prinzip Hoffnung (Gu). KW 10/1, S. 279-280.

– Bemerkungen zu Karl Kerényis Schrift ›Der göttliche Arzt‹ (Gu). KW 10/1, S. 281-284.

– Die Zweiteilung der Welt (St). KW 11, S. 278-337.

– Strategischer Imperialismus (St). KW 11, S. 339-362.

– Paul Reiwald: Vom Geist der Massen (Re). In: American Journal of International Law 41/1 (Jan. 1947), S. 358-359. KW 13/3, S. 102-103.

1948 *Hüftbruch am 17. Juni. Aufenthalt im Princeton Hospital bis zum 6. April 1949. Arbeit an der Studie ›Hofmannsthal und seine Zeit‹ (KW 9/1, S. 111-275). Erkenntnistheorie.*

– Über syntaktische und kognitive Einheiten (St). KW 10/2, S. 246-299.

– Die Generationen (G). KW 8, S. 71.

– Kurt H. Wolff: Vorgang (Gu). KW 9/1, S. 398-401.

– Friedrich Torberg: Hier bin ich, mein Vater (Re). In: Aufbau (N. Y.) 14/27 (2. 7. 1948), S. 11-12. KW 9/1, S. 401-402.

Erklärung zu Frank Thiess (M). In: Aufbau (N. Y.) 14/42 (15. 10. 1948), S. 9. KW 9/1, S. 403.

– Julie Braun-Vogelstein: Geist und Gestalt der abendländischen Kunst (Gu). KW 10/1, S. 285-291.

1949 *Nach der Entlassung aus dem Princeton Hospital zieht Broch – nach kurzem Zwischenaufenthalt in New York – um nach New Haven/Connecticut, wo er die Monate Mai bis September als Fellow am Saybrook College der Yale University verbringt. Anschließend mietet er ein Zimmer im Hotel Duncan in New Haven. Seit Juni arbeitet er an dem neuen Roman ›Die Schuldlosen‹ (KW 5). Von Mitte Dezem-*

ber 1949 bis zu seinem Tod wohnt er im Haus 78 Lake Place in New Haven. Am 5. Dezember heiratet er in zweiter Ehe AnneMarie Meier-Graefe.

– Werner Richter: Frankreich. Von Gambetta zu Clemenceau (Re). In: Schweizer Rundschau 48 (März 1949), S. 1031-1033. KW 10/1, S. 292-297.

– H. G. Adler: Theresienstadt (Gu). KW 9/1, S. 404-405.

– Elisabeth Langgässer: Das unauslöschliche Siegel (Re). In: Literarische Revue 4 (1949), S. 56-59. KW 9/1, S. 405-411.

– Geschichte als moralische Anthropologie. Erich Kahlers ›Scienza Nuova‹ (St). In: Hamburger Akademische Rundschau 3/6 (1949), S. 406-416. KW 10/1, S. 298-311.

– Die Demokratie im Zeitalter der Versklavung (St). KW 11, S. 110-190.

1950 *Seit dem ersten Juli ist Broch Lektor an der Deutschen Abteilung der Yale University. Der Österreichische P.E.N.-Club nominiert Broch für den Nobel-Preis. Die Deutsche Akademie für Sprache und Dichtung in Darmstadt bietet ihm die Mitgliedschaft an. Melvin J. Lasky lädt Broch ein zum Kongreß für kulturelle Freiheit in Berlin. Im Dezember erscheinen ›Die Schuldlosen‹.*

– Hugo von Hofmannsthals Prosaschriften (St). KW 9/1, S. 300-332.

– Vom Altern (G). In: Frank Thiess. Werk und Dichter. 32 Beiträge zur Problematik unserer Zeit. Hrsg. v. Rolf Italiaander (Hamburg: Wolfgang Krüger, 1950), S. 9. KW 8, S. 72.

– Einige Bemerkungen zum Problem des Kitsches (V). KW 9/2, S. 158-173.

– Charles E. Butler: Follow Me Ever (Gu). KW 9/1, S. 412-418.

– Abschiedsworte für Jacques Schiffrin (Na). KW 9/1, S. 419-420.

– Der Schriftsteller in der gegenwärtigen Situation (I). KW 9/2, S. 249-262.

– Trotzdem: Humane Politik. Verwirklichung einer Utopie (St). In: Neue Rundschau 61/1 (1950), S. 1-31. KW 11, S. 364-396.

– Die Intellektuellen und der Kampf um die Menschenrechte (P). KW 11, S. 453-458.

– Der Intellektuelle im Ost-West-Konflikt (I). KW 11, S. 460-492.

1951 *In die ersten Monate des Jahres fällt die intensive Arbeit an der dritten Fassung des Romans ›Die Verzauberung‹, für die er den Titel ›Demeter‹ erwägt. Diese Fassung bleibt Fragment. Kurz vor der geplanten Reise nach Europa stirbt Broch am 30. Mai durch einen Herzschlag. Die Urne mit seiner Asche wird beigesetzt auf dem Union District Cemetery in Killingworth/Connecticut.*

P. M. L.

Personenregister

Adler, Alfred 14, 16, 21, 33, 38, 47, 73, 113, 114, 177, 219
Adler, Max 56, 98
Aichhorn, August 214
Albert, Eugen d' 21, 198, 199, 209, 212, 215, 216
Albertsen, Elisabeth 226
Allesch, Johannes Gustav von, Edler von Allfest 109, 133, 135, 138, 142-146, 186, 198, 199, 209, 210, 213
Altenberg, Peter 44, 199, 200
Amann, Klaus 224, 227
Ameseder, Eduard 41, 44
Andersen Nexö, Martin 13
Andreas-Salomé, Lou 71
Angeli, Heinrich von 47, 51
Asholt, Wolfgang 225
Augustinus, Aurelius 157

Bach, David 229
Bach, Josef 109
Bachwitz, Arnold 12, 13, 202, 205
Bahr, Hermann 21, 173
Balázs, Béla 17, 231
Barrès, Maurice 173
Bartsch, Hans 13
Bauer, Otto 45
Baumgart, Hildegard 228
Baumgarten, Franz Ferdinand 80, 82
Bauroff, Claire 44
Bausenwein, Emil 31, 36
Bayer, Rudolf 54, 57
Beethoven, Ludwig van 68, 81
Benussi, Vittorio 137, 141, 145, 146
Berg, Alban 195
Bergson, Henri 68

Blei, Franz 44, 51, 65, 67, 119, 124, 157, 177, 190, 191, 200, 205, 206, 209, 212, 230
Blei, Sibylla (Billy) 67, 156, 157, 200, 212, 217
Bloch, Karola 234
Bloch, Ernst 234
Block, Paul 13
Blüher, Hans 226
Boerner, Peter 227
Boltzmann, Ludwig 229
Bolyai, Farkas 153
Borchardt, Rudolf 157
Borchers, Elisabeth 224
Borgese, Giuseppe Antonio 236
Bourgoing, Jean de 21, 25
Bourgoing, Othon de 25
Bourgoing, Therese de geb. Reichsgräfin Kinsky 25
Braun, Felix 212
Broch, AnneMarie (siehe Maier-Graefe Broch, AnneMarie)
Broch, Franziska geb. von Rothermann 11, 16, 18, 19, 21, 23, 25, 26, 29, 32, 42, 73, 77, 79, 81, 92, 97, 98, 108, 110, 115, 117, 154, 161, 181, 200, 201, 230, 232
Broch, Friedrich 10, 14, 16, 18, 27, 34, 38, 49, 50, 53, 55, 62, 65, 70, 77, 80, 105, 149, 229
Broch, Johanna geb. Schnabel 19, 21, 29, 37, 62, 84, 161, 219, 221, 229, 237
Broch, Josef 10, 14, 16, 18, 27, 38, 49, 54, 62, 77, 97, 108, 122, 151, 191, 229
Broch de Rothermann, Hermann Friedrich (Armand) 3, 9, 11, 26,

Inhaltsverzeichnis

Die Erzählung der Magd Zerline
Aus ›Die Schuldlosen‹. 1967
Bibliothek Suhrkamp 204. 1988

Bergroman. 1969
Die drei Originalfassungen textkritisch
herausgegeben von Frank Kress und Hans
Albert Maier. 4 Bände

1903. Esch oder die Anarchie.
1969
Bibliothek Suhrkamp 157. 1985

1918. Huguenau oder die Sachlichkeit.
1970
Bibliothek Suhrkamp 187. 1980

James Joyce und die Gegenwart.
Essay
Bibliothek Suhrkamp 306. 1972

Hofmannsthal und seine Zeit.
Eine Studie
Bibliothek Suhrkamp 385. 1974

Menschenrecht und Demokratie
Politische Schriften
Bibliothek Suhrkamp 588. 1978

Der Tod des Vergil.
Roman. 1986
Sonderausgabe. Herausgegeben von
Paul Michael Lützeler

Ein Lesebuch.
1987
Herausgegeben und eingeleitet von
Paul Michael Lützeler

Die Schlafwandler.
1987
Eine Romantrilogie. Herausgegeben von
Paul Michael Lützeler

Die Schuldlosen.
Roman in elf Erzählungen
Bibliothek Suhrkamp 1012. 1989

Barbara
Bibliothek Suhrkamp 1152. 1994

Briefe über Deutschland 1945-1949.
Die Korrespondenz mit Volkmar von Zühlsdorff.
Herausgegeben und eingeleitet von Paul Michael Lützeler.
Leinen und *suhrkamp taschenbuch 1369. 1986*

Paul Michael Lützeler, Hermann Broch.
Eine Biographie (Mit zahlreichen Abbildungen). 1985

Materialien zu Hermann Brochs ›Die Schlafwandler‹
Herausgegeben von Gisela Brude-Firnau
edition suhrkamp 571. 1972

Brochs ›Verzauberung‹
Herausgegeben von Paul Michael Lützeler
stm. suhrkamp taschenbuch 2039. 1983

Hermann Broch
(Neue Studien zum 100. Geburtstag des Dichters)
Herausgegeben von Paul Michael Lützeler
stm. suhrkamp taschenbuch 2065, 1986

Brochs Tod des Vergil
Herausgegeben von Paul Michael Lützeler
stm. suhrkamp taschenbuch 2095. 1988

Brochs theoretisches Werk
Herausgegeben von Paul Michael Lützeler
stm. suhrkamp taschenbuch 2090. 1988